U0513229

广视角·全方位·多品种

甘肃蓝皮书

BLUE BOOK OF
GANSU

甘肃县域经济综合竞争力评价
（2014）

ANNUAL REPORT ON COUNTY ECONOMY
DEVELOPMENT OF GANSU (2014)

主 编／刘进军 柳 民 曲 玮

社会科学文献出版社
SOCIAL SCIENCES ACADEMIC PRESS (CHINA)

图书在版编目（CIP）数据

甘肃县域经济综合竞争力评价. 2014/刘进军，柳民，曲玮主编.
—北京：社会科学文献出版社，2014.1
（甘肃蓝皮书）
ISBN 978 - 7 - 5097 - 5403 - 0

Ⅰ.①甘… Ⅱ.①刘… ②柳… ③曲… Ⅲ.①县级经济 - 经济
发展 - 研究报告 - 甘肃省 - 2014 Ⅳ.①F127.424

中国版本图书馆 CIP 数据核字（2013）第 293083 号

甘肃蓝皮书
甘肃县域经济综合竞争力评价（2014）

主　　编／刘进军　柳　民　曲　玮

出 版 人／谢寿光
出 版 者／社会科学文献出版社
地　　址／北京市西城区北三环中路甲 29 号院 3 号楼华龙大厦
邮政编码／100029

责任部门／皮书出版中心（010）59367127　　　　责任编辑／高振华
电子信箱／pishubu@ ssap. cn　　　　　　　　　责任校对／师敏革
项目统筹／邓泳红　吴　敏　　　　　　　　　　责任印制／岳　阳
经　　销／社会科学文献出版社市场营销中心（010）59367081　59367089
读者服务／读者服务中心（010）59367028

印　　装／北京季蜂印刷有限公司
开　　本／787mm×1092mm　1/16　　　　　　　印　张／19
版　　次／2014 年 1 月第 1 版　　　　　　　　　字　数／237 千字
印　　次／2014 年 1 月第 1 次印刷
书　　号／ISBN 978 - 7 - 5097 - 5403 - 0
定　　价／69.00 元

《甘肃县域经济综合竞争力评价（2014）》
编辑委员会

主要编撰者简介

刘进军 男，汉族，甘肃会宁人。现任甘肃省社会科学院副院长，甘肃省社科联副主席、研究员；兼任甘肃工业大学、兰州商学院等高校经济学、企业管理学硕士生导师，甘肃省委党校、甘肃行政学院、兰州石化公司、甘肃电力公司等单位客座教授；中国社会科学情报学会常务理事，全国党校系统经济理论研究会常务理事、副秘书长；全国市场经济研究会常务理事，中国生产力研究会常务理事。甘肃省委、省政府政策咨询专家，甘肃省委宣传部驻市州理论联络员，甘肃省委理论宣讲团成员。2013年3月至2014年2月由"三部委（中组部、统战部、国家民委）"选派到中国社会科学院挂职锻炼，先后任中国社会科学院网络信息中心副主任，中国社会科学院科研局副局长。在《新华文摘》、《经济理论与经济管理》、中国人民大学书报复印资料、《四川大学学报》等刊物发表文章140余篇；在中央党校出版社、兰州大学出版社、甘肃人民出版社等出版论著、教材12部；主持全国性和省级科研课题14项，多次参与全省经济社会发展战略与规划的研究论证、市县及企业改革发展方案的设计和咨询；获省部级和厅局级科研奖励25次。现主要从事宏观经济调控、体制改革及区域经济发展等领域的理论和政策研究。

柳民 男，山东烟台人，研究生学历。现任甘肃省统计局副局长，曾任甘肃省政府研究室副主任、省政府秘书长。主要从事区域经济与战略研究。

曲　玮　女，山东龙口人，博士，研究员。甘肃省科技领军人才，甘肃省宣传文化系统"四个一批"人才，甘肃省社会科学院重点学科"农村经济学"学科带头人。现任甘肃省社会科学院农村发展研究所所长、甘肃省社会科学院农业生态经济研究中心主任，中国农经学会理事，甘肃农经学会副会长，甘肃省农村财政研究会理事。主要研究领域：资源经济学、农村经济学；主要研究方向：资源约束下的农村贫困、农村经济与社会发展研究。近年来主持 2 项国家社会科学基金课题、多项省级和非政府组织资助课题，参加 10 余项国家、省部级以及横向课题，先后在 *Energy Policy*、《中国农村经济》、*China Agricultural Economic Review*、*China Hydrogeology Journal* 等 SSCI、CSSCI 刊物上发表多篇论文，出版多部专著，获奖 8 项。

总　序

　　回顾《甘肃蓝皮书》的编研历史，"十一五"开局时，甘肃省社会科学院按照党中央关于地方社科院服务地方党政决策、服务地方经济社会发展的职能要求，继承创新，继往开来，提出了"六个以"的办院方针，积极探索和推动社会主义新智库建设。2006年，院党委提出"倾全院之力，打造蓝皮书科研品牌，探索建立哲学社会科学服务甘肃的长效机制"的工作要求，当年首次组织编撰出版两本蓝皮书并"一炮打响"，《经济社会蓝皮书》是省内第一部，《舆情蓝皮书》是国内首部。

　　八年来，《甘肃蓝皮书》在编研出版方面进行了大胆探索和创新，建立了稳定有效的工作机制，规模进一步发展壮大（现已出版《甘肃经济发展分析与预测》《甘肃社会发展分析与预测》《甘肃舆情分析与预测》《甘肃文化发展分析与预测》《甘肃县域发展评价报告》5种），基本覆盖了甘肃经济、社会、政治、文化、民族、生态等各个领域，形成了独具特色的蓝皮书风格，成为我院乃至甘肃省的一张文化品牌。

　　八年来，《甘肃蓝皮书》连续在每年同一天（1月8日）举行由甘肃省政府新闻办主办的"甘肃蓝皮书成果发布会"，形成了"每年一月八，社科院有言要发"的惯例。《甘肃蓝皮书》的出版发行及其成果发布，为甘肃经济社会文化发展发挥了重要的智力支撑作用，已经成为省内各级领导、人大代表、政协委员、专家学者和社会各界非常重视的民主决策、参政议政、科学研究和认识省情的重要参考书，形成了哲学社会科学理论研究服务甘肃发展的重要方式和长效机制。

《甘肃蓝皮书》在八年的编研过程中形成了稳定规模、稳定机制，提升质量、提升影响的编研理念，使其真正成为宣传思想文化战线服务甘肃发展的长效机制与拳头产品。因此，《甘肃蓝皮书》一如既往，始终坚持基本的编研理念和运行机制：一是始终坚持原创，注重学术观点和科研方法的创新。坚持研究在先，编写在后，在继承中创新，注重连续性；从源头上抓质量，注重可靠性；在深入研究上下功夫，注重科学性；在服务上抓效果，注重影响力。二是始终坚持追踪前沿，注重选题创新。追踪前沿就是要专家学者更多地参与社会实践，发现问题、研究问题、解决问题，最终通过蓝皮书为人们提供正确的指导，显示社科专家服务社会的能力和实力，提高皮书的知名度和美誉度。三是始终坚持打造品牌，创新编研体制机制。始终把蓝皮书的权威性看作蓝皮书的生命，组织权威的专家开展深入研究，向社会提供事实根据充分、分析深入准确、结论科学、对策具体、可操作的权威信息与权威性的研究成果。

三年前，我们在编研出版《甘肃蓝皮书》的基础上，积极尝试和探索与西北各兄弟社科院的合作，在西北五省区社科院的共同努力下，《西北蓝皮书》这一新的品牌终于诞生，现已成功出版发行三年。由此启迪我们，良好的多方合作机制将是蓝皮书编研质量进一步提升和规模进一步拓展的重要途径。下一步我们计划，通过与省级相关部门的密切合作，探索甘肃行业蓝皮书的编研之路；通过与各相关市州的密切合作，探索甘肃省市州或地域蓝皮书的编研之路。由此推动《甘肃蓝皮书》编研事业继续发展壮大。

《甘肃蓝皮书》的成长历程中，饱含着甘肃省各级领导的关心与厚爱，浸润着与我们真诚合作的读者出版集团、社会科学文献出版社出版人以及统计、新闻等领域的同仁们的辛劳、奉献和智慧。
但愿《甘肃蓝皮书》不仅只是我们研编者感到有意义，而且使大
家读起来有收获，参考运用起来有价值。

　　此为序。

王福生

2013 年 11 月 8 日

摘　要

本书是由甘肃省社会科学院与甘肃省统计局合作编写推出的第四本关于"甘肃省县域经济综合竞争力评价"的分析报告。本书基于甘肃省统计局提供的县域统计数据，深入、系统地分析了2010～2012年度内甘肃省76个县（市、区）经济综合发展水平。一是客观、公正地评价甘肃省经济、社会各个方面发展的总体情况，引导县域重视经济的多元和健康发展；二是为各县（市、区）提供一个动态的、综合的、直观的、公平公正的参考坐标，帮助各县域拾遗补缺，更好地认识自身发展的优势和劣势，反思发展过程中存在或出现的问题，为省、市、县各级政府制定短期和长期发展规划提供可行的理论和决策依据；三是通过数据计算，为理论界提供一个评价依据，为学术界进一步探索县域经济发展规律提供一个科学的数据基础，以推动全省县域经济更好更快地发展。全书分为总报告、评价篇和专题篇三大部分。

2013年是甘肃省经济社会发展关键的一年，也是为实现"十二五"转型跨越发展目标有所突破的一年。"郡县治，则天下安"，县域经济是国民经济的基本单元和重要基础，县域经济的全面、健康发展在统筹城乡、新型城镇化建设、解决"三农"问题中起着至关重要的承启作用。通过计算、对比、分析，本书认为，2010～2012年度，甘肃省县域经济发展保持了较快增长，产业结构得到明显改善，人民群众生活水平得到了很大提高。一是县域经济实力逐步增强，发展水平和质量有了大幅度提升，区域分布呈"西强、东进、南弱"的特征，县域之间发展不平衡特征更加显著；二是区域经济结构继续优化，多元化发展趋势明显，但发展动力有待增强；三是特色产业集群效应显现，多样化发展模式初步形成，但发展水平和层次较低；四是城镇化总体水平持续提高，质量与速度进入加快提升阶段，但城镇化进程缓慢；五是项目推进效果明显，极大地改善了县域公共产品供给能力，但带动潜力还需进一步挖掘；六是扶贫攻坚取得新突破，居民收入快速增长，但与全国差距明显，贫困区域县域经济发展任重而道远。

由于甘肃是典型的传统农业省份，经济总量小、人均水平低、贫困程度深、自然条件差、生态环境脆弱的基本省情尚未得到根本性改变，县域经济实力不强、产业结构不完善、城镇化水平低、自我发展能力弱、贫困面大且贫困程度深等特征尤为明显，要进一步解决上述问题，需要从明确发展方向、培育现代农业体系、实施扶贫攻坚战略、小城镇发展带动农民增收、提高农村消费水平等方面着手，实现甘肃与全国同步进入小康社会的发展目标。

Abstract

This book is the forth analytical report, "The Evaluation on County Economy Development of Gansu Province", which is jointly published by the Gansu Academy of Social Sciences (GASS) and the Gansu Statistics Bureau (GSB). Based on the county statistical data provided by the GSB, this book provides a deep and systematic analysis of the level of economic development of 76 counties (cities, districts) of Gansu province during the years from 2010 to 2012. Firstly, this report objectively and honestly evaluates every aspect of the county economic development situation of Gansu, and guids county governments to take seriously pluralism and healthy development of the economy. Secondly, this book offers a dynamic, integrated, visually powerful and impartial reference for each county (city, district), assists the counties to understand more clearly their strengths and weaknesses , and reflects on problems which have emerged in the development process. It is the practically theoretical and decision-making basis, which can help the provincial, municipal and prefecture governments to make short-and long-term development programs. Finally, according to data calculation, the report provides a basis for evaluation in scientific data for further exploring the law of county eco-social development, so as to help county develop better and faster in the whole province . The book contains three parts: the General Report, the Evaluation Section and the Special Section.

The year of 2013 is the crucial year of Gansu to break through the Twelfth Five-Year transformation and leapfrog development targets for the eco-social development. As the basic unit and vital basis for national economy, county economic development serves as a significant link in balancing urban and rural development, in new urbanization and in solving "Agriculture, Countryside and Farmer" issues. Through calculation, comparison and analysis, this book holds that, from the year 2010 to 2012, all counties maintained relatively fast growth, and people's living standard improved dramatically. Firstly, the counties' economic strength gradually increased, the level of development and quality greatly improved, but regional distribution was more significantly unbalanced, showing "the Strong West, the Growing East, and the Weak South" pattern among the counties; Second, the structure of regional economy was optimized, the diversified development trend is evident, but the development drive needs to be enhanced; Third, the effect of industrial clusters is growing, diversified development pattern has formed, but the development level is still insufficient; Forth, the overall level of urbanization is improving, its quality and speed of access to reach the promotion stage, but the level is still very low, needs to be increased; Fifth, the project promotion is obviously to greatly improve the supply capacity of county public goods, but the project driven potential needs further improve; Sixth, the poverty have achieved new breakthrough, the residents' income reach a rapid growth, but with the gap between poverty areas and the provinces, the county economic development still has a long way to achieve.

Because Gansu is a typical agricultural province, the basic situation, with its small total economic output, low per capita level, deep poverty and fragile ecological environment, has not been fundamentally changed, county economy strength is not strong, the industrial structure is not perfect, the urbanization is in low level, the provincial self-development capacity is weak with the large area and deep degree of poverty, etc. In order to further solve the above problems, we need to clarity the direction of development, cultivate the modern agricultural system, implement the poverty alleviation strategy, develop the smalltowns to increase farmers' income, improve the rural consumption levels.

目　录

皮书数据库阅读**使用指南**

CONTENTS

B I General Report

B II Evaluation Reports

B III Special Reports

总 报 告

General Report

B.1

2010～2012 年甘肃省
76 个县（市、区）经济发展报告

"甘肃县域经济综合竞争力评价报告"课题组 *

摘 要：

2010～2012 年是"十二五"时期国民经济发展的基础阶段和攻坚阶段，甘肃省县域经济发展保持了较快的增长，经济、社会发展呈现如下特征：一是县域经济综合竞争力总体上呈现快速发展态势，发展质量有所增强，但县域之间发展不平衡特征仍然十分显著；二是经济结构继续优化，多元化发展趋势明

---

* 课题组成员：曲玮（执笔）、刘七军、潘从银、胡苗、徐吉宏、贾琼、李振东、王志敏、金宇宙、黄炳凯。

显，但发展动力有待增强；三是特色产业集群效应显现，多样化发展模式初步形成，但发展水平和层次较低；四是城镇化水平持续提高，质量与速度进入加快提升阶段，但城镇化水平，特别是小城镇的城镇化进程缓慢；五是项目推进效果明显，极大地改善了县域公共产品供给能力，但带动潜力还需进一步挖掘；六是扶贫攻坚工作取得新突破，居民收入快速增长，但与全国差距明显，贫困区域经济发展任重而道远。针对甘肃当前县域经济发展特征，本年度研究把重点放在全面建成小康社会、小城镇建设与发展、农村居民消费结构、加快发展现代农业、连片特困地区扶贫开发以及"双联"行动实施模式等6个方面，旨在对促进甘肃县域经济发展提出适宜的对策建议。

关键词：

县域经济　城镇化　连片特困区　现代农业　"联村联户、为民富民"行动

一　2010～2012年县域经济发展特征分析

本报告关于县域经济的分析，是在甘肃省86个县（市、区）中，剔除经济发展水平较好和发展首位度较高的兰州市所辖城关、七里河、安宁、西固和红古等5个城区，天水市所辖秦州和麦积2个区，白银市所辖白银和平川2个区以及金昌市所辖金川区后，实际纳入研究范畴的县（市）共有76个。报告以此为基础，对甘肃省县域经济发展状况进行全面评析。

（一）县域整体经济实力逐步增强，发展水平和质量较上个评价期有了大幅提升，区域分布呈"西强、东进、南弱"的特征，区域、市（州）、县域之间不平衡特征仍然十分显著

第一，从总体发展情况看，2012 年，76 个县域国民生产总值（GDP）3330.3 亿元（当年价），比 2010 年的 2565.1 亿元（2012 年可比价）增加 29.83%，年均递增 13.94%，分别比上一个评价年度（2008～2010 年）增加 21.54%，年均递增 10.25%；同时，2012 年 76 个县域 GDP 总和占全省总量的 58.94%，比 2010 年的 56.48% 增加了 2.5 个百分点，说明 76 个县域的整体经济实力正在逐步加强，较上一个评价年度（2008～2010 年）有了大幅度提升。

第二，从 76 个县域内部结构看，县域间经济发展竞争愈发激烈，具有经济核心竞争力的县域正在逐步崛起。①2012 年，76 个县域中经济总量居前 10 位的县域 GDP 合计 1131.78 亿元（2010 年可比价），占 76 个县域 GDP 总和的 33.98%，比 2010 年的 39.36% 减少了 5 个多百分点，说明县域经济正在同步发展，排位靠前县域的经济实力正在逐步被挑战和突破。②河西地区经济发展水平在甘肃省保持了较高水平，具有绝对比较优势。2012 年经济综合竞争力排序处于前 10 位的县域中，河西区域县域占据 6 个席位，与 2010 年持平；剩余的 4 个席位分属于陇东（3 个）和中部（1 个）。③区域间发展分布不平衡现象仍然突出。从进入前 25 位的县域分布看，河西区域（11 个）、陇东区域（7 个）发展具有较明显的优势，其他区域县域发展水平和竞争力亟待提升。

第三，东部和贫困地区县域经济综合竞争力有了可喜的发展，整体水平正在提升。与 2010 年排序相比，2012 年排名上升 10 位以上的县域有 9 个，其中贫困面广、贫困程度较深、自然地理条件较

差的甘南与陇南（两南）区域的占到2个，占比22.2%；值得一提的是武都区（68.10亿元）和陇西县（50.35亿元），作为甘肃最贫困的陇南市和定西市所属县域，2012年收入突破50亿元，进入76个县域GDP总量前10位，为探索贫困区域地方经济发展提供了可以借鉴的实施模式。排名上升5位以上的县域共有18个，其中，最为贫困的中部和两南区域共占到5个，占比27.8%。

第四，县域经济综合竞争力发展各项指标变化快慢不一。与2010年相同，2012年甘肃省76个县（市、区）社会发展各项指标变化有快有缓，变动水平不一，县域发展的差别也很大。Z分值代表个体数值距离平均数有多少个标准差，Z分值的正（负）代表个体大于（小于）平均值。它可以测度出个体在分布中的相对位置，真实地反映出个体距离平均数的相对标准距离。综合2012年测评的宏观经济、产业竞争力、金融资本、基础设施、人力资源和政府作用等6个子系统的Z分值均值、方差及其标准差（见表1），可以看出：①从发展方面看，2010～2012年县域经济发展势头较好。2012年综合均值及各子系统均值均为正数，说明县域整体水平发展好于平均水平；比2010年各项指标都有大幅度增加，说明其间各县域经济发展总体水平较好。②从差异方面看，县域间经济发展总体水平差异度有小幅缩小趋势，但各项指标间的差异度变动各不相同。2012年比2010年综合Z分值方差略有减少，说明76个县域间经济综合竞争力有小幅缩小的趋势；但是，从各子系统指标看，情况各有不同。横向看，2012年，县域间差异性较大的指标是金融资本和政府作用竞争力，而差距较小的是产业竞争力、人力资源竞争力和基础设施竞争力；纵向看，与2010年相比，2012年县域间宏观经济、政府作用子系统的差异性有快速增加的趋势，而产业竞争力、金融资本、基础设施和人力资源子系统的差异性有所减缓。需要说明的是，标准差的缩小并不完全代表进步，只能说明指标的整体水平趋于一致。

表1　2010年、2012年甘肃省县域经济综合竞争力及各项指标Z分值变化程度比较

项目	年份	综合Z分值	宏观经济Z分值	产业竞争力Z分值	金融资本Z分值	基础设施Z分值	人力资源Z分值	政府作用Z分值
均值	2012	0.00017	0.53151	0.47883	0.69763	0.38849	0.46816	0.21953
	2010	-0.00194	0.00000	0.00000	-0.01936	0.00000	0.00000	0.00000
方差	2012	0.16126	0.36675	0.16226	0.49750	0.23716	0.21726	0.38520
	2010	0.16447	0.25145	0.21985	0.60341	0.27230	0.27723	0.34566
标准差	2012	0.40157	0.60560	0.40281	0.70534	0.48699	0.46611	0.62064
	2010	0.40555	0.50145	0.46888	0.77680	0.52182	0.52652	0.58792

（二）县域经济结构继续优化，多元化发展趋势明显，但发展动力有待增强

一方面，从产业结构来看，2010~2012年甘肃省县域加快推进产业结构调整和发展方式转变，产业规模总量明显扩大，产业结构进一步优化，产业综合经济实力显著增强。非农经济已经成为拉动县域经济增长的主导力量。2010~2012年，76个县域经济产业结构由22∶42∶36调整到20∶45∶35，第一产业比重下降2个百分点，第二产业比重上升3个百分点，第三产业占比略有下降，产业结构整体有所升级（见图1）。非农经济占县域经济的比重由2010年的75.56%提高到2012年的79.28%，成为县域经济发展的"主力军"。

另一方面，从所有制结构来看，非公有制经济为县域经济的发展注入了活力，县域经济发展的多样化趋势明显增强。随着国有企

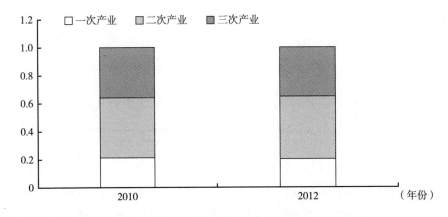

图1　2010～2012年甘肃县域三次产业结构比重变化

业改革的逐步深化，县域大部分国有企业通过改制、重组等方式转变为民营企业，加之近些年国家对非公有制经济的扶持，县域非公有制经济规模迅速壮大，对县域经济的贡献明显加大，非公有制经济已成为县域经济发展的强大推动力。

（三）以县域和市（州）为单元的特色产业集群效应逐步显现，多样化发展模式初步形成，但发展水平和层次相对较低

2010～2012年，甘肃省各县域因地制宜，突出特色，培育壮大特色优势产业，在独具区域特色的产业集群雏形基础上，产业效应已初步显现，形成了以玉门、瓜州和金塔为代表的新能源开发和装备制造产业区，以临泽和高台为代表的制种产业区，以玉门、民乐、永昌等为代表的酿造原料产业区，以临洮、会宁等为代表的马铃薯产业区，以陇西、岷县和宕昌为代表的中药材产业区，以静宁、秦安为代表的林果产业区，以华亭和正宁为代表的煤电化产业区，以夏河、玛曲为代表的草畜产业区等产业集群。这一系列特色产业集群的初步形成，成为促进县域经济快速发展的重要增长极。

此外，各县（市）基于自身特点，各打各的优势牌，各走各

的特色路，发展模式呈现明显的多样化趋势。华池、西峰、靖远等县域依托丰富的矿产资源，大力发展资源采掘和初加工，以资源开发带动县域经济的发展；永昌、武都、秦安等县域依托传统农产品种植和加工优势，积极推广贸工农一体化、产加销一条龙的经营方式，以农业产业化推动农业经济发展，继而带动县域经济发展；瓜州、敦煌等县域依托自然资源，发展清洁能源发电、装备制造业和旅游业，以新能源开发提升县域经济的发展质量。多元化、特色化的发展道路有力地促进了县域经济的发展壮大。但是，从全省县域特色产业带动能力和辐射范围看，仍显不足，特别是缺乏有市场竞争力的品牌和产品，普遍存在"有产品无市场、有市场无品牌、有品牌无知名度、有知名度无产量和销量"的尴尬局面，很大程度上影响到特色产业的后续可持续发展动力。

（四）城镇化总体水平持续提高，质量与速度进入加快提升阶段，但县域城镇化进程缓慢

党的十八大明确提出，要坚持走中国特色新型工业化、信息化、城镇化、农业现代化道路，推动信息化和工业化深度融合、工业化和城镇化良性互动、城镇化和农业现代化相互协调，促进工业化、信息化、城镇化、农业现代化同步发展。甘肃省第十二次党代会明确要求，加快推进特色城镇化，努力形成优势互补、布局合理、连接通畅、特色鲜明的城镇化建设新格局。甘肃省委十二届四次全委扩大会议进一步明确提出，甘肃城镇化建设必须走因地制宜的特色之路，科学规划好城市规模和布局，依托产业集聚，积极发展中小城镇，做大做强县城规模，提高综合承载能力。

2010~2012 年，甘肃积极稳妥地推进城镇建设，在交通、环卫、燃气、绿化等基础设施领域取得较大进展，城镇面貌和人居环

境有了明显的改善。但是，受经济发展实力、财政投入等约束，甘肃省城镇化发展主要集中在大中城市，而人口占比较大的县域，发展动力仍然不足，特别是除县城城关镇以外的建制镇的城镇化发展滞后，导致全省城镇化水平提升受到限制。

截至 2012 年，甘肃省全省城镇化率达到 38.75%，比 2010 年的 35.1% 增加了 3.65 个百分点，但是与全国的 52.57% 相比，差距依然巨大。由于统计上没有县域"非农业人口"数据，本文采用"非乡村人口占总人口比重"来替代常规的"非农业人口占总人口比重"，以便对城镇化水平进行测算。2012 年甘肃省 76 个县域城镇化水平相对较低，只有 15.9%。其中，城镇化水平超过50% 的只有 5 个县（市、区），仅比 2010 年增加了 2 个县（市、区）；而低于（含）10% 的县域仍有 20 个，仅比 2010 年少了 3 个，相比 2008~2010 年减少了 14 个，城镇化发展速度有所下降。

受各类因素制约，甘肃城镇化建设，特别是小城镇建设还普遍存在盲目性、自发性、无序性特征，特征不明、产业缺位、布局分散、功能少、占地多、投入效益比低下、重复建设等问题依旧突出。这从另一个侧面说明甘肃省城镇化进程的难点和重点在县域，只有解决了县及建制镇层面城镇化发展制约因素的问题，才能找到甘肃城镇化突破性发展的路径。

（五）项目推进效果明显，极大地改善了县域公共产品供给能力，但因基础薄弱、欠债多，项目带动潜力还需进一步挖掘

通过加大项目投资争取力度，全省基础设施建设不断加强。2011 年国家发改委共下发甘肃省建设项目中央预算内投资 152.46 亿元，中央财政代甘肃省发行地方政府债券 59 亿元，安排 34 亿元用于重大交通、水利基础设施、保障性安居工程以及社会事业等公益性项目，特别是在 2012 年甘肃省"3341"项目工程全面启动，全年新开工 500 万元以上项目 9764 个。90 个省列重点项目超额完成年度投资计划，在农林水利、生态、能源、交通基础设施等方面建设快速推进，为县域经济发展提供了有力的保障，极大地改善了县域基础设施。

截至 2012 年，76 个县域农村人口参加新型农村合作医疗保险比例达到 93.55%，比 2010 年的 92.95% 有了进一步的增加；2012 年农村人口参加社会养老保险人数达到 828.5 万人，比 2010 年的 250.7 万人增长了 2.29 倍，年均增长 81.5%，占农村人口比重达到 42.76%，比 2010 年的 12.93% 增长了近 30 个百分点。新型农村合作医疗和社会养老保险为甘肃农村地区提高社会保障水平奠定了良好的基础。

但是，由于甘肃属于欠发达省份，自身发展基础薄弱，历史欠债多，市场竞争力不足，除国家投入的基础设施外，对资本的吸引力不足，项目落地相对困难，县域缺乏吸引外部资金、促进产业发展的能力，亟待挖掘潜力。

（六）扶贫攻坚工作取得新突破，居民收入快速增长，但与全国差距明显，贫困区域县域经济发展任重道远

2011 年 11 月 29 日，中央扶贫开发工作会议决定，将农民人均纯收入 2300 元（约合 355.6 美元）作为新的国家扶贫标准，与 2009 年人均年收入 1196 元标准相比，提高了 92%。据估算，新标准下全国农村贫困人口将达到近 1.3 亿，比 2010 年增加了约 1 亿人。而甘肃省作为中国贫困面最大的扶贫攻坚重点省，贫困人口达到 1200 万人左右，约占常住人口总量的 47%，占到全国贫困总人口的近 10%；国家扶贫重点县增加到 58 个，占到全省 86

个县域的 67.4%。

纵向比较看，2012 年 76 个县域农民人均纯收入 4402 元，比 2010 年的 3273 元增加了 34.49%，年均递增 15.97%，增速较全省 2010~2012 年农民人均纯收入平均增速的 16.57% 低了 0.6 个百分点，说明 76 个县域农村经济发展水平仍显滞后；横向比较看，2012 年 76 个县域农民人均纯收入（4402 元）仅占到当年全国平均水平（7919 元）的 55.6%，比 2010 年的 55.3% 增加了 0.3 个百分点。从比重层面看，76 个县域农民人均收入增长速度稍快于全国平均水平，但趋势非常不明显；从绝对值层面看，差距仍然巨大，且近似的增长速率不仅不能消弭与全国的差距，反而因基数的差距而扩大。同时，76 个县域农民人均纯收入是全省平均水平（4495 元）的 97.9%，较 2010 年的 98.9%，下降了 1 个百分点，这说明，从省域层面看，76 个县域农民人均纯收入增速慢于全省平均水平，对农民人均纯收入的增长贡献量低于其他区域，省内农村经济发展水平差异存在，且越来越趋于两极分化。分析表明，受外部经济快速增长和内部贫困地区自然、气候、经济、社会各种因素制约，扶贫攻坚工作是县域经济发展的重中之重。

二 甘肃省县域经济发展面临的问题及成因

（一）甘肃省县域经济发展存在的问题

1. 县域经济发展基础差，综合实力较弱

从数量分布方面看，76 个县（市、区）中，2012 年国内生产总值（GDP）超过 100 亿元的县域有 6 个，分别是凉州区（214.84 亿元）、肃州区（184.52 亿元）、西峰区（161.36 亿元）、玉门市

（130.26亿元）、甘州区（123.82亿元）和崆峒区（101.06亿元），比2010年的3个县域（凉州区、肃州区和玉门市）在数量上增加了1倍；超过50亿元的县域达到20个，比2010年的10个县域翻了一番，占76个县域的26.32%，较2010年（13.16%）增加了约13个百分点。

从人均经济水平方面看，2012年人均GDP超过50000元的县域有5个，分别是肃北县（250776元）、阿克塞县（112663元）、玉门市（80405元）、肃南县（61567元）以及华池县（59478元），比2010年的3个县域增加了2个，占到76个县域的6.58%；人均GDP超过20000元（约合3000美元）的县域有24个，比2010年的12个增加了1倍；人均GDP超过6000元（约合1000美元）的县域有63个，占到76个县域的82.89%，比重较2010年增加了近20个百分点。2012年人均GDP排在前10位的县域全部在39000元以上；而排名后10位的县域，其人均GDP全部都在5700元以下，县域经济发展具有很强的不均衡性。

2. 县域经济结构不尽合理

一方面，三次产业结构仍不合理。尽管县域经济结构有所优化，但是第一产业比重偏大，第二产业竞争力不强，第三产业发展层次低问题没有得到根本解决。2012年，甘肃省县域第三产业比重明显低于全省平均水平（40.2%），更低于全国44.6%的平均水平。另一方面，产业内部结构也不尽合理。当前县域第一产业仍以传统种植业为主，规模经营、产业化经营水平低，加工转化能力弱，农业合作组织不健全，应对自然灾害和抗风险能力差，导致第一产业生产效率和效益不能提高。第二产业以"两高一资"企业为主，产业链条短，缺少具有高技术含量和高附加值的工业企业，缺乏竞争力；第三产业以商贸流通和餐饮住宿等传统服务业为主，

现代服务业发展严重滞后。

3. 发展的不平衡性继续加剧

从县域发展的整体看，尽管与 2010 年相比，甘肃省县域经济发展整体有趋同趋势，但差异明显问题仍未得到根治。经济居末10 位的县域 GDP 总和仅有 87.91 亿元，占 76 个县域 GDP 总量的2.64%，与 2010 年（66.04 亿元，2.83%）相比，总量增加但比重略有下降，说明考虑到基础绝对量和增速，少数经济发展弱势的县域呈现弱者更弱的态势；从城乡居民收入看，尽管 2012 年甘肃农民人均纯收入增长 15%，超过城镇居民可支配收入 14% 的增长幅度，但从数量上看，两者仍有很大差距，城乡二元化结构特征依然明显。2012 年，全省县域城乡居民收入比达到了 4.16:1，略高于全省平均水平（3.83:1），较 2010 年的 3.47:1 有所增长，说明城乡差异仍然存在扩大的趋势；76 个县域中，农民人均纯收入最高的酒泉市阿克塞和最低的临夏州东乡县分别为 15000 元和 2413元，前者是后者的 6.22 倍，比 2010 年农民人均纯收入极值倍数（3.87 倍）又提高了 2 倍多，发展差异巨大，同样的，即便是在同一地区，发展的差异性也十分显著。

4. 基础设施建设明显滞后

基础设施建设水平，特别是农村基础设施水平滞后，已成为制约甘肃省县域经济发展的主要瓶颈。甘肃省乡村道路等级低，缺乏标志标识、桥梁栏杆、排水路渠等附属设施，仍有许多村没有实现通标准路，还有相当一部分人饮水安全得不到保障。农村网络覆盖率低的现象依然存在，农贸市场建设和农产品信息化网络建设比较滞后，农村水利设施年久失修、维护资金缺乏、带"病"运行严重、防汛安全隐患大等问题普遍存在。此外，县域城镇基础设施的建设也明显滞后。随着县域经济社会的发展，县城水、电、交通等设施未能配套跟进，成为县域经济发展的"梗阻"。

5. "三农"问题仍然严峻

首先，农民增收依然困难。农业生产成本的增加和甘肃省县域劳动力以"体力型多、技能型少"为特征的现状，进一步加大了农民增收的难度。2012 年甘肃省农民人均纯收入较上年增长15%，创历史新高，但因基数过低，增长值与全国平均水平相比，仍处在数量差距加大的阶段。且多数贫困县域受制于农民素质低和技能少、产业化发展水平低等因素，增收途径窄、增收难度大的问题普遍存在。东乡县2012 年农民人均收入仅为2413 元，尽管较上年增长17%，但因总量过小，仍然不到全省农民人均纯收入的六成（53.7%）。其次，农业问题不容忽视。调研得知，甘肃省目前的粮食问题令人担忧。当前粮食直补是以耕地面积为单位进行补贴，并不考虑农户是否种植，加上劳务收入远大于种植收入，农村青壮年劳动力大量外出打工，导致农村土地撂荒现象逐年增加、粮食作物播种面积不断缩减，以前农户家庭"户户有储粮"的局面不复存在。最后，个别县域农村经济、社会不稳定现象值得关注。一方面县域农村债务问题较为突出。时下，全省各县（市）、乡（镇）、村均不同程度地存在债务，这已经成为农村稳定和发展的一大障碍；另一方面，随着各地农村青壮年劳动力的大量外出，农村"留守妇女、留守儿童和留守老人"大量存在，这为一些不法分子提供了可乘之机，对农村社会稳定造成危胁。

（二）问题成因

上述问题存在和产生的原因是多方面的，总的来看，一是外部环境，如甘肃省本是欠发达省份，自然环境差、省级财政基础薄弱、产业发展水平低等，二是内部环境，如县域发展能力不足、体制机制不健全等。

其一，体制机制不断制约着县域经济的发展。体制机制性因素对县域经济发展的制约主要体现在：从行政管理体制看，现行对工商、国土、税收、药监、环保、金融、电力等部门的垂直管理，一定程度上弱化了县级政府对发展县域经济的宏观调控能力，深感"力不从心"；从税收金融体制看，现行的分税制导致县级税收分成比例较低，无财力促发展，同时，"乡财县管"政策尽管能够保证大多数"吃饭财政"的乡镇业务支出，但很大程度上制约了有发展潜力的小城镇自主发展；从管理归属方面看，项目归属单位多或者归属缺位情况时有发生，导致项目申报烦琐和申报无门情况同时存在，一定程度上也限制了基层发展的效率；从机构设置方面看，乡镇一级，特别是建制镇机构设置与发展需求存在偏差，也是限制建制镇城镇化建设的一个原因。

其二，金融抑制对县域经济发展的严重影响。目前，金融机构中除农村信用合作社外普遍存在借贷现象，广大县域农村地区和中小企业贷款供给严重不足，金融服务已经不能有效地满足县域经济发展的客观需要，县域经济已遭遇严重的金融抑制，这种资源配置不公现象已经明显地影响到县域经济的正常发展。同时，现行县域金融机构职能逐步退化，在体制机制方面存在严重缺陷，主要表现在信贷资源配置变异，贷款机构、贷款结构、信贷品种、投放方式等严重失衡。特别是商业金融机构市场化运作以后，商业金融机构贷款准入门槛不断提高，"逐利性、扶强不扶弱"的现象非常突出，欠发达地区银行成为上级行的"存款部"和"蓄水池"，致使自我"造血"功能原本不强的甘肃县域经济，越发雪上加霜。县域资金通过金融机构后大量逆向流出，加剧了资金的供求矛盾，加大了县域资金需求的缺口。而国有商业银行在抓大放小经营理念的驱使下，贷款集中流向优势地区、优势行业、优势企业。对县域而言，其经济发展的关键就是要解决农村基础设施、中小企业技术改造、产业结构调整等问题，而解决这些问题需要大量、长期的资金支持，资金回报率也不高，因此，金融机构对这些中长期贷款"不感兴趣"。

其三，发展规划缺失、滞后阻碍了县域经济的科学发展。县域经济的健康发展，科学规划是前提。当前，全省县域经济的发展既缺少省级层面科学规划的宏观指导，又缺少自身发展的科学定位，导致县域在发展过程中无章可循、无规可依，造成大家都从自身利益考虑，"急功近利、恶性竞争、盲目跟风"的现象时有发生。通渭县、张川县、景泰县等县在不具备条件的情况下纷纷仿效河西发展风电产业；陇西药材市场闻名遐迩，而与其相邻同属定西市的渭源县却以更"优惠"的政策建设低层次的药材市场，以吸引客商，挖自己人的墙脚。这不仅有悖于甘肃省"组团发展、整体推进"的发展战略，更是规划缺失导致的恶果。此外，编制规划思路滞后、超前性不足、领导班子考核机制不健全，导致规划持续性较差，出现"新官不买旧官账"、一届班子一个思路，各唱各的调等不良现象。这些都是缺乏科学规划的体现，很大程度上影响了县域经济发展。

其四，资本积累渠道和形式单一的制约。首先，资本积累的形式断层及缺乏创新。一般来说，县域经济主要包括县城经济、小城镇经济、乡村经济和家庭经济 4 个主要组成部分。传统的县城乡镇工业经济积累主要依靠工农剪刀差的形式进行，而在市场经济的今天，以农养工的积累方式显然难以为继。但依靠县级的固定资产投资在绝大多数县（市）还属于"吃饭财政"和"要饭财政"的情况下显然力不从心。同时，家庭经济的分散性及其弱小性又制约了资本积累的速度与规模。由于有效资本积累形式的缺乏，资本难以有效、大规模形成。其次，目前县域金融机构有大量的存贷差，有相当多的资金受限而没有被利用，致使剩余资金转化资本率较低。

其五，城镇化滞后的逆向效应。甘肃省小城镇的城镇化水平普遍较低，导致农村滞留了大量的剩余人口和过剩劳动力，就业不充分，加之农业劳动生产率长期得不到提高，影响了农村居民收入水平的提高、农业集约化生产和农村市场消费能力的提升。同时，由于第三产业的主要载体在城市而不在农村，城镇化的滞后便严重制约了甘肃省县域第三产业的发展。总之，城镇化滞后于工业化，或者城镇化和工业化水平都很低，将造成工业品市场需求不能随着工业生产的迅速发展而同步扩大，最终也会制约工业化的进程。世界经济发达国家的发展历程表明，只有城镇化与工业化协调发展，经济才会以更有效的速度运行。因此，在现阶段全省县域经济城镇化普遍滞后的情况下，加快县域经济城镇化进程对促进工业化、加快经济发展，有更强的推动作用和溢出效应，这不仅有利于带动城市基础设施建设，拉动投资需求，而且会带动第三产业的大发展。

三 甘肃省县域经济发展的对策建议

由于甘肃是典型的传统农业省份，经济总量小、人均水平低、贫困程度深、自然条件差、生态环境脆弱的基本省情尚未得到根本性改变，县域经济实力不强、产业结构不合理、城镇化水平低、自我发展能力弱、贫困面大且贫困程度深等特征依然明显，要进一步解决上述问题，需要从明确发展方向、培育现代农业体系、实施扶贫攻坚战略、小城镇发展带动农民增收、提高农村消费水平等方面着手，实现甘肃与全国同步进入小康社会的发展目标。

（一）统筹兼顾，尽快对区域、市（州）和县域三级层面进行系统、科学的经济发展规划

首先，在全面总结过去甘肃省县域经济发展的经验和教训基础上，建议省委政府尽快对区域、市（州）和县域三级层面的经济发展进行整体部署，尤其要结合经济结构调整，重新审视和调整全省主导产业和各市县支柱产业的布局，切实打破产业地区割据局面，统一整合资源，做大做强产业规模，避免同区域内部的竞争消耗，提高经济效率。同时，要进一步加强对县域工业发展的引导，给予更多的吸引投资优惠政策，促进县域工业经济结构的根本性调整。其次，根据国家经济发展主导思路的调整方向，结合甘肃实际，抓住兰白经济圈、兰州新区、国家循环经济示范区、现代农业示范区、连片扶贫开发区等区域建设的契机，依据国家主体功能区规划，结合国家扶持政策，切实搞好全省特色农业、工业发展、文化产业的规划与布局，特别是要提升对市（州）和县域两级的工业园区功能定位和区域布局审核标准，制定相关配套政策，对符合产业特色、有利于发挥当地比较优势、有利于资源节约和环境保护、具有发展潜力的项目予以鼓励，对低水平重复建设项目要提高准入门槛，严格予以限制，以保证布局的前瞻性和可持续性。

（二）构建新型农业经营体系，加快推进现代农业和农业现代化发展，统筹协调，努力缓解县域经济发展面临的瓶颈制约

着力创新农业生产经营体制，在坚持家庭承包责任制的基础上，在保护农民合法权益、尊重农民意愿的前提下，积极探索股份合作等多种方式的适度规模经营。这就意味着我们要探索农业现代化道路，就是要在现有的制度基础上创新道路，在目前农业生产模式的基础上，推进适度规模经营，根据区域不同特征和情况，积极探索适宜的、具有中国特色的现代农业和农业现代化道路。

针对当前县域发展面临资金、土地、人才等的共性制约瓶颈，建议从省级层面统筹协调，建立省、市、县三级联动机制，地方政府和金融部门紧密配合，运用必要的财政、金融手段，整合、运作分散的资金，协调金融部门积极支持新建扩建、技术改造、新产品开发项目和农业产业化项目，及时解决资金困难，确保各县（市、区）重点项目的建设。对县区工业园区发展面临的土地问题进行认真梳理分类，使近期能够解决的问题尽快解决，对一时不能解决的，分不同情况，逐步解决。对于县域人才短缺问题，可比照大学生村官、"三支一扶"等政策，鼓励大学生到中小企业工作。建立高校毕业生基层就业的长效机制，支持引导高校毕业生到基层创业。

（三）转变观念，创新体制，进一步完善县域经济发展的考核办法

破除唯 GDP 的政绩观，解决急功近利的问题，树立包容性增长和可持续发展的意识；破除保贫困县"帽子"的观念，鼓励贫困县强化自我发展能力，从根本上解决"等、靠、要"的工作思路；破除"区域利益至上"的观念，通过制度建设，打破区域间行政界线的壁垒，建立县域间经济发展联动机制。同时，还应进一步完善考核体制。要根据各县域自然禀赋、生态环境、发展条件和产业基础的不同，针对各县（市）具体情况，凸显县域特色，分别制定基于三产结构、生态修复、GDP 总量等考核指标体系的考

核制度，引导县域形成"宜工则工、宜农则农、宜游则游、宜商则商"的科学发展思路，要着力创新农业生产经营体制，在坚持家庭承包责任制的基础上，在保护农民合法权益、尊重农民意愿的前提下，积极探索股份合作等多种方式的适度规模经营"。这就意味着我们要探索农业现代化道路，就是要在现有的制度基础上创新道路，在目前农业生产模式的基础上，推进适度规模经营，根据区域不同特征和情况，积极探索适宜的、具有中国特色的现代农业和农业现代化道路。

（四）强化金融服务，切实为县域经济发展提供资金支持

目前的金融管理体制严重制约着其服务县域发展的职能，因此，首先要建议国有银行县以上机构改善信贷管理体制，构建支持县域经济发展的绿色通道。一方面应适度下放贷款审批权限和授信额度，简化贷款手续，缩短贷款审批时间，根据县域情况适当降低贷款准入标准，坚持"不唯大小、不唯成分、只唯效益"的原则，鼓励和引导县支行积极支持个体、私营、民营企业和招商引资企业的发展。另一方面，应积极探索小额信贷多样化形式，促进城乡人民增收致富和银行小额信贷良性循环。其次要设置与实体经济相匹配的金融机构。金融体系是为实体经济服务的，有怎样的实体经济结构，就应当有怎样的金融结构，如此才有可能实现金融资源的高效配置，同时降低金融服务供需双方的成本。实体经济中的企业是按规模大小区分为不同层次的，同样也需要不同规模层次的金融机构与之相匹配。我国国有银行、股份制银行和商业银行不仅数量少，而且主要集中于大中城市，放贷集中于大企业、大项目。特别是四大国有银行网点收缩、贷款权限上收之后，县域经济成了金融"空洞"。因此，应尽快设立与实体经济规模相匹配的金融机构。

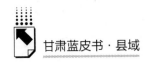
（五）规范管理流程，充分发挥项目建设在县域经济发展中的载体作用

项目是县域经济发展的主要载体，更是调结构、促转型、实现跨越式发展的重要途径。因此，一要统筹项目规划。在国家项目规划基础上，根据全省的发展规划和县域经济的发展规划，征求市县意见，对项目进行科学设计和规划。二要整合项目资源。尽快出台项目整合办法，按照项目资金性质、投资方向不变的原则，整合部分小项目为一个大项目或项目群，严格监督资金使用，统一审批验收管理，发挥集约效应促进效益最大化。三是简化项目审批程序。应逐步取消市级对项目的审批环节，项目申报由县级直报至省，加快政府性工程咨询单位机构改革，减少项目前期的工作环节和费用。四要减免项目资金配套。应实行分类减免配套资金的政策，对涉及国计民生的项目，以及在国扶县、经济扩权试点县、民族地区的项目配套资金应予以取消，减免对特色产业发展项目的配套资金。根据国家和省项目布局和资金情况，每年主动给各县域拨付一批项目，鼓励县级政府根据县情和发展需要自主设计切合实际、效益优化的项目，经省级部门审核备案后建设。

（六）加快新型城镇化建设步伐，把中、小城镇建设作为甘肃省城镇化发展的切入点

2012年，中国城市化率第一次超过50%，标志着中国社会结构引来一个历史性的转折。预计到2020年，我国城镇化水平将达到60%左右。城镇化率从30%提高到60%，跨越这一发展阶段，英国、美国和日本分别用了约180年、90年和60年，而中国可能只需要30多年。如果说工业化在某种意义上是创造供给，那么城

市化则主要创造需求，城市化在扩大内需、实现可持续发展中具有重要的战略意义①。研究表明，城市化率每提高 1 个百分点，可以替代出口 10 万亿元。因此，扩大内需，就要通过城镇化把农民切实转变为市民，通过促进农村产业发展、提高就业机会，构建和完善消费体系，促进县及建制镇城镇化发展，全面提升县域经济综合竞争力和经济实力。

经验表明，在越过城镇化率 50% 这一拐点后，城镇化发展的速度会有所放缓，随之而来的是对城镇化质量提升的要求，它包括一些关键内容，如："如何提升欠发达地区产业集聚能力？如何推进小城镇滞后的第三产业发展？"等。在当今大城市过度发展而产生严重"大城市病"的现状下，理论界和管理部门越来越意识到调整城镇化建设方向的重要性，采取均衡发展模式，大力发展城市集群，建立一大批中小城市，形成城市梯度分布，改变人口过度集中的现状，充分发挥城市－城镇聚集效应，提高公共产品供给效率和效益，是国家未来几年发展的重点。甘肃要充分抓住这个大好机遇，在完善区域性中心城市功能的基础上，大力发展县级中小城市建设，有重点地发展建制镇建设，形成大中城市和小城镇协调发展的、符合甘肃经济社会发展实际的新型城镇化道路。

---

① 杨群：《城市化率过半，要警惕"半城市化"》，《解放日报》2012 年 5 月 23 日。

评　价　篇

Evaluation Reports

B.2
甘肃省县域经济综合竞争力
评价指标体系设计与完善

曲玮　李忠东　何瑛*

摘　要：

本文简要介绍了甘肃省县域经济综合竞争力评价指标体系的设计思路和演变沿袭。通过对2006~2010年度评价指标体系的实践与完善，制定出2012年度评价指标体系，包括宏观经济竞争力、产业竞争力、金融资本竞争力、基础设施竞争力、人力资源竞争力和政府作用竞争力共6项一级指标、14项二级指

* 曲玮，甘肃省社会科学院农村发展研究所研究员，研究领域为资源经济学、农村经济学；李忠东，甘肃省统计局农村工作处处长；何瑛，甘肃省统计局社会科技处处长。

标、43 项三级指标，并系统地描述了评价方法与评判标准。

关键词：

甘肃　县域　竞争力评价

县域经济作为国民经济的基础性单元，充满着活力，蕴涵着希望，在建设全面小康社会和社会主义新农村的进程中越来越受到社会各界的关注。更深入、更科学、更客观地评价县域经济发展，将会为探索县域经济发展规律提供非常有益的帮助。县域经济竞争力评价是目前应用较为普遍的一种分析县域经济发展的方法。县域经济竞争力可以简要地理解为县域经济单位进行资源优化配置取得某些竞争优势的能力。对县域经济竞争力的分析和评价需要建立一个公平、客观、可比的指标体系，涉及县域经济的宏观、中观、微观三个层面。

县城经济是一种行政区划型的区域经济，是与中心城区经济相对应的一个概念，它是以城镇经济为中心、以集镇经济为纽带、以乡村经济为基础的区域经济。县域经济竞争力是指一个县域经济相对于同类区域对大区域中资源和市场的吸引力。县域经济竞争力体现的是县域经济单位在资源利用、产品开发、技术创新、市场开拓及服务中具有的与其他区域经济主体竞争的竞争优势。目前，县域经济竞争力比较注重资源配置能力，强调资源配置能力比资源本身更重要，县域经济竞争力是县域经济单位的诸多方面"分力"的"集合力"①。

---

① 《中国县域经济基本竞争力与科学发展评价说明》，http：//www. china‐county. org/cms/article。

本书为了体现评价工作的可行性、客观性和科学性，构建了科学合理的指标体系，采用了反映县域经济的基本的、综合的、可比的数据来进行评价，评价结果较为客观，基本上反映了甘肃省各县（市）经济综合竞争力。

一 县域经济竞争力评价指标体系设计原则

县域经济竞争力涉及县域发展的诸多方面，不仅涵盖了经济运行的宏观层面，还涉及经济要素构成的微观层面；不仅包括县域范围内的所有经济要素，还包括与经济相关的非经济要素；不仅表现特定范围内的整体性，还表现一定范围内的相互依赖性。基于此，课题组在设计甘肃省县域经济竞争力评价指标体系时遵循以下原则。

——客观性原则。课题组在对甘肃省县域经济竞争力评价时，从甘肃省县域经济发展实际出发，构建科学合理全面的评价指标体系，确保评价结果能够真实地反映甘肃省县域经济竞争力的实际情况，采用的数据基本上为公开的县域经济基本数据，保证了评价结果的客观性和可比性。

——全面性原则。在设计评价指标体系时，课题组将县域范围内一系列相互联系、相互作用、不可或缺的经济要素构成的宏观、中观、微观层面，经济社会发展的经济要素和非经济要素作为构建甘肃省县域经济竞争力指标体系的内在要素，采用反映县域经济总体水平不同侧面的指标体系。

——可比性原则。课题组采用了具有综合性和可比性的县域经济总量指标，没有采用定性指标，评价结果不仅客观全面，而且具有较强的可比性，能够较为真实地反映甘肃省各县域经济竞争力之间的差距，对甘肃省各县区进行县域经济综合竞争力评价排列，为每个县域经济提供了一个相对的参照坐标。

二　县域经济竞争力评价指标体系的完善

《2007：甘肃省县域经济综合竞争力评价》和《2009：甘肃省县域经济综合竞争力评价》两本蓝皮书根据县域经济竞争力的内涵及其评价指标体系设计原则，参照目前学术界关于县域经济竞争力的研究成果①，结合甘肃省县域经济发展实际，从县域宏观经济竞争力、产业竞争力、金融资本竞争力、基础设施竞争力、政府作用竞争力、人力资源竞争力等 6 个方面进行分析。为保持评价指标的可比性，《2011：甘肃省县域经济综合竞争力评价》一书仍然延续上述 6 项一级指标，在此基础上增加了 3 项三级指标，指标数量合计 46 项。具体指标设计思路和演变过程请参见 2007 年、2009 年和 2011 年出版的《甘肃省县域经济综合竞争力评价》蓝皮书，这里不再赘述。2013 年，由于统计指标发生变化，我们再次微调了评价指标，减少了 3 项指标，合计 6 个一级指标 43 个三级指标。①减去了宏观经济竞争力子系统下经济均量二级指标中的恩格尔系数指标；②减去了产业竞争力子系统下产业效率二级指标中的非农产业劳动生产率指标；③减去了基础设施竞争力子系统中信息通信二级指标中的每万人邮政业务量比重指标（见表 1）。

① 李闽榕：《中国省域经济综合竞争力研究报告（1998～2004）》，社会科学文献出版社，2006。

表1　2012年甘肃省县域经济综合竞争力评价指标构成

一级指标(6个)	二级指标(14个)	三级指标(46个)
宏观经济 竞争力	经济总量(4个)	GDP(万元)
		财政收入(万元)
		地方财政收入(万元)
		商品零售总额(万元)
	经济均量(5个)	人均GDP(元)
		人均财政收入(元)
		城镇居民人均可支配收入(元)
		农民人均纯收入(元)
		恩格尔系数*(%)
	经济增长(1个)	GDP近5年平均增长速度(%)
产业竞争力	产业总量(3个)	第二产业增加值(万元)
		规模以上工业总产值(万元)
		第三产业增加值(万元)
	产业结构(2个)	第二产业占GDP的比重(%)
		第三产业占GDP的比重(%)
	产业效率(3个)	第二产业5年平均增长速度(%)
		第三产业5年平均增长速度(%)
		非农产业劳动生产率*(元/人)
金融资本 竞争力	存贷状况(3个)	金融机构存款余额(万元)
		金融机构贷款余额(万元)
		人均储蓄(万元)
	资产状况(3个)	城镇固定资产投资完成额(万元)
		城镇新增固定资产(万元)
		流动资产年平均余额(万元)
基础设施 竞争力	交通运输(2个)	公路密度(公里/平方公里)
		民用汽车拥有量(辆)
	信息通信(4个)	网络用户比重(户/百人)
		本地电话用户比重(户/百人)
		移动电话用户比重(户/百人)
		邮政业务量比重*(户/百人)

续表

一级指标(6个)	二级指标(14个)	三级指标(46个)
人力资源竞争力	健康状况(4个)	医院总床位数(张)
		医院总卫生技术人员数(人)
		每万人卫生技术人员数(人/万人)
		每万人医院床位(张/万人)
	科教状况(5个)	专业技术人员数(人)
		每万人专业技术人员数(人/万人)
		学龄儿童入学率(%)
		初中升学率(%)
		高中升学率(%)
政府作用竞争力	政府服务(3个)	科技支出(万元)
		教育支出(万元)
		科技支出占GDP的比重(%)
	社会保障(4个)	养老保险职工占从业人员比重(%)
		医疗保险职工占从业人员比重(%)
		农村养老保险占农村人口比重(%)
		农村医疗保险占农村人口比重(%)

注：＊为本书2013年删去指标。

三 甘肃省县域经济综合竞争力评价方法

课题组采用层次分析法（Analytic Hierarchy Process，简称AHP）对2012年县域经济综合竞争力进行评价。AHP是美国运筹学家 T. L. Saaty 教授于20世纪70年代初提出的一种简便、灵活而又实用的多准则决策方法，是对一些较为复杂、较为模糊的问题作出决策的简易方法，它特别适用于那些难于完全定量分析的问题。

在进行社会、经济等领域问题的系统分析中，我们常常面临的是一个相互关联、相互制约的众多因素构成且缺少定量数据的系统。层次分析法为这类问题的决策和排序提供了一种新的、简洁而实用的建模方法，因此 AHP 适用于具有复杂性和多变性的县域经济综合竞争力评价。

运用层次分析法建模，大体上可按下面 4 个步骤进行：①建立递阶层次结构模型；②构造出各层次中的所有判断矩阵；③层次单排序及一致性检验；④层次总排序及一致性检验。

（一）递阶层次结构的建立与其特点

应用 AHP 分析决策问题时，首先要把问题条理化、层次化，构造出一个有层次的结构模型。在这个模型下，复杂问题被分解为元素的组成部分。这些元素又按其属性及关系形成若干层次。上一层次的元素作为准则对下一层次有关元素起支配作用，这些层次可以分为三类。

（1）最高层：这一层次中只有一个元素，一般它是分析问题的预定目标或理想结果，因此也称为目标层。

（2）中间层：这一层次中包含了为实现目标所涉及的中间环节，它可以由若干个层次组成，包括所需考虑的准则、子准则，因此也称为准则层。

（3）最底层：这一层次包括了为实现目标可供选择的各种措施、决策方案等，因此也称为措施层或方案层。

递阶层次结构中的层次数与问题的复杂程度及需要分析的详尽程度有关，一般层次数不受限制。每一层次中各元素所支配的元素一般不要超过 9 个。因为支配的元素过多会给两两比较判断带来困难。本研究的层次结构模型如图 1 所示。

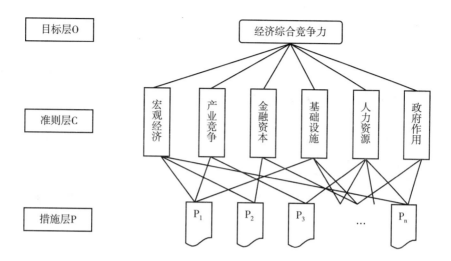

图1 甘肃县域经济综合竞争力评价层次结构模型

（二）构造判断矩阵

层次结构反映了各因素之间的关系，但准则层中的各准则在目标衡量中所占的比重并不一定相同，在决策者的心目中，它们各占有一定的比例。

在确定影响某因素的诸因子在该因素中所占的比重时，遇到的主要困难是这些比重常常不易定量化。此外，当影响某因素的因子较多时，直接考虑各因子对该因素有多大程度的影响时，常常会因考虑不周全、顾此失彼而使决策者提出与他实际认为的重要性程度不一致的数据，甚至有可能提出一组隐含矛盾的数据。

设现在要比较 n 个因子 $X = \{x_1, \cdots, x_n\}$ 对某因素 Z 的影响大小，怎样比较才能提供可信的数据呢？Saaty 等人建议可以采取对因子进行两两比较建立成对比较矩阵的办法，即每次取两个因子 x_i 和 x_j，以 a_{ij} 表示 x_i 和 x_j 对 Z 的影响大小之比，全部比较结果用矩阵 $A = (a_{ij})_{n \cdot n}$ 表示，称 A 为 $Z - X$ 之间的成对比较判断矩阵（简称

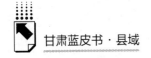

判断矩阵）。容易看出，若 x_i 与 x_j 对 Z 的影响之比为 a_{ij} ，则 x_j 与 x_i 对 Z 的影响之比应为 $a_{ji} = \dfrac{1}{a_{ij}}$ 。

定义 1　若矩阵 $A = (a_{ij})_{n \cdot n}$ 满足

（i）$a_{ij} > 0$ ，（ii）$a_{ji} = \dfrac{1}{a_{ij}}$（$i, j = 1, 2, \cdots, n$）

则称之为正互反矩阵（易见 $a_{ii} = 1$ ，$i = 1, \cdots, n$）。

关于如何确定 a_{ij} 的值，Saaty 等建议引用数字 1～9 及其倒数作为标度，表 2 列出了 1～9 标度的含义。

表 2　标度含义一览

标　　度	含　　义
1	表示两个因素相比,具有相同重要性
3	表示两个因素相比,前者比后者稍重要
5	表示两个因素相比,前者比后者明显重要
7	表示两个因素相比,前者比后者强烈重要
9	表示两个因素相比,前者比后者极端重要
2、4、6、8	表示上述相邻判断的中间值
倒数	若因素 i 与因素 j 的重要性之比为 a_{ij}，那么因素 j 与因素 i 的重要性之比为 $a_{ji} = \dfrac{1}{a_{ij}}$

（三）层次单排序及一致性检验

判断矩阵 A 对应于最大特征值 λ_{max} 的特征向量 W，经归一化后即为同一层次相应因素对于上一层次某因素相对重要性的排序权值，这一过程称为层次单排序。

上述构造成对比较判断矩阵的办法虽能减少其他因素的干扰，较客观地反映出一对因子影响力的差别，但综合全部比较结果时，其中难免包含一定程度的非一致性。如果比较结果是前后完全一致的，则矩阵 A 的元素还应当满足：

$$a_{ij}a_{jk} = a_{ik}, \quad \forall i,j,k = 1,2,\cdots,n \qquad \text{关系式(1)}$$

定义 2　满足关系式（1）的正互反矩阵称为一致矩阵。

需要检验构造出来的（正互反）判断矩阵 A 是否严重地非一致，以便确定是否接受 A。

定理 1　正互反矩阵 A 的最大特征根 λ_{max} 必为正实数，其对应特征向量的所有分量均为正实数。A 的其余特征值的模均严格小于 λ_{max}。

定理 2　若 A 为一致矩阵，则

（1）A 必为正互反矩阵。

（2）A 的转置矩阵 A^T 也是一致矩阵。

（3）A 的任意两行成比例，比例因子大于零，从而 $rank(A) = 1$（同样，A 的任意两列也成比例）。

（4）A 的最大特征值 $\lambda_{max} = n$，其中 n 为矩阵 A 的阶。A 的其余特征根均为零。

（5）若 A 的最大特征值 λ_{max} 对应的特征向量为 $W = (w_1,\cdots,w_n)^T$，则 $a_{ij} = \dfrac{w_i}{w_j}$，$\forall i,j = 1,2,\cdots,n$，即

$$A = \begin{bmatrix} \dfrac{w_1}{w_1} & \dfrac{w_1}{w_2} & \cdots & \dfrac{w_1}{w_n} \\[2mm] \dfrac{w_2}{w_1} & \dfrac{w_2}{w_2} & \cdots & \dfrac{w_2}{w_n} \\[2mm] \vdots & \vdots & & \vdots \\[2mm] \dfrac{w_n}{w_1} & \dfrac{w_n}{w_2} & \cdots & \dfrac{w_n}{w_n} \end{bmatrix}$$

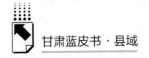

定理 3 n 阶正互反矩阵 A 为一致矩阵当且仅当其最大特征根 $\lambda_{max} = n$，且当正互反矩阵 A 非一致时，必有 $\lambda_{max} > n$。

根据定理 3，我们可以由 λ_{max} 是否等于 n 来检验判断矩阵 A 是否为一致矩阵。由于特征根连续地依赖于 a_{ij}，故 λ_{max} 比 n 大得越多，A 的非一致性程度也就越严重，λ_{max} 对应的标准化特征向量也就越不能真实地反映出 $X = \{x_1, \cdots, x_n\}$ 在对因素 Z 的影响中所占的比重。因此，对决策者提供的判断矩阵有必要做一次一致性检验，以决定是否能接受它。

对判断矩阵的一致性检验的步骤如下：

（1）计算一致性指标 CI。

$$CI = \frac{\lambda_{max} - n}{n - 1}$$

（2）查找相应的平均随机一致性指标 RI。对 $n = 1, 2, \cdots, 9$，Saaty 给出了 RI 的值，如表 3 所示。

表 3　RI 对应 n 的值

n	1	2	3	4	5	6	7	8	9
RI	0	0	0.58	0.90	1.12	1.24	1.32	1.41	1.45

RI 的值是这样得到的，用随机方法构造 500 个样本矩阵：随机地从 1~9 及其倒数中抽取数字构造正互反矩阵，求得最大特征根的平均值 λ'_{max}，并定义

$$RI = \frac{\lambda'_{max} - n}{n - 1}$$

（3）计算一致性比例 CR。

$$CR = \frac{CI}{RI}$$

当 $CR < 0.10$ 时，认为判断矩阵的一致性是可以接受的，否则应对判断矩阵作适当修正。

（四）层次总排序及一致性检验

上面我们得到的是一组元素对其上一层中某元素的权重向量。我们最终要得到各元素，特别是最低层中各方案对于目标的排序权重，从而进行了方案选择。总排序权重要自上而下地将单准则下的权重进行合成。

设上一层次（ A 层）包含 $A_1, \cdots, A_m$ 共 m 个因素，它们的层次总排序权重分别为 $a_1, \cdots, a_m$ 。又设其后的下一层次（ B 层）包含 n 个因素 $B_1, \cdots, B_n$ ，它们关于 A_j 的层次单排序权重分别为 $b_{1j}, \cdots, b_{nj}$（当 B_i 与 A_j 无关联时， $b_{ij} = 0$ ）。现求 B 层中各因素关于总目标的权重，即求 B 层各因素的层次总排序权重 $b_1, \cdots, b_n$ ，计算按表 4 所示方式进行，即 $b_i = \sum\limits_{j=1}^{m} b_{ij} a_j$ ， $i = 1, \cdots, n$ 。

对层次总排序也需作一致性检验，检验仍像层次总排序那样由高层到低层逐层进行。这是因为虽然各层次均已经过层次单排序的一致性检验，各成对比较判断矩阵都已具有较为满意的一致性。但当综合考察时，各层次的非一致性仍有可能积累起来，引起最终分析结果较严重的非一致性（见表 4）。

设 B 层中与 A_j 相关的因素的成对比较判断矩阵在单排序中经一致性检验，求得单排序一致性指标为 $CI(j)$（ $j = 1, \cdots, m$ ），相应的平均随机一致性指标为 $RI(j)$ [$CI(j)$、$RI(j)$ 已在层次单排序时求得]，则 B 层总排序随机一致性比例为

表4　各层次排序及权重关系

层 B 层 A	A_1 a_1	A_2 a_2	...	A_m a_m	B层总排序权值
B_1	b_{11}	b_{21}	...	b_{1m}	$\sum_{j=1}^{m} b_{1j} a_j$
B_2	b_{21}	b_{22}	...	b_{2m}	$\sum_{j=1}^{m} b_{2j} a_j$
⋮	⋮	⋮	⋮	⋮	⋮
B_n	B_{n1}	B_{n2}	...	b_{nm}	$\sum_{j=1}^{m} b_{nj} a_j$

$$CR = \frac{\sum_{j=1}^{m} CI(j) a_j}{\sum_{j=1}^{m} RI(j) a_j}$$

当 $CR < 0.10$ 时，认为层次总排序结果具有较满意的一致性并接受该分析结果。

四　甘肃省县域经济综合竞争力的判定标准

根据以往研究的研判方法，结合甘肃省县域经济综合竞争力态势的实际情况，课题组对甘肃省县域经济综合竞争力的时间和地域范围及研判法则作了如下界定。

（一）研究和评价的时间与地域范围

1. 评价时段

本研究以《甘肃省发展年鉴》（2013年）和甘肃省统计局提供的各县域2012年度统计数据为依据。

2. 县域评价范围

根据国家统计局农村调查司有关全国县域社会经济综合发展水平所作的测评范围，结合甘肃省统计局的具体要求，课题组对甘肃省除兰州市城关区、七里河区、西固区、安宁区、红古区，白银市的白银区和平川区，天水秦城区和北道区以及金昌市的金川区等10个区之外的76个县（市、区）进行了县域经济综合竞争力的评价与分析，76个县域地区分布如图2所示。

图 2　甘肃县（市、区）地域分布

3. 市（州）评价范围

以县域经济竞争力评价结果为基础，对甘肃省嘉峪关市之外的13个市（州）进行了分析研究和评价。

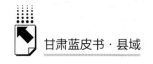
（二）县域经济综合竞争力判定

根据上述确定的甘肃省县域经济综合竞争力评价指标体系和评价方法，课题组采用二维表格对甘肃省 76 个县（市、区）的竞争力态势进行了评价分析和研究，根据以往研究中的三分法原则，课题组设定了两项评价标准。

1. 仍然沿用往年蓝皮书对县域经济综合竞争力发展水平的区段划分标准

本研究将县域经济综合竞争力处于 1～25 位的县（市、区）判定为上游区，处于 26～51 位的县（市、区）判定为中游区，处于 52～76 的县（市、区）判定为下游区；将县域经济综合竞争力平均得分处于 1～4 位的市（州）判定为上游区，处于 5～9 位的市（州）判定为中游区，处于 10～13 位的市（州）判定为下游区。

2. 优劣势指标的划分标准

分别用绝对优势、一般优势、中势、一般劣势、绝对劣势 5 项评价标准对甘肃省县域经济综合竞争力评价的指标进行划分。具体为：县域经济综合竞争力评价指标处于第 1～10 位的是具有绝对优势的指标，其对带动县域经济综合竞争力起到巨大促进作用；第 11～25 位的是具有一般优势的指标，其对县域经济发展有一定帮助；第 26～51 位的是中势指标，其还不足以对县域经济发展起到促进作用，但是具有一定潜力可挖，如果加强可以成为未来促进经济社会发展的指标，反之，则有可能阻碍发展；第 52～66 位的是一般劣势指标，说明县域经济综合竞争力发展要素中还存在"短板"，需要尽快予以解决和加强；第 67～76 位的是绝对劣势指标，也是阻碍县域经济综合发展水平的制约因子，亟待解决。

B.3

2012年甘肃省县域经济
综合竞争力评价与分析

曲　玮　张福昌　王志敏　黄炳凯*

摘　要：

本篇对2012年甘肃省76个县（市、区）县域宏观
经济、产业经济、金融资本、基础设施、人力资源
和政府作用等6个子系统指标进行计算、排序和分
析，并与2010年相应指标进行对比，从横向和纵向
两个截面为全省县（市、区）的发展提供了一个动
态的、相对的参照坐标。

关键词：

县域　经济综合竞争力　评价　排序　子系统

县域经济是经济发展的空间载体，本书通过对甘肃省76个县
（市、区）县域综合竞争力的初步评价分析和研究，希望引起社会
各界对甘肃省县域经济的关注，为全省县（市、区）的发展提供
一个动态的、相对的参照坐标，为推动甘肃县域经济的发展做出应
有的贡献。

---

* 曲玮，甘肃省社会科学院农村发展研究所研究员，研究领域为资源经济学、农村
经济学；张福昌，甘肃省统计局；王志敏、黄炳凯，甘肃农业大学硕士研究生。

一 甘肃省县域经济综合竞争力评价

本书力求通过对甘肃省 76 个县（市、区）县域宏观经济竞争力子系统、产业竞争力子系统、金融资本竞争力子系统、基础设施竞争力子系统、政府作用力子系统、人力资源竞争力子系统等 6 项一级指标的评价分析和研究，希望为全省县（市、区）的发展提供一个动态的、相对的参照坐标，推动甘肃省县域经济又好又快的发展。综合竞争力是县域经济发展动态的综合性指标，根据上述县域一级指标的测度结果，对甘肃省县域经济综合竞争力进行了评价分析和研究。

（一）甘肃省县域经济综合竞争力评价结果

通过对这 6 项一级指标进行分析，2012 年甘肃省 76 个县（市、区）县域经济综合竞争力排序情况如表 1 所示。

从甘肃省 76 个县（市、区）的县域经济竞争力的总体排序来看，25 个县（市、区）处于县域经济竞争力上游区域，其中又分两个层次，具有绝对优势的 10 个县域，具有一般优势的 15 个县域；处于中游区域的 26 个县（市、区）；处于下游区域的 25 个县（市、区），其中又分两个层次，具有一般劣势的 15 个县（市、区），具有绝对劣势的 10 个县（区）。

在进行比较的 76 个县（市、区）中，综合竞争力居 1～25 位的县域属经济综合竞争力上游区域。

其中，经济综合竞争力综合排序处在 1～10 位具有优势经济竞争力的县域分别是肃州区、凉州区、西峰区、甘州区、玉门市、崆峒区、华亭县、敦煌市、榆中县和肃北县，这些县（市、区）在

表 1　2012 年甘肃省县域经济综合竞争力总体排序

县　名	2006 年排序	2008 年排序	2010 年排序	2012 年排序	2012 年比 2010 年的进退	宏观经济排序	产业竞争力排序	金融资本排序	基础设施排序	人力资源排序	政府作用排序
肃州区	1	3	1	1	0	4	1	1	1	1	24
凉州区	4	4	2	2	0	3	4	9	2	2	18
西峰区	8	5	4	3	↑1	5	2	3	8	4	7
甘州区	2	2	5	4	↑1	7	12	5	4	6	34
玉门市	3	1	3	5	↓2	2	3	4	18	16	40
崆峒区	6	6	11	6	↑5	10	8	6	16	9	12
华亭县	10	8	7	7	0	6	15	14	14	3	41
敦煌市	9	7	6	8	↓2	8	7	2	25	13	32
榆中县	16	13	14	9	↑5	18	17	10	5	34	13
肃北县	5	11	9	10	↓1	1	14	49	12	11	56
临夏市	13	12	8	11	↓3	35	18	51	3	5	36
环　县	68	55	47	12	↑35	19	11	33	34	66	1
永登县	11	9	10	13	↓3	12	6	8	28	46	26
陇西县	28	28	13	14	↓1	24	24	15	51	17	3
金塔县	23	30	17	15	↑2	17	13	18	38	14	20
瓜州县	21	15	18	16	↑2	9	10	7	26	21	70
民勤县	29	20	19	17	↑2	20	44	12	21	43	14
永昌县	18	14	16	18	↓2	11	25	13	11	29	63

续表

县名	2006年排序	2008年排序	2010年排序	2012年排序	2012年比2010年的进退	宏观经济排序	产业竞争力排序	金融资本排序	基础设施排序	人力资源排序	政府作用排序
武山县	49	48	23	19	↑4	43	45	45	6	51	17
武都区	38	29	39	20	↑19	27	5	11	66	10	53
华池县	22	17	38	21	↑17	13	9	52	44	33	44
高台县	31	25	35	22	↑13	29	56	32	19	18	16
庆城县	12	10	12	23	↓11	14	23	17	49	37	37
靖远县	40	36	36	24	↑12	16	31	42	48	54	4
景泰县	24	22	27	25	↑2	23	27	20	7	64	58
泾川县	26	41	31	26	↑5	40	49	29	24	22	10
临洮县	34	35	24	27	↓3	34	26	50	27	20	21
安定区	26	23	20	28	↓8	22	21	26	67	45	11
成 县	15	16	22	29	↓7	33	36	21	10	39	50
临泽县	19	24	34	30	↑4	32	46	31	17	19	42
崇信县	43	44	49	31	↑18	21	32	34	22	41	47
镇原县	47	40	32	32	0	31	19	63	62	57	5
宁 县	42	42	28	33	↓5	39	22	22	32	72	31
会宁县	44	50	33	34	↓1	44	30	39	23	48	27
秦安县	46	49	45	35	↑10	37	48	36	41	58	8
阿克塞	7	18	41	36	↑5	26	33	58	13	8	73
山丹县	20	32	29	37	↓8	41	34	62	9	28	62

续表

县名	2006年排序	2008年排序	2010年排序	2012年排序	2012年比2010年的进退	宏观经济排序	产业竞争力排序	金融资本排序	基础设施排序	人力资源排序	政府作用排序
肃南县	14	31	26	38	↓12	15	38	41	53	7	68
庄浪县	45	57	44	39	↑5	54	69	54	20	24	15
甘谷县	48	33	37	40	↓3	30	43	30	33	38	46
皋兰县	39	38	30	41	↓11	28	29	19	65	59	38
合作市	25	26	15	42	↓27	45	16	16	55	25	66
永靖县	30	19	25	43	↓18	36	35	23	29	26	64
静宁县	35	54	42	44	↓2	49	67	35	35	36	19
清水县	56	39	50	45	↑5	50	39	57	39	60	9
灵台县	54	59	56	46	↑10	48	62	53	30	52	23
岷 县	63	61	55	47	↑8	52	59	40	76	62	2
古浪县	32	37	40	48	↓8	51	57	28	54	44	22
民乐县	33	43	43	49	↓6	42	60	48	31	32	55
天祝县	25	27	21	50	↓29	25	28	24	46	30	76
徽 县	37	21	48	51	↓3	38	55	27	69	56	33
合水县	55	52	46	52	↓6	46	20	43	58	76	35
正宁县	60	34	54	53	↑1	53	58	38	47	63	29
张家川	59	65	57	54	↑3	55	37	56	43	40	43
康 县	67	63	59	55	↑4	62	66	47	57	23	28
广河县	74	60	71	56	↑15	65	61	55	15	69	39
渭源县	62	74	60	57	↑3	56	68	68	75	27	6

续表

县 名	2006年排序	2008年排序	2010年排序	2012年排序	2012年比2010年的进退	宏观经济排序	产业竞争力排序	金融资本排序	基础设施排序	人力资源排序	政府作用排序
通渭县	58	75	61	58	↑3	57	40	70	45	35	45
临夏县	61	73	64	59	↑5	59	41	66	37	49	48
西和县	50	47	58	60	↓2	58	53	37	60	65	51
舟曲县	71	46	52	61	↓9	61	50	44	61	53	49
礼 县	57	53	51	62	↓11	64	65	46	52	75	25
文 县	51	45	53	63	↓10	63	64	25	64	68	59
临潭县	64	69	63	64	↓1	67	42	67	50	50	57
宕昌县	69	72	66	65	↑1	60	54	59	72	70	52
玛曲县	41	58	62	66	↓4	47	70	73	70	31	72
康乐县	65	70	69	67	↑2	68	71	69	42	67	54
和政县	76	62	68	68	0	72	74	65	40	55	61
东乡县	73	76	74	69	↑5	74	73	72	63	73	30
夏河县	66	64	65	70	↓5	73	47	60	73	47	60
迭部县	53	51	67	71	↓4	71	63	64	68	42	71
碌曲县	27	68	75	72	↑3	69	75	74	56	12	74
卓尼县	70	71	72	73	↓1	75	52	61	74	61	67
积石山	75	67	73	74	↓1	70	72	75	59	74	65
漳 县	72	66	70	75	↓5	66	51	71	71	71	75
两当县	52	56	76	76	0	76	76	76	36	15	69

资料来源：甘肃省统计局提供的数据处理而来。

全省县域经济综合竞争力方面具有比较绝对的竞争优势。同时我们也可以看到，在具有绝对优势的县域中，60%的县域在河西地区，一定程度上说明河西地区县域经济综合水平整体好于全省其他区域。

经济综合竞争力综合排序居 11~25 位的县域分别是临夏市、环县、永登县、陇西县、金塔县、瓜州县、民勤县、永昌县、武山县、武都区、华池县、高台县、庆城县、靖远县和景泰县，这 15 个县（市、区）在县域经济竞争力方面具有一般竞争优势。其中，河西地区县域 5 个，陇东地区县域 4 个，陇中地区县域 5 个，陇南地区县域 1 个。

县域经济竞争力综合排序居 26~51 位的 26 个县域是泾川县、临洮县、安定区、成县、临泽县、崇信县、镇原县、宁县、会宁县、秦安县、阿克塞县、山丹县、肃南县、庄浪县、甘谷县、皋兰县、合作市、永靖县、静宁县、清水县、灵台县、岷县、古浪县、民乐县、天祝县和徽县，这 26 个县（市、区）在县域经济竞争力方面处在中游区域，经济竞争力属于中势水平。

县域经济竞争力综合排序居 52~76 位的 25 个县域处在经济竞争力下游区域，其中 52~66 位的县域分别是合水县、正宁县、张家川、康县、广河县、渭源县、通渭县、临夏县、西和县、舟曲县、礼县、文县、临潭县、宕昌县和玛曲县，这 15 个县（市、区）属下游区域第一层次，在县域经济竞争力方面处于一般劣势水平；综合排序居最后 10 位（67~76 位）的县域经济竞争力处于绝对劣势，它们是康乐县、和政县、东乡县、夏河县、迭部县、碌曲县、卓尼县、积石山、漳县和两当县。

2012 年甘肃 76 个县（市、区）县域经济综合竞争力归类分布如表 2 所示。

表 2   2012 年甘肃省县域经济综合竞争力归类分布一览

上游区域类型(居 1~25 位)		
第一层次 (居 1~10 位)	肃州区、凉州区、西峰区、甘州区、玉门市、崆峒区、华亭县、敦煌市、榆中县、肃北县	绝对竞争优势
第二层次 (居 11~25 位)	临夏市、环县、永登县、陇西县、金塔县、瓜州县、民勤县、永昌县、武山县、武都区、华池县、高台县、庆城县、靖远县、景泰县	一般竞争优势
中游区域类型(居 26~51 位)		
泾川县、临洮县、安定区、成县、临泽县、崇信县、镇原县、宁县、会宁县、秦安县、阿克塞县、山丹县、肃南县、庄浪县、甘谷县、皋兰县、合作市、永靖县、静宁县、清水县、灵台县、岷县、古浪县、民乐县、天祝县、徽县		优势 不显著
下游区域类型(居 52~76 位)		
第一层次 (居 52~66 位)	合水县、正宁县、张家川回族自治县、康县、广河县、渭源县、通渭县、临夏县、西和县、舟曲县、礼县、文县、临潭县、宕昌县、玛曲县	弱势
第二层次 (居 67~76 位)	康乐县、和政县、东乡县、夏河县、迭部县、碌曲县、卓尼县、积石山县、漳县、两当县	绝对弱势

与 2010 年排序相比,76 个县区中有 34 个县区排名上升,6 个县区排名不变,36 个县区排名有所下降。其中,新跻身上游区域的县区有 6 个,分别是环县、武山县、武都区、高台县、靖远县和景泰县,它们分别从 2010 年的第 47 位、23 位、39 位、35 位、36 位和 27 位各上升 35 位、4 位、19 位、13 位、12 位和 2 位,分别达到第 12 位、19 位、20 位、22 位、24 位和 25 位。在上游区域中,新跻身第一层次的县域是崆峒区和榆中县,分别由 2010 年的第 11 和 14 位上升到 2012 年的第 6 位和第 9 位;从下游区域新晋级到中游区域的县区有灵台县和岷县 2 个,分别上升 10 位和 8 位。

（二）甘肃省市（州）县域经济综合竞争力排序

如表 3、图 1 所示,从 2012 年甘肃省 13 个市（州）（不包括嘉峪关市）的县域经济竞争力的排序来看，与 2010 年相比，有 3 个市（州）排名上升，7 个市（州）排名不变，3 个市（州）排序有所下降。其中，平均得分处于上游区域的市（州）依次为酒泉市、兰州市（永登县、皋兰县、榆中县）、武威市（凉州区、民勤县、古浪县和天祝县）和金昌市（永昌县），位次上兰州市从 2010 年的第 4 位上升至 2012 年的第 2 位，武威市和金昌市位次从 2010 年的第 2 和第 3 位下降至第 3 和第 4 位；处于中游区域的市（州）中，从层次上看，庆阳市和平凉市位次从 2010 年的第 6 和第 7 位上升至第 5 和第 6 位，张掖市位次从 2010 年的第 5 位下降至第 7 位；下游层次中，无论是位次还是所处层次都没有变化。总体上看，2010～2012 年，市（州）经济综合竞争力强弱水平变动不大，上、中、下游层次间没有发生变动，只有个别市（州）位次在各自所处的层次中小有浮动。

纵观 2006～2012 年 13 个市（州）4 次县域经济综合竞争力排序（见表 3），具有如下特征。

（1）3 次排序均在上游区域的酒泉市、兰州市、金昌市和武威市，市（州）县域经济平均实力水平在全省具有绝对优势。其中最具竞争力的是酒泉市，4 年一直保持在第一梯队，其县域经济综合竞争力的绝对优势不容撼动。

（2）除酒泉市 4 次评价均名列第 1 外，其余城市位次上下浮动，没有 3 次位次都保持上升的市（州），说明实力相近的城市间县域经济综合竞争力在 6 年间相互竞争明显。

（3）位次变动幅度不大，最大的位次变动是 4 位，说明市（州）整体实力变动不大。

（4）位次变动频繁的市（州）主要集中在上游区域和下游区域层次中，而居于下游区域的市（州）变动相对较为平稳，这一

表3　2012年与2010年、2008年、2006年甘肃省13个市（州）县域经济综合竞争力排序对比

层次	市州	2012年排序	2010年排序	2008年排序	2006年排序	2012年比2006年进退	2012年比2008年进退	2012年比2010年进退	2010年比2006年进退	2010年比2008年进退	2008年比2006年进退
	酒泉市	1	1	1	1	0	0	0	0	0	0
上游区域	兰州市	2	4	2	4	↑2	0	↑2	0	↓2	↑2
	武威市	3	2	4	5	↑2	↑1	↓1	↑3	↑2	↑1
	金昌市*	4	3	3	2	↓2	↓1	↓1	↓1	0	↓1
	庆阳市	5	6	6	8	↑3	↑1	↑1	↑2	0	↑2
中游区域	平凉市	6	7	7	6	0	↑1	↑1	↓1	0	↓1
	张掖市	7	5	5	3	↓4	↓2	↓2	↓2	0	↓2
	白银市*	8	8	8	7	↓1	0	0	↓1	0	↓1
	天水市*	9	9	9	10	↑1	0	0	↑1	0	↑1
	定西市	10	10	12	11	↑1	↑2	0	↑1	↑2	↓1
下游区域	陇南市	11	11	10	9	↓2	↓1	0	↓2	↓1	↓1
	临夏州	12	12	11	13	↑1	↓1	0	↑1	↓1	↑2
	甘南州	13	13	13	12	↓1	0	0	↓1	0	↓1

注：本表不包括嘉峪关市；文中标注 * 的城市涉及的县域不全，详见 B.2 之四 "县域评价范围" 说明。

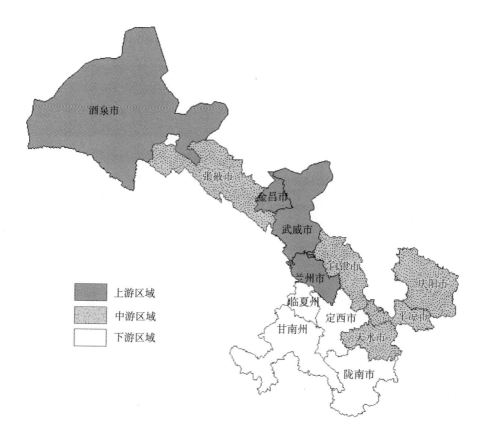

图1　2012 年甘肃省 13 个市（州）经济综合竞争力排序分布

方面说明市（州）间县域经济综合竞争力水平差异相对稳定，少有经济综合发展水平特别突出的市（州），位次变动频繁、竞争激烈的情况通常集中发生在县域之间，鲜有突破；另一方面也说明中游市（州）县域综合竞争力整体发展优势较上、下游的市（州）平稳，上、下游市（州）间竞争较为激烈。

2006～2012 年，位次上升的市（州）有 6 个，分别为庆阳市（3 位次）、兰州市（2 位次）、武威市（2 位次）、天水市（1 位次）、定西市（1 位次）和临夏州（1 位次）；位次下降的市（州）5 个，分别是张掖市（4 位次）、金昌市（2 位次）、陇南市（2 位

次）、白银市（1 位次）和甘南州（1 位次）；2 个市的位次没有变动，分别是酒泉市和平凉市。

2012 年甘肃各市（州）县域经济综合竞争力与2010 年相比，改变的市（州）主要集中在上游区域和中游上部区域，这与2008 ~ 2010 年的变化位次在上游区域和下游区域的特征相比，说明2010 ~ 2012 年甘肃各市（州）县域经济综合竞争力发展水平和能力变化主要集中在有优势的市（州）之间，即处于优势、中势、劣势集团的市（州）总格局没有改变，但集团内部竞争激烈，特别是发展较快的市。2010 ~ 2012 年，13 个市（州）（除嘉峪关市外）位次没有变动的有6 个市，7 个城市位次有变化，但没有突破区域，在层次中有所变化的城市。上游区域、中游区域变动都限于区域内部变动。这一方面反映出处于各级层次的城市县域经济竞争力相对稳定，另一方面也说明市（州）之间差距较大，处于下游水平的市（州）经济竞争力较弱，上升速度缓慢的局面将会长期存在。

二　甘肃省县域宏观经济竞争力评价

县域经济总体经济实力是县域宏观经济总体状况的展示，是县域经济运行质量优劣的集中表现，也是县域经济实力强弱态势的重要标志。报告运用 GDP、财政收入、地方财政收入、商品零售总额等 4 项指标表征县（市、区）的经济总量水平；用人均 GDP、人均财政收入、城镇居民人均可支配收入、农民人均纯收入等 4 项指标表征县（市、区）经济均量水平；用 GDP 的近 5 年年均增长速度指标表征县（市、区）的经济增长水平。

2012 年甘肃省 76 个县（市、区）县域宏观经济竞争力排序情况如表4所示，13个市（州）（不包括嘉峪关市）县域宏观经济竞争力情况如表5和图2所示。

表4 2012 年甘肃省宏观经济竞争力排序

县 名	2006 年排序	2008 年排序	2010 年排序	2012 年排序	2012 年宏观经济竞争力						
					数值	经济总量因子	排序	经济均量因子	排序	经济增长因子	排序
肃 北 县	2	1	2	1	1.790	0.194	35	7.109	1	3.330	1
玉 门 市	1	8	1	2	1.272	1.774	4	1.830	3	-1.001	71
凉 州 区	5	5	7	3	1.243	2.411	1	-0.015	21	-1.204	74
肃 州 区	6	7	3	4	1.180	2.218	2	0.656	7	1.599	5
西 峰 区	11	3	9	5	1.163	2.047	3	0.679	6	1.089	11
华 亭 县	8	5	4	6	0.982	1.030	11	0.528	11	0.655	18
甘 州 区	3	4	5	7	0.924	1.710	5	0.091	16	-0.893	67
敦 煌 市	13	11	11	8	0.762	1.126	9	0.628	8	0.453	23
瓜 州 县	18	31	12	9	0.656	0.802	14	0.617	9	1.458	7
崆 峒 区	7	9	13	10	0.635	1.452	6	-0.081	26	-0.816	65
永 昌 县	15	12	10	11	0.557	0.601	18	0.016	19	-0.645	58
永 登 县	14	6	8	12	0.545	1.384	7	-0.101	28	-1.117	72
华 池 县	17	19	15	13	0.540	1.149	8	1.182	5	-0.011	30
庆 城 县	10	15	6	14	0.519	1.122	10	0.175	13	-2.006	75
肃 南 县	12	23	18	15	0.443	-0.410	52	1.246	4	1.241	8
靖 远 县	29	26	23	16	0.426	0.648	17	-0.307	41	-0.756	62
金 塔 县	22	38	14	17	0.410	0.749	15	0.548	10	0.822	13
榆 中 县	16	10	29	18	0.385	0.988	12	-0.165	30	0.465	22
环 县	40	49	40	19	0.349	0.676	16	-0.178	33	2.793	3
民 勤 县	21	22	41	20	0.296	0.601	19	-0.078	25	-0.717	60
崇 信 县	31	47	45	21	0.277	-0.027	44	0.328	12	1.642	4
安 定 区	35	33	16	22	0.270	0.461	23	-0.352	43	-0.180	38
景 泰 县	26	41	35	23	0.235	0.537	21	-0.028	23	-0.342	43

续表

县　名	2006年排序	2008年排序	2010年排序	2012年排序	2012年宏观经济竞争力						
					数值	经济总量因子	排序	经济均量因子	排序	经济增长因子	排序
陇西县	36	32	19	24	0.226	0.565	20	-0.353	44	-0.150	35
天祝县	23	24	25	25	0.225	0.264	30	-0.089	27	0.391	24
阿克塞县	4	25	32	26	0.185	-1.340	69	2.830	2	1.470	6
武都区	39	20	24	27	0.162	0.949	13	-0.301	40	1.218	9
皋兰县	30	45	21	28	0.145	0.204	34	-0.023	22	0.109	26
高台县	25	28	30	29	0.134	0.194	36	0.076	17	-0.527	50
甘谷县	44	36	22	30	0.127	0.343	28	-0.455	60	-0.547	51
镇原县	63	30	20	31	0.127	0.441	25	-0.391	50	1.119	10
临泽县	20	42	39	32	0.116	0.162	38	0.091	15	-0.633	56
成　县	9	18	38	33	0.088	0.213	32	-0.215	35	-2.068	76
临洮县	45	39	37	34	0.085	0.375	26	-0.410	54	0.103	28
临夏市	19	13	17	35	0.073	0.205	33	-0.177	32	-0.619	55
永靖县	46	17	28	36	0.053	0.025	43	-0.166	31	-0.517	49
秦安县	43	51	31	37	0.048	0.316	29	-0.452	58	-0.452	46
徽　县	24	21	46	38	0.038	0.056	41	-0.186	34	-0.918	69
宁　县	48	35	27	39	0.029	0.492	22	-0.393	51	0.894	12
泾川县	37	50	43	40	0.027	0.347	27	-0.291	39	-0.911	68
山丹县	27	54	42	41	0.008	0.097	40	-0.124	29	-1.128	73
民乐县	34	57	47	42	0.008	0.027	42	-0.246	37	-0.649	59
武山县	42	53	44	43	-0.005	0.236	31	-0.408	52	-0.065	32
会宁县	47	48	34	44	-0.019	0.448	24	-0.409	53	-0.179	37
合作市	28	40	26	45	-0.021	-0.405	51	0.130	14	0.793	15
合水县	60	59	55	46	-0.046	0.188	37	0.005	20	2.947	2
玛曲县	33	34	33	47	-0.127	-1.215	65	0.065	18	-0.174	36
灵台县	50	69	57	48	-0.242	-0.279	47	-0.315	42	-0.552	52
静宁县	51	63	50	49	-0.242	-0.079	45	-0.466	62	-0.416	45

续表

县　名	2006 年排序	2008 年排序	2010 年排序	2012 年排序	2012 年宏观经济竞争力						
					数值	经济总量因子	排序	经济均量因子	排序	经济增长因子	排序
清 水 县	41	14	49	50	−0.248	−0.166	46	−0.390	49	−0.130	34
古 浪 县	38	27	54	51	−0.288	0.109	39	−0.388	48	−0.881	66
岷 县	74	58	65	52	−0.291	−0.382	50	−0.506	70	−0.497	47
正 宁 县	64	16	48	53	−0.302	−0.528	56	−0.386	47	0.105	27
庄 浪 县	49	62	60	54	−0.312	−0.298	48	−0.483	66	−0.506	48
张家川县	70	66	51	55	−0.411	−0.560	57	−0.468	63	−0.046	31
渭 源 县	75	72	58	56	−0.415	−0.590	58	−0.479	64	−0.290	41
通 渭 县	72	74	59	57	−0.442	−0.331	49	−0.483	65	−0.108	33
西 和 县	55	37	52	58	−0.486	−0.480	55	−0.503	69	−0.777	64
临 夏 县	53	71	64	59	−0.487	−0.475	54	−0.485	67	−0.339	42
宕 昌 县	52	67	62	60	−0.570	−0.953	60	−0.511	72	0.060	29
舟 曲 县	73	29	36	61	−0.585	−1.392	70	−0.424	56	0.626	19
康 县	66	64	63	62	−0.597	−1.164	63	−0.459	61	−0.402	44
文 县	67	56	61	63	−0.618	−0.789	59	−0.438	57	−0.615	54
礼 县	61	46	53	64	−0.674	−0.444	53	−0.527	74	−0.251	39
广 河 县	56	52	71	65	−0.679	−1.176	64	−0.502	68	−0.638	57
漳 县	62	44	56	66	−0.686	−1.065	61	−0.453	59	0.205	25
临 潭 县	69	75	73	67	−0.782	−1.240	66	−0.423	55	0.535	21
康 乐 县	71	68	74	68	−0.787	−1.146	62	−0.510	71	−0.585	53
碌 曲 县	32	65	69	69	−0.787	−1.929	75	−0.034	24	0.608	20
积石山县	68	61	75	70	−0.838	−1.485	73	−0.542	75	−0.736	61
迭 部 县	58	43	72	71	−0.856	−1.792	74	−0.247	38	0.694	17
和 政 县	76	73	68	72	−0.856	−1.480	72	−0.513	73	−0.773	63
夏 河 县	54	60	66	73	−0.901	−1.250	67	−0.240	36	0.750	16
东 乡 县	59	76	70	74	−0.903	−1.265	68	−0.547	76	−0.270	40
卓 尼 县	57	55	67	75	−0.969	−1.406	71	−0.360	46	0.818	14
两 当 县	65	70	76	76	−1.292	−2.392	76	−0.356	45	−0.956	70

资料来源：甘肃省统计局提供的数据处理而来。

表5 2012年甘肃省13个市（州）县域宏观经济竞争力排序

市（州）	宏观经济排序	得分	数值	市（州）	宏观经济排序	得分	数值
酒泉市	1	77.72683	0.8934	平凉市	8	71.78525	0.1609
金昌市*	2	74.99803	0.5570	天水市*	9	69.6868	-0.0979
武威市	3	73.47245	0.3689	定西市	10	69.03087	-0.1787
兰州市	4	73.38745	0.3584	陇南市	11	66.92206	-0.4388
庆阳市	5	72.89279	0.2974	甘南州	12	65.99538	-0.5530
张掖市	6	72.68714	0.2721	临夏州	13	65.38267	-0.6285
白银市*	7	72.2181	0.2142				

注：本表不包括嘉峪关市；文中标注*的城市涉及的县域不全，详见 B.2 之四"县域评价范围"说明。

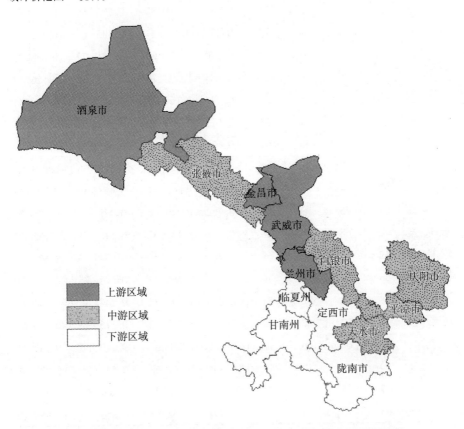

图2 2012年甘肃省13个市（州）宏观经济竞争力排序分布

（一）甘肃省县域宏观经济竞争力评价结果

甘肃省 76 个县（市、区）的宏观经济竞争力排序来看，居 1～10 位的是县域宏观经济竞争力处于上游水平第一层次的县（市、区），它们是肃北县、玉门市、凉州区、肃州区、西峰区、华亭县、甘州区、敦煌市、瓜州县和崆峒区，这 10 个县（市、区）在宏观经济竞争力方面具有绝对竞争优势；居 11～25 位的是处于上游水平第二层次的县（市、区），它们是永昌县、永登县、华池县、庆城县、肃南县、靖远县、金塔县、榆中县、环县、民勤县、崇信县、安定区、景泰县、陇西县和天祝县，这 15 个县（市、区）在宏观经济竞争力方面具有一般竞争优势。

居 26～51 位的是县域宏观经济竞争力处于中游的县（市、区），它们是阿克塞县、武都区、皋兰县、高台县、甘谷县、镇原县、临泽县、成县、临洮县、临夏市、永靖县、秦安县、徽县、宁县、泾川县、山丹县、民乐县、武山县、会宁县、合作市、合水县、玛曲县、灵台县、静宁县、清水县和古浪县，这 26 个县（市、区）在宏观经济竞争力方面优势不显著。

居 52～76 位的是县域宏观经济竞争力处于下游水平的县（市、区），其宏观经济竞争力有待进一步提高。其中，居 52～66 位的是在县域宏观经济竞争力方面处于劣势的 15 个县（市、区），它们是岷县、正宁县、庄浪县、张家川县、渭源县、通渭县、西和县、临夏县、宕昌县、舟曲县、康县、文县、礼县、广河县和漳县；居 67～76 位的是在县域宏观经济竞争力方面处于绝对劣势的 10 个县，它们是临潭县、康乐县、碌曲县、积石山县、迭部县、和政县、夏河县、东乡县、卓尼县和两当县。

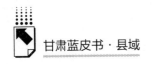

（二）甘肃省 13 个市（州）县域宏观经济竞争力平均水平排序

从甘肃省 13 个市（州）（不包括嘉峪关市）的县域宏观经济竞争力的排序来看，宏观经济竞争力平均得分处于上游水平的市（州）依次为酒泉市、金昌市、武威市和兰州市，说明这 4 个市（州）在县域宏观经济竞争力方面具有相对的比较优势；县域宏观经济竞争力平均得分处于中游水平的市（州）依次为庆阳市、张掖市、白银市、平凉市和天水市，这 5 个市（州）在县域宏观经济竞争力方面优势不明显；县域宏观经济竞争力平均得分处于下游水平的市（州）依次为定西市、陇南市、甘南州和临夏州，表明这 4 个市（州）在县域宏观经济竞争力在全省居于劣势，不具竞争力（见表 5 和图 2）。

三 甘肃省县域产业竞争力评价分析

产业是国民经济的基础，是县域经济最具竞争力的优势。报告运用第二产业增加值、规模以上工业总产值和第三产业增加值等 3 项指标表征县（市、区）的产业总量水平；用第二产业占 GDP 比重和第三产业占 GDP 比重 2 项指标表征县（市、区）的产业结构水平；用第二产业近 5 年年均增长速度和第三产业近 5 年年均增长速度 2 项指标表征县（市、区）的产业效率水平。

通过计算分析，2012 年甘肃省 76 个县（市、区）县域产业竞争力排序情况如表 6 所示，13 个市（州）县域产业竞争力如表 7 和图 3 所示。

表6　2012 年甘肃省县域产业竞争力排序

县　名	2006 年排序	2008 年排序	2010 年排序	2012 年排序	产业竞争力						
					数值	产业总量因子	排序	产业结构量因子	排序	产业效率因子	排序
肃 州 区	19	10	2	1	1.316	3.537	2	0.933	17	0.082	38
西 峰 区	22	8	9	2	1.221	3.633	1	1.431	10	0.209	33
玉 门 市	1	1	3	3	0.989	2.839	4	1.496	8	1.466	5
凉 州 区	6	10	5	4	0.860	3.280	3	0.367	21	- 2.106	74
武 都 区	73	36	12	5	0.619	- 0.251	37	- 0.946	67	2.167	1
永 登 县	3	4	10	6	0.594	1.108	8	0.509	20	—	76
敦 煌 市	43	17	8	7	0.556	0.250	15	- 0.288	41	0.395	28
崆 峒 区	11	6	11	8	0.551	0.976	10	0.216	23	- 1.012	63
华 池 县	7	9	7	9	0.530	1.985	5	2.393	2	1.170	11
瓜 州 县	46	16	4	10	0.506	0.636	12	1.010	16	0.540	24
环 县	54	29	22	11	0.449	0.625	13	1.297	13	1.501	4
甘 州 区	9	5	13	12	0.410	0.723	11	- 0.450	47	- 0.594	52
金 塔 县	41	38	15	13	0.375	0.041	23	- 0.137	36	1.298	9
肃 北 县	14	23	1	14	0.352	0.559	14	2.610	1	2.013	2
华 亭 县	4	7	14	15	0.317	1.674	7	2.292	3	- 0.761	57
合 作 市	56	48	17	16	0.288	- 0.590	54	- 0.702	57	1.151	12
榆 中 县	8	11	20	17	0.266	1.071	9	1.368	11	- 0.813	59
临 夏 市	63	31	16	18	0.245	- 0.478	46	- 0.835	62	- 0.615	53
镇 原 县	32	43	26	19	0.217	- 0.195	31	- 0.264	40	1.353	8
合 水 县	45	56	28	20	0.215	0.235	17	1.553	7	- 0.131	42
安 定 区	40	37	25	21	0.211	- 0.277	39	- 0.512	50	0.407	27
宁 县	36	41	29	22	0.195	- 0.085	25	- 0.044	28	0.669	22
庆 城 县	2	3	6	23	0.193	1.749	6	2.112	4	- 1.342	69
陇 西 县	38	19	18	24	0.107	- 0.076	24	- 0.132	35	0.196	34
永 昌 县	13	12	19	25	0.087	0.245	15	0.587	19	- 0.890	60
临 洮 县	29	33	33	26	0.086	- 0.197	32	- 0.177	37	0.686	21
景 泰 县	25	13	21	27	0.076	0.207	18	0.625	18	- 1.417	70
天 祝 县	37	34	32	28	0.060	0.161	19	1.115	15	- 1.848	73
皋 兰 县	12	15	24	29	0.049	0.120	21	1.131	14	- 0.213	45

续表

县　　名	2006年排序	2008年排序	2010年排序	2012年排序	产业竞争力						
					数值	产业总量因子	排序	产业结构量因子	排序	产业效率因子	排序
会 宁 县	55	32	34	30	−0.008	−0.205	33	−0.300	43	−0.625	54
靖 远 县	31	20	31	31	−0.050	−0.170	29	−0.471	49	−1.067	64
崇 信 县	20	40	43	32	−0.061	0.125	20	1.779	5	−0.043	39
阿 克 塞 县	27	58	23	33	−0.068	−0.523	47	1.477	9	1.518	3
山 丹 县	23	21	35	34	−0.093	−0.304	41	−0.108	33	−0.658	56
永 靖 县	16	14	37	35	−0.110	0.057	22	1.368	12	−0.473	49
成 　 县	10	18	30	36	−0.110	−0.139	27	0.263	22	−0.630	55
张 家 川 县	75	53	52	37	−0.111	−0.625	56	−0.738	59	0.389	29
肃 南 县	15	42	27	38	−0.118	−0.148	28	1.659	6	0.350	30
清 水 县	57	49	41	39	−0.127	−0.574	51	−0.856	63	0.139	37
通 渭 县	69	61	59	40	−0.128	−0.705	62	−1.349	73	0.880	18
临 夏 县	50	52	56	41	−0.128	−0.691	61	−1.189	70	1.040	14
临 潭 县	72	67	57	42	−0.129	−0.754	73	−1.152	69	1.282	10
甘 谷 县	51	25	39	43	−0.143	−0.183	30	−0.089	32	−1.592	72
民 勤 县	33	24	46	44	−0.163	−0.108	26	−0.262	39	−1.557	71
武 山 县	35	44	50	45	−0.170	−0.439	45	−0.740	60	−0.054	40
临 泽 县	18	22	38	46	−0.176	−0.263	38	−0.066	30	0.158	36
夏 河 县	66	68	36	47	−0.197	−0.706	64	−0.650	55	1.116	13
秦 安 县	48	39	47	48	−0.203	−0.401	44	−0.703	58	−1.240	67
泾 川 县	30	26	48	49	−0.204	−0.283	40	−0.388	44	−1.247	68
舟 曲 县	74	73	68	50	−0.207	−0.745	70	−0.935	66	1.370	7
漳 　 县	67	75	70	51	−0.208	−0.724	66	−0.992	68	0.566	23
卓 尼 县	44	69	66	52	−0.209	−0.706	63	−0.464	48	0.977	16
西 和 县	52	46	49	53	−0.213	−0.593	55	−0.637	54	−0.142	43
宕 昌 县	60	62	58	54	−0.218	−0.661	58	−0.562	53	0.762	19
徽 　 县	17	30	40	55	−0.228	−0.237	36	0.203	24	−0.114	41
高 台 县	21	28	44	56	−0.242	−0.231	34	−0.006	27	−0.147	44
古 浪 县	34	27	45	57	−0.262	−0.234	35	0.120	25	−2.206	75
正 宁 县	65	63	60	58	−0.264	−0.753	72	−1.519	76	0.895	17
岷 　 县	64	55	53	59	−0.276	−0.579	53	−0.668	56	0.249	32
民 乐 县	24	35	42	60	−0.280	−0.337	42	−0.124	34	−0.934	61

续表

县　名	2006年排序	2008年排序	2010年排序	2012年排序	产业竞争力						
					数值	产业总量因子	排序	产业结构量因子	排序	产业效率因子	排序
广　河　县	49	59	64	61	−0.292	−0.676	60	−0.429	46	−0.429	48
灵　台　县	62	54	65	62	−0.311	−0.577	52	−0.763	61	−0.981	62
迭　部　县	42	74	69	63	−0.321	−0.730	67	−0.293	42	0.730	20
文　　县	28	47	51	64	−0.328	−0.567	49	−0.065	29	−0.295	46
礼　　县	70	51	55	65	−0.329	−0.571	50	−0.552	52	−0.557	51
康　　县	71	60	62	66	−0.377	−0.671	59	−0.404	45	−0.524	50
静　宁　县	39	45	67	67	−0.380	−0.390	43	−0.179	38	−1.163	66
渭　源　县	53	65	72	68	−0.384	−0.736	69	−1.386	74	0.191	35
庄　浪　县	58	50	63	69	−0.385	−0.531	48	−0.517	51	−1.150	65
玛　曲　县	26	57	54	70	−0.392	−0.645	57	−0.071	31	1.439	6
康　乐　县	61	66	73	71	−0.410	−0.767	74	−1.333	72	0.420	26
积石山县	76	70	74	72	−0.436	−0.791	75	−1.416	75	0.426	25
东　乡　县	47	64	75	73	−0.461	−0.731	68	−0.894	65	0.331	31
和　政　县	68	71	71	74	−0.560	−0.746	71	−0.862	64	−0.793	58
碌　曲　县	5	72	61	75	−0.560	−0.723	65	0.030	26	1.025	15
两　当　县	59	76	76	76	−0.848	−0.812	76	−1.321	71	−0.351	47

资料来源：根据甘肃省统计局提供的数据处理而来。

表7　2012年甘肃省13个市（州）县域产业竞争力排序

县名	产业竞争力排序	得分	数值	县名	产业竞争力排序	得分	数值
酒泉市	1	76.4415	0.5752	张掖市	8	68.8357	−0.0830
庆阳市	2	73.7745	0.3444	定西市	9	68.8182	−0.0845
兰州市	3	73.2973	0.3031	天水市*	10	68.0536	−0.1507
武威市	4	71.2227	0.1236	甘南州	11	67.3004	−0.2159
金昌市*	5	70.8061	0.0875	陇南市	12	67.1880	−0.2256
白银市*	6	69.8657	0.0061	临夏州	13	66.6859	−0.2691
平凉市	7	69.0131	−0.0677				

注：本表不包括嘉峪关市；文中标注 * 的城市涉及的县域不全，详见 B.2 之四 "县域评价范围"说明。

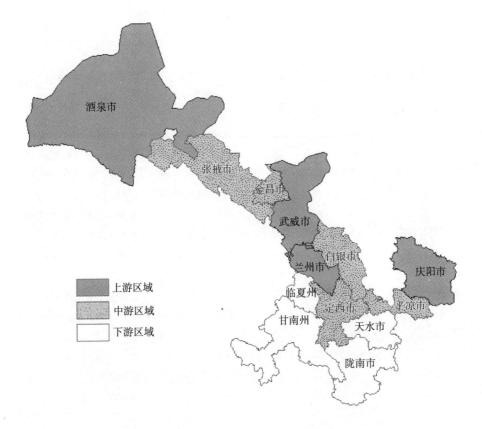

图3　2012年甘肃省13个市（州）产业竞争力排序分布

（一）甘肃省县域产业竞争力评价结果

从甘肃省76个县（市、区）的产业竞争力排序来看，居1～10位的是县域产业竞争力处于上游水平第一层次的县（市、区），它们是肃州区、西峰区、玉门市、凉州区、武都区、永登县、敦煌市、崆峒区、华池县和瓜州县，这10个县在（市、区）产业竞争力方面具有绝对竞争优势；居11～25位的是处于上游水平第二层次的县（市、区），它们是环县、甘州区、金塔县、肃北县、华亭县、合作市、榆中县、临夏市、镇原县、合水县、安定区、宁县、庆城县、陇西县和永昌县，这 15 个县（市、区）在产业竞争力方面具有一般竞争优势。

居 26～51 位的是县域产业竞争力处于中游的县（市、区），它们是临洮县、景泰县、天祝县、皋兰县、会宁县、靖远县、崇信县、阿克塞县、山丹县、永靖县、成县、张家川县、肃南县、清水县、通渭县、临夏县、临潭县、甘谷县、民勤县、武山县、临泽县、夏河县、秦安县、泾川县、舟曲县和漳县，这 26 个县（市、区）在产业竞争力方面优势不显著。

居 52～76 位的是县域产业竞争力处于下游水平的县（市、区），其中，居 52～66 位的是在县域产业竞争力方面处于劣势的 15 个县（市、区），它们是卓尼县、西和县、宕昌县、徽县、高台县、古浪县、正宁县、岷县、民乐县、广河县、灵台县、迭部县、文县、礼县和康县；居 67～76 位的是在县域产业竞争力方面处于绝对劣势的 10 个县，它们是静宁县、渭源县、庄浪县、玛曲县、康乐县、积石山县、东乡县、和政县、碌曲县和两当县。

（二）甘肃省 13 个市（州）县域产业竞争力平均水平排序

从甘肃省 13 个市（州）（不包括嘉峪关市）的产业竞争力的排序来看，县域产业竞争力平均得分处于上游区的市（州）依次为酒泉市、庆阳市、兰州市和武威市，这 4 个市（州）在县域产业竞争力方面具有优势；县域产业竞争力平均得分处于中游区的市（州）依次为金昌市、白银市、平凉市、张掖市和定西市，这 5 个市（州）在县域产业竞争力方面不具有优势；县域产业竞争力平均得分处于下游区的市（州）依次为天水市、甘南州、陇南市和临夏州，这 4 个市（州）在县域产业竞争力方面处于劣势（见表 7 和图 3）。

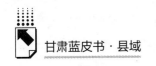

四　甘肃省县域金融资本竞争力评价分析

　　金融资本是甘肃省县域经济发展过程中最紧缺的资源，是现代经济的重要组成部分，也是区域经济实力的重要体现。金融资本在县域经济生活中不仅支撑着生产、流通、消费各个环节的正常运转，而且推动着各项建设不断扩张与持续发展。报告运用金融机构存款余额、金融机构贷款余额和人均储蓄等3项指标表征县（市、区）存贷状况；用城镇固定资产投资完成额、城镇新增固定资产和流动资产年平均余额等3项指标表征县（市、区）资产状况。

　　2012年甘肃省76个县（市、区）县域金融资本竞争力情况如表8所示，13个市（州）（不包括嘉峪关市）县域金融资本竞争力如表9和图4所示。

表8　2012年甘肃省县域金融资本竞争力排序

县　　名	2006年排序	2008年排序	2010年排序	2012年排序	金融资本竞争力				
					数值	存贷状况因子	排序	资产状况因子	排序
肃 州 区	2	2	1	1	1.788	2.325	2	1.752	6
敦 煌 市	5	5	2	2	1.676	1.612	6	0.952	12
西 峰 区	6	6	4	3	1.424	1.844	5	1.821	4
玉 门 市	7	7	3	4	1.295	0.765	11	1.762	5
甘 州 区	1	3	6	5	1.243	2.036	3	0.648	17
崆 峒 区	4	4	5	6	1.204	1.930	4	1.416	7
瓜 州 县	20	16	8	7	1.113	0.246	29	2.116	3
永 登 县	8	9	9	8	1.096	1.242	10	2.418	1
凉 州 区	3	1	11	9	1.095	2.602	1	2.318	2
榆 中 县	14	13	10	10	0.883	1.314	9	0.510	22
武 都 区	15	20	26	11	0.705	1.529	7	1.115	10

续表

县 名	2006 年排序	2008 年排序	2010 年排序	2012 年排序	金融资本竞争力				
					数值	存贷状况因子	排序	资产状况因子	排序
民 勤 县	18	22	12	12	0.702	0.697	14	1.207	9
永 昌 县	13	14	27	13	0.626	0.560	18	-0.029	37
华 亭 县	9	8	7	14	0.584	0.705	13	0.992	11
陇 西 县	16	19	16	15	0.562	0.761	12	0.818	16
合 作 市	30	33	56	16	0.504	0.258	28	-0.356	48
庆 城 县	10	11	13	17	0.421	0.647	16	0.499	23
金 塔 县	32	30	41	18	0.416	-0.056	43	0.471	25
皋 兰 县	22	25	17	19	0.398	0.614	17	-0.775	60
景 泰 县	24	26	22	20	0.343	0.142	33	0.225	29
成 县	25	15	20	21	0.333	0.499	20	-0.235	46
宁 县	21	27	21	22	0.299	0.480	22	1.409	8
永 靖 县	19	21	19	23	0.257	0.120	36	-0.008	35
天 祝 县	33	39	24	24	0.208	-0.049	42	0.616	20
文 县	34	17	15	25	0.192	-0.028	41	0.372	28
安 定 区	12	12	14	26	0.181	1.355	8	0.844	14
徽 县	28	18	18	27	0.172	0.032	38	-0.484	52
古 浪 县	26	48	38	28	0.091	0.277	26	0.485	24
泾 川 县	23	29	34	29	0.088	0.275	27	-0.021	36
甘 谷 县	27	24	25	30	0.071	0.452	23	0.438	26
临 泽 县	37	34	33	31	0.029	-0.239	48	-0.788	61
高 台 县	41	31	32	32	0.026	-0.262	50	-0.960	65
环 县	50	57	49	33	0.021	-0.097	45	0.840	15
崇 信 县	53	46	29	34	-0.014	-0.769	60	-0.228	45
静 宁 县	31	37	31	35	-0.022	0.127	35	0.059	34
秦 安 县	38	40	39	36	-0.043	0.494	21	-0.380	49
西 和 县	36	35	47	37	-0.055	0.199	31	0.110	31
正 宁 县	46	45	52	38	-0.065	-0.237	47	0.922	13
会 宁 县	42	50	51	39	-0.083	0.304	24	-0.616	56
岷 县	47	54	48	40	-0.103	0.158	32	0.088	32
肃 南 县	40	44	40	41	-0.110	-1.275	68	-0.157	41
靖 远 县	35	43	42	42	-0.125	0.141	34	-0.337	47
合 水 县	51	53	45	43	-0.145	-0.403	53	0.540	21

续表

县　　名	2006年排序	2008年排序	2010年排序	2012年排序	金融资本竞争力				
					数值	存贷状况因子	排序	资产状况因子	排序
舟　曲　县	58	56	35	44	−0.152	0.008	40	0.086	33
武　山　县	43	42	46	45	−0.156	0.114	37	0.221	30
礼　　　县	48	41	44	46	−0.166	0.288	25	−0.181	42
康　　　县	60	58	30	47	−0.187	−0.488	55	−0.059	39
民　乐　县	45	49	50	48	−0.192	−0.397	52	−0.686	58
肃　北　县	69	36	61	49	−0.217	−1.449	73	−0.058	38
临　洮　县	17	23	23	50	−0.219	0.683	15	0.635	18
临　夏　市	11	10	28	51	−0.220	0.542	19	−0.200	43
华　池　县	52	55	53	52	−0.225	−0.570	58	0.623	19
灵　台　县	49	51	54	53	−0.226	−0.230	46	−0.622	57
庄　浪　县	44	52	43	54	−0.245	−0.060	44	−0.487	53
广　河　县	61	67	59	55	−0.427	−1.232	67	−0.724	59
张　家　川　县	59	64	57	56	−0.441	−0.464	54	−0.390	50
清　水　县	55	60	55	57	−0.452	−0.247	49	−0.109	40
阿　克　塞　县	75	28	65	58	−0.457	−2.279	75	−1.218	68
宕　昌　县	57	62	58	59	−0.461	−0.522	56	−0.615	55
夏　河　县	67	66	64	60	−0.489	−1.114	64	−0.799	63
卓　尼　县	71	68	75	61	−0.547	−1.205	66	−1.513	72
山　丹　县	39	38	37	62	−0.569	0.013	39	−0.812	64
镇　原　县	29	32	36	63	−0.572	0.245	30	0.427	27
迭　部　县	68	47	66	64	−0.602	−1.294	71	−1.043	66
和　政　县	65	63	67	65	−0.624	−1.151	65	−0.793	62
临　夏　县	62	71	69	66	−0.721	−0.658	59	−1.153	67
临　潭　县	64	72	63	67	−0.745	−0.980	62	−1.379	71
渭　源　县	56	59	62	68	−0.750	−0.337	51	−0.228	44
康　乐　县	66	69	71	69	−0.809	−0.899	61	−1.551	73
通　渭　县	54	65	60	70	−0.941	−0.532	57	−0.432	51
漳　　　县	70	70	68	71	−0.977	−0.991	63	−0.580	54
东　乡　县	72	76	73	72	−0.980	−1.443	72	−1.260	69
玛　曲　县	73	73	70	73	−1.130	−1.812	74	−2.251	75
碌　曲　县	74	75	72	74	−1.141	−2.289	76	−2.304	76
积　石　山　县	63	74	74	75	−1.146	−1.282	69	−1.377	70
两　当　县	76	61	76	76	−2.093	−1.293	70	−1.558	74

资料来源：根据甘肃省统计局提供的数据处理而来。

表9 2012 年甘肃省 13 个市（州）县域金融资本竞争力排序

市(州)	金融资本排序	得分	数值	市(州)	金融资本排序	得分	数值
酒泉市	1	78.64913	0.8017	白银市 *	8	73.7747	0.0451
兰州市	2	78.58960	0.7925	陇南市	9	72.3681	-0.1732
金昌市 *	3	77.51777	0.6261	天水市 *	10	72.1682	-0.2043
武威市	4	76.86036	0.5241	定西市	11	71.4156	-0.3211
平凉市	5	74.74375	0.1955	甘南州	12	70.0191	-0.5379
庆阳市	6	74.41676	0.1448	临夏州	13	69.7234	-0.5837
张掖市	7	73.9431	0.0712				

注：本表不包括嘉峪关市；文中标注 * 的城市涉及的县域不全，详见 B.2 之四"县域评价范围"说明。

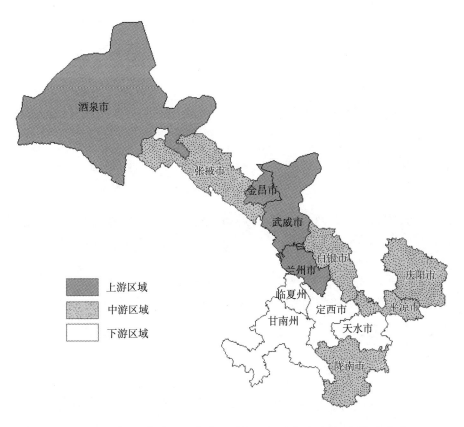

图4 2012 年甘肃省 13 个市（州）金融资本竞争力排序分布

（一）甘肃省县域金融资本竞争力评价结果

从甘肃省 76 个县（市、区）排序来看，居 1 ~ 10 位的是县域金融资本竞争力处于上游水平第一层次的县（市、区），它们是肃州区、敦煌市、西峰区、玉门市、甘州区、崆峒区、瓜州县、永登县、凉州区和榆中县，这 10 个县（市、区）在金融资本竞争力方面具有绝对竞争优势；居 11 ~ 25 位的是处于上游水平第二层次的县（市、区），它们是武都区、民勤县、永昌县、华亭县、陇西县、合作市、庆城县、金塔县、皋兰县、景泰县、成县、宁县、永靖县、天祝县和文县，这 15 个县（市、区）在金融资本竞争力方面具有一般竞争力。

居 26 ~ 51 位的是县域金融资本竞争力处于中游的县（市、区），它们是安定区、徽县、古浪县、泾川县、甘谷县、临泽县、高台县、环县、崇信县、静宁县、秦安县、西和县、正宁县、会宁县、岷县、肃南县、靖远县、合水县、舟曲县、武山县、礼县、康县、民乐县、肃北县、临洮县、临夏市，这 26 个县（市、区）在金融资本竞争力方面优势不显著。

居 52 ~ 76 位的是县域金融资本竞争力处于下游水平的县（市、区）。其中，居 52 ~ 66 位的是县域金融资本竞争力较低的 15 个县（市、区），它们是华池县、灵台县、庄浪县、广河县、张家川县、清水县、阿克塞县、宕昌县、夏河县、卓尼县、山丹县、镇原县、迭部县、和政县和临夏县；居 67 ~ 76 位的是县域金融资本竞争力低的 10 个县，它们是临潭县、渭源县、康乐县、通渭县、漳县、东乡县、玛曲县、碌曲县、积石山县和两当县。

（二）甘肃省 13 个市（州）县域金融资本竞争力排序

从甘肃省 13 个市（州）（不包括嘉峪关市）的县域金融资本

竞争力排序来看，县域金融资本竞争力平均得分处于上游水平区域的市（州）依次为酒泉市、兰州市（永登县、皋兰县、榆中县）、金昌市和武威市，这 4 个市（州）在县域金融资本竞争力方面具有一定优势；县域金融资本竞争力平均得分处于中游区的市（州）依次为平凉市、庆阳市、张掖市、白银市和陇南市，这 5 个市（州）在县域金融资本竞争力方面属中等水平，不具优势；县域金融资本竞争力平均得分处于下游区的市（州）依次为天水市、定西市、甘南州和临夏州，这 4 个市（州）在县域金融资本竞争力方面处于相对劣势（见表 9 和图 4）。

五　甘肃省县域基础设施竞争力评价分析

基础设施竞争力反映的是县域基础设施环境满足社会经济发展基本需要的资源和基础设施的能力与服务水平，是县域经济发展中不可或缺的基础和保障。本书用公路密度和民用汽车拥有量来反映县（市、区）的交通运输能力；用百人网络用户比重、百人本地电话用户比重、百人移动电话用户比重等 3 项指标表征县（市、区）通信信息状况。

2012 年甘肃省 76 个县（市、区）县域基础设施竞争力情况如表 10 所示，13 个市（州）（不包括嘉峪关市）县域基础设施竞争力情况如表 11 和图 5 所示。

（一）甘肃省县域基础设施竞争力评价结果

从甘肃省 76 个县（市、区）排序来看，县域基础设施竞争力居 1～10 位的是处于上游水平第一层次的县（市、区），它们是肃州区、凉州区、临夏市、甘州区、榆中县、武山县、景泰县、西峰

表 10　2012 年甘肃省县域基础设施竞争力排序

县　　名	2006 年排序	2008 年排序	2010 年排序	2012 年排序	基础设施竞争力				
					数值	交通运输因子	排序	信息通信因子	排序
肃州区	1	3	1	1	1.7071	0.380	27	2.071	5
凉州区	10	4	2	2	1.2266	0.525	21	-0.145	26
临夏市	12	6	5	3	1.0957	1.745	3	0.554	19
甘州区	6	7	4	4	1.0449	-0.047	37	2.265	3
榆中县	35	59	23	5	1.0294	0.686	15	-0.615	56
武山县	63	33	6	6	0.9712	3.877	1	-0.651	59
景泰县	17	18	16	7	0.7158	-0.298	40	0.218	22
西峰区	4	2	3	8	0.6948	1.539	5	1.732	6
山丹县	16	13	13	9	0.6926	-0.641	51	4.732	1
成　县	25	21	12	10	0.4984	1.296	7	0.262	21
永昌县	29	43	45	11	0.4327	-0.491	48	0.638	14
肃北县	2	11	28	12	0.3797	-1.167	74	2.111	4
阿克塞县	3	1	14	13	0.3796	-1.113	70	2.435	2
华亭县	24	23	10	14	0.3526	0.257	29	0.865	12
广河县	65	54	67	15	0.2938	3.286	2	-0.777	67
崆峒区	11	15	9	16	0.2775	-0.606	50	1.217	10
临泽县	14	12	15	17	0.2607	-0.856	60	1.317	8
玉门市	7	9	8	18	0.2507	-0.819	59	0.662	13
高台县	23	17	34	19	0.2352	-0.931	63	1.228	9
庄浪县	57	50	18	20	0.2311	1.112	11	-0.591	53
民勤县	26	30	21	21	0.2179	-0.775	55	0.062	23
崇信县	33	26	40	22	0.1803	0.428	25	0.470	20
会宁县	66	58	55	23	0.1625	0.500	23	-0.585	52
泾川县	46	47	22	24	0.1069	1.134	10	-0.426	45
敦煌市	5	5	7	25	0.0827	-1.194	75	1.499	7
瓜州县	9	8	32	26	0.0776	-0.986	65	1.164	11
临洮县	52	60	46	27	0.0556	0.524	22	-0.485	49
永登县	22	28	17	28	0.0377	-1.131	71	-0.573	50
永靖县	30	29	30	29	0.0256	0.043	34	-0.741	63
灵台县	45	53	50	30	0.0222	0.484	24	-0.278	32

续表

县　　名	2006 年排序	2008 年排序	2010 年排序	2012 年排序	基础设施竞争力				
					数值	交通运输因子	排序	信息通信因子	排序
民 乐 县	18	20	25	31	− 0.0120	− 0.007	36	0.592	15
宁　　县	31	56	29	32	− 0.0156	0.088	33	− 0.378	41
甘 谷 县	48	42	31	33	− 0.0225	1.248	8	− 0.367	40
环　　县	74	75	76	34	− 0.0398	− 0.398	44	− 0.440	47
静 宁 县	49	46	48	35	− 0.0639	− 0.220	38	− 0.278	31
两 当 县	13	14	42	36	− 0.0642	− 1.008	66	0.591	16
临 夏 县	75	68	49	37	− 0.0676	0.603	18	− 0.857	71
金 塔 县	15	16	27	38	− 0.0685	− 0.878	61	0.587	17
清 水 县	60	61	54	39	− 0.0922	0.775	14	− 0.398	43
和 政 县	69	22	37	40	− 0.0968	1.556	4	− 0.630	57
秦 安 县	50	41	24	41	− 0.1065	1.218	9	− 0.428	46
康 乐 县	61	44	43	42	− 0.1091	0.120	32	− 0.765	64
张 家 县	54	45	38	43	− 0.1301	1.350	6	− 0.831	70
华 池 县	28	35	71	44	− 0.1437	− 0.369	42	− 0.340	38
通 渭 县	68	67	65	45	− 0.1591	0.605	17	− 0.635	58
天 祝 县	34	19	33	46	− 0.1790	− 0.894	62	− 0.600	55
正 宁 县	39	38	56	47	− 0.1799	− 0.643	52	0.008	24
靖 远 县	41	51	57	48	− 0.2075	− 0.433	45	− 0.318	36
庆 城 县	27	32	19	49	− 0.2209	0.003	35	− 0.277	30
临 潭 县	37	31	35	50	− 0.2251	− 0.516	49	− 0.582	51
陇 西 县	40	62	44	51	− 0.2433	0.599	19	− 0.306	34
礼　　县	67	64	41	52	− 0.2586	0.799	13	− 0.781	68
肃 南 县	19	24	36	53	− 0.2696	− 1.093	69	0.579	18
古 浪 县	20	40	20	54	− 0.2750	− 0.957	64	− 0.410	44
合 作 市	8	10	11	55	− 0.3013	− 0.764	54	− 0.039	25
碌 曲 县	38	39	72	56	− 0.3092	− 1.147	72	− 0.204	29
康　　县	62	63	60	57	− 0.3093	0.234	30	− 0.349	39
合 水 县	51	27	51	58	− 0.3197	− 0.460	46	− 0.385	42
积石山县	72	49	64	59	− 0.3197	0.413	26	− 0.934	74
西 和 县	59	55	61	60	− 0.3231	0.621	16	− 0.596	54

续表

县　　名	2006年排序	2008年排序	2010年排序	2012年排序	基础设施竞争力				
					数值	交通运输因子	排序	信息通信因子	排序
舟曲县	71	25	58	61	−0.3353	−0.483	47	−0.303	33
镇原县	56	48	63	62	−0.3545	−0.746	53	−0.474	48
东乡县	76	76	62	63	−0.3893	0.830	12	−0.974	76
文　县	42	52	47	64	−0.3994	0.171	31	−0.327	37
皋兰县	55	69	39	65	−0.4135	0.318	28	−0.887	72
武都区	53	66	59	66	−0.4135	0.535	20	−0.964	75
安定区	21	34	26	67	−0.4522	−0.271	39	−0.661	60
迭部县	44	36	53	68	−0.4811	−1.037	67	−0.168	27
徽　县	32	37	52	69	−0.5106	−0.370	43	−0.175	28
玛曲县	43	65	68	70	−0.5136	−1.155	73	−0.316	35
漳　县	47	72	73	71	−0.6451	−0.800	56	−0.773	66
宕昌县	73	74	74	72	−0.6794	−0.319	41	−0.892	73
夏河县	36	57	66	73	−0.7092	−1.060	68	−0.705	62
卓尼县	64	70	69	74	−0.7296	−0.806	57	−0.766	65
渭源县	70	73	75	75	−0.7727	−0.815	58	−0.692	61
岷　县	58	71	70	76	−0.8078	−1.197	76	−0.782	69

资料来源：根据甘肃省统计局提供的数据处理而来。

表11　2012年甘肃省13个市（州）县域基础设施竞争力排序

市(州)	基础设施竞争力排序	得分	数值	市(州)	基础设施竞争力排序	得分	数值
金昌市*	1	72.3316	0.4327	天水市*	8	69.2628	0.1240
酒泉市	2	72.0192	0.4013	临夏州	9	68.5677	0.0541
张掖市	3	71.2640	0.3253	庆阳市	10	67.3105	−0.0724
武威市	4	70.4917	0.2476	陇南市	11	65.3135	−0.2733
白银市*	5	70.2530	0.2236	定西市	12	63.7350	−0.4321
兰州市	6	70.1960	0.2179	甘南州	13	63.5515	−0.4506
平凉市	7	69.6018	0.1581				

注：本表不包括嘉峪关市；文中标注＊的城市涉及的县域不全，详见B.2之四"县域评价范围"说明。

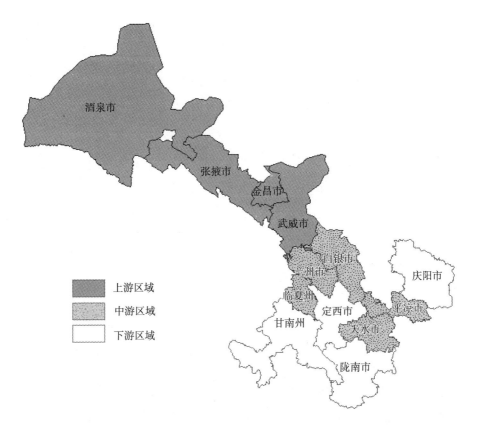

图 5　2012 年甘肃省 13 个市（州）县域基础设施排序分布

区、山丹县和成县，这 10 个县（市、区）基础设施竞争力在甘肃省属高水平；居 11～25 位的是处于上游水平第二层次的县（市、区），它们是永昌县、肃北县、阿克塞县、华亭县、广河县、崆峒区、临泽县、玉门市、高台县、庄浪县、民勤县、崇信县、会宁县、泾川县和敦煌市，这 15 个县（市、区）的基础设施竞争力水平较好。

基础设施竞争力水平居 26～51 位属中游县（市、区），它们是瓜州县、临洮县、永登县、永靖县、灵台县、民乐县、宁县、甘谷县、环县、静宁县、两当县、临夏县、金塔县、清水县、和政

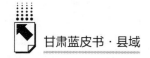

县、秦安县、康乐县、张家县、华池县、通渭县、天祝县、正宁县、靖远县、庆城县、临潭县和陇西县，这26个县（市、区）的基础设施竞争力水平居中，没有明显优势。

居52～76位的是县域基础设施竞争力水平处于下游水平的县（市、区），其交通、通信、饮用水及广播电视等条件亟待进一步提升。其中，居52～66位的是县域基础设施竞争力水平较低的15个县（市、区），它们是礼县、肃南县、古浪县、合作市、碌曲县、康县、合水县、积石山县、西和县、舟曲县、镇原县、东乡县、文县、皋兰县和武都区；居67～76位的是县域基础设施竞争力水平较落后的10个县，它们是安定区、迭部县、徽县、玛曲县、漳县、宕昌县、夏河县、卓尼县、渭源县和岷县。

（二）甘肃省13个市（州）县域基础设施竞争力平均水平排序

从甘肃省13个市（州）（不包括嘉峪关市）的县域基础设施竞争力水平排序看，竞争力数值处于上游水平区域的市（州）依次为金昌市、酒泉市、张掖市和武威市，这4个市（州）在基础设施建设竞争力方面具有优势；竞争力数值处于中游区的市（州）依次为白银市、兰州市（永登县、皋兰县、榆中县）、平凉市、天水市和临夏州，这5个市（州）的基础设施竞争力水平居中，不具明显优势；竞争力数值处于下游区的市（州）依次为庆阳市、陇南市、定西市和甘南州，这4个市（州）在基础设施竞争力水平较低，亟待加强（见表11和图5）。

六 甘肃省县域人力资源竞争力评价分析

人力资源涉及内容广泛，包括社会的、人文的、民族和个人等多方面的多重因素，具体表现在民众的健康状况、教育状况。在对全省 76 个县（市、区）2010 年县域人力资源竞争力的测度时，通过卫生技术人员总数、医院床位总数、每万人卫生技术人员数、每万人医院床位等 4 项指标表征县域居民卫生健康状况；通过专业技术人员总数、每万人专业技术人员数、学龄儿童入学率、高中升学率等 5 项指标表征县域科教状况。

2012 年甘肃县（市、区）县域人力资源竞争力情况如表 12 所示，13 个市（州）（不包括嘉峪关市）县域人力资源竞争力情况如表 13 和图 6 所示。

表 12 2012 年甘肃省县域人力资源竞争力排序

县　名	2006 年排序	2008 年排序	2010 年排序	2012 年排序	人力资源竞争力				
					数值	健康状况因子	排序	科教状况因子	排序
肃 州 区	1	2	1	1	1.9241	2.1366	4	7.1487	1
凉 州 区	4	1	5	2	1.2552	4.0639	1	1.0099	5
华 亭 县	8	3	3	3	1.1931	-0.1248	34	2.8302	2
西 峰 区	15	4	8	4	0.9721	2.1203	5	1.3031	3
临 夏 市	7	11	4	5	0.8638	1.3957	9	-0.3556	45
甘 州 区	6	5	7	6	0.8389	2.5568	3	-0.5252	70
肃 南 县	12	10	6	7	0.6239	-0.7499	63	-0.4769	65
阿克塞县	2	6	2	8	0.5769	-1.2280	76	-0.5367	74
崆 峒 区	10	20	14	9	0.5524	3.1983	2	-0.4252	55
武 都 区	5	8	37	10	0.5151	1.9762	6	0.5919	10
肃 北 县	11	7	19	11	0.4066	-1.1790	75	-0.5379	75
碌 曲 县	42	9	11	12	0.3389	-1.0602	74	-0.5396	76
敦 煌 市	17	25	9	13	0.3321	-0.4217	49	0.7782	7
金 塔 县	44	42	30	14	0.3073	-0.6103	57	0.2262	15
两 当 县	41	46	51	15	0.2974	-0.9548	70	0.1440	18
玉 门 市	34	19	12	16	0.2663	-0.0238	28	-0.1343	26

续表

县　名	2006 年排序	2008 年排序	2010 年排序	2012 年排序	人力资源竞争力				
					数值	健康状况因子	排序	科教状况因子	排序
陇　西　县	13	12	17	17	0.2337	1.6125	7	−0.4350	58
高　台　县	25	17	10	18	0.2097	−0.2139	37	−0.4448	60
临　泽　县	19	13	21	19	0.1759	−0.1693	35	−0.3625	46
临　洮　县	30	31	28	20	0.1649	1.5367	8	−0.3539	44
瓜　州　县	23	14	35	21	0.1328	−0.6786	60	0.5223	11
泾　川　县	26	24	42	22	0.1289	0.3919	16	0.7627	8
康　　县	56	50	50	23	0.0984	−0.3638	46	0.6310	9
庄　浪　县	24	30	26	24	0.0824	0.4291	14	0.4729	12
合　作　市	3	21	33	25	0.0772	−0.3921	48	−0.5281	71
永　靖　县	21	35	18	26	0.0648	−0.3104	42	−0.5080	67
渭　源　县	43	61	40	27	0.0468	0.7082	12	−0.0158	20
山　丹　县	14	33	15	28	0.0095	−0.0001	25	−0.3418	42
永　昌　县	20	26	24	29	0.0070	−0.1233	33	−0.4425	59
天　祝　县	22	18	13	30	−0.0231	−0.3490	45	−0.3694	47
玛　曲　县	52	39	47	31	−0.0251	−1.0261	72	−0.5086	68
民　乐　县	36	32	16	32	−0.0286	0.3979	15	−0.4568	62
华　池　县	37	43	27	33	−0.0288	−0.4990	52	−0.2320	34
榆　中　县	16	45	36	34	−0.0441	0.1410	21	−0.1699	29
通　渭　县	40	44	41	35	−0.0639	0.3207	17	−0.0308	21
静　宁　县	27	34	20	36	−0.0647	0.8953	10	−0.4131	53
庆　城　县	28	56	45	37	−0.0838	−0.4589	50	0.9104	6
甘　谷　县	54	72	61	38	−0.0896	0.2509	18	1.2473	4
成　　县	9	16	25	39	−0.0974	−0.0090	26	−0.3775	48
张　家　川　县	32	73	66	40	−0.1032	0.4320	13	−0.2061	31
崇　信　县	33	28	22	41	−0.1034	−0.8954	68	−0.0722	23
迭　部　县	31	40	72	42	−0.1214	−1.0469	73	−0.4724	64
民　勤　县	38	15	23	43	−0.1426	−0.2302	40	−0.0774	24
古　浪　县	35	41	32	44	−0.1551	−0.0906	31	0.2026	16
安　定　区	57	65	60	45	−0.1685	−0.1723	36	0.1003	19
永　登　县	18	22	44	46	−0.1803	−0.0134	27	−0.0590	22
夏　河　县	72	37	63	47	−0.1804	−0.7484	62	−0.5103	69

续表

县 名	2006 年排序	2008 年排序	2010 年排序	2012 年排序	人力资源竞争力				
					数值	健康状况因子	排序	科教状况因子	排序
会 宁 县	48	29	38	48	-0.2008	0.7884	11	-0.3982	51
临 夏 县	58	69	56	49	-0.2113	0.2420	19	-0.4597	63
临 潭 县	45	67	57	50	-0.2212	-0.7558	64	-0.1866	30
武 山 县	39	64	53	51	-0.2330	0.1855	20	0.3602	13
灵 台 县	53	52	31	52	-0.2405	-0.3134	43	-0.4333	57
舟 曲 县	61	23	29	53	-0.2466	-0.7944	66	-0.1400	28
靖 远 县	59	60	58	54	-0.2530	0.0504	24	-0.1027	25
和 政 县	75	63	75	55	-0.2909	-0.2911	41	-0.5304	72
徽 县	49	70	48	56	-0.3080	-0.5613	54	-0.2935	37
镇 原 县	55	68	59	57	-0.3088	0.0742	22	-0.2435	36
秦 安 县	47	57	64	58	-0.3105	-0.0491	29	0.2360	14
皋 兰 县	66	75	70	59	-0.3111	-0.8746	67	-0.3873	50
清 水 县	67	59	62	60	-0.3179	-0.2302	39	-0.3424	43
卓 尼 县	71	27	34	61	-0.3190	-0.9845	71	-0.3183	40
岷 县	70	74	49	62	-0.3638	0.0727	23	-0.2337	35
正 宁 县	63	48	71	63	-0.3703	-0.5435	53	-0.4131	54
景 泰 县	29	36	39	64	-0.3774	-0.2272	38	-0.3171	39
西 和 县	46	71	68	65	-0.3871	-0.3802	47	0.1509	17
环 县	65	47	52	66	-0.4115	-0.5940	56	-0.1389	27
康 乐 县	62	53	67	67	-0.4152	-0.5673	55	-0.4034	52
文 县	51	49	55	68	-0.4274	-0.3134	44	-0.4281	56
广 河 县	76	76	74	69	-0.4392	-0.6296	58	-0.5339	73
宕 昌 县	64	38	54	70	-0.4394	-0.1040	32	-0.2280	33
漳 县	69	58	69	71	-0.4515	-0.7618	65	-0.3004	38
宁 县	68	55	65	72	-0.4536	-0.0832	30	-0.2148	32
东 乡 县	74	62	76	73	-0.4824	-0.7336	61	-0.4942	66
积石山县	73	54	73	74	-0.5558	-0.9028	69	0.3855	49
礼 县	60	51	43	75	-0.7463	-0.4841	51	-0.3355	41
合 水 县	50	66	46	76	-0.8988	-0.6549	59	-0.4471	61

资料来源：根据甘肃省统计局提供的数据处理而来。

表13　2012年甘肃省13个市（州）县域人力资源竞争力排序

市（州）	人力资源排序	得分	数值	市（州）	人力资源排序	得分	数值
酒泉市	1	72.9522	0.5637	陇南市	8	66.4887	-0.1661
张掖市	2	70.6598	0.3049	兰州市	9	66.3789	-0.1785
武威市	3	70.0285	0.2336	临夏州	10	66.3366	-0.1833
平凉市	4	69.9185	0.2212	庆阳市	11	66.2067	-0.1979
金昌市*	5	68.0215	0.0070	天水市*	12	66.0925	-0.2108
定西市	6	67.1976	-0.0860	白银市*	13	65.5060	-0.2771
甘南州	7	67.1874	-0.0872				

　　注：本表不包括嘉峪关市；文中标注＊的城市涉及的县域不全，详见B.2之四"县域评价范围"说明。

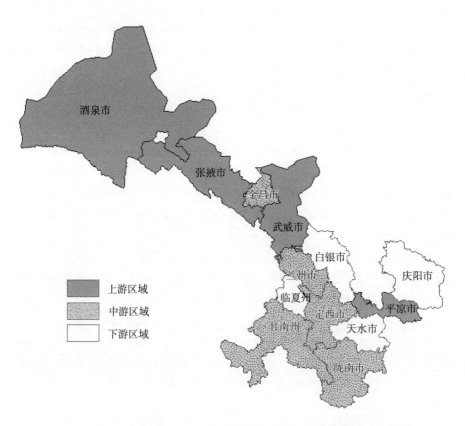

图6　2012年甘肃省13个市（州）人力资源竞争力排序分布

（一）甘肃省县域人力资源竞争力评价结果

从甘肃省 76 个县（市、区）的人力资源排序来看，居 1～10 位的是县域人力资源竞争力处于上游水平第一层次的县（市、区），它们是肃州区、凉州区、华亭县、西峰区、临夏市、甘州区、肃南县、阿克塞县、崆峒区和武都区，这 10 个县（市、区）人力资源竞争力水平较好；居 11～25 位的是处于上游水平第二层次的县（市、区），它们是肃北县、碌曲县、敦煌市、金塔县、两当县、玉门市、陇西县、高台县、临泽县、临洮县、瓜州县、泾川县、康县、庄浪县和合作市，这 15 个县（市、区）的人口素质水平较好。

居 26～51 位的是县域人力资源竞争力水平处于中游的县（市、区），它们是永靖县、渭源县、山丹县、永昌县、天祝县、玛曲县、民乐县、华池县、榆中县、通渭县、静宁县、庆城县、甘谷县、成县、张家川县、崇信县、迭部县、民勤县、古浪县、安定区、永登县、夏河县、会宁县、临夏县、临潭县和武山县，这 26 个县（市、区）的人力资源竞争力水平一般，没有明显优势。

居 52～76 位的是县域人力资源竞争力水平处于下游水平的县（市、区），其教育投入、师资力量、教育水平等方面都需要进一步提升。其中，居 52～66 位的是县域人力资源竞争力较为不合理的 15 个县（市、区），它们灵台县、舟曲县、靖远县、和政县、徽县、镇原县、秦安县、皋兰县、清水县、卓尼县、岷县、正宁县、景泰县、西和县和环县；居 67～76 位的是县域人力资源竞争力比较不合理的 10 个县，它们是康乐县、文县、广河县、宕昌县、漳县、宁县、东乡县、积石山县、礼县和合水县。

（二）甘肃省13个市（州）县域人力资源竞争力平均水平排序

从甘肃省13个市（州）（不包括嘉峪关市）的县域人力资源竞争力的排序来看，县域人力资源竞争力平均得分处于上游区的市（州）依次为酒泉市、张掖市、武威市和平凉市，这4个市（州）在县域人力资源竞争力方面具有优势；县域人力资源竞争力平均得分处于中游区的市（州）依次为金昌市、定西市、甘南州、陇南市和兰州市（永登县、榆中县、皋兰县），这5个市（州）在县域人口素质方面不具有优势；县域人力资源竞争力平均得分处于下游区的市（州）依次为临夏市、庆阳市、天水市和白银市，这4个市（州）在县域人力资源竞争力方面处于劣势（见表13和图6）。

七　甘肃省县域政府作用竞争力评价分析

政府在促进县域经济发展、保证社会与经济全面协调方面起着重要作用。有效的政府行为可以推动区域制度的创新和市场资源配置环境的优化。评价政府服务经济的竞争力是要从宏观上考虑政府的服务要素，以反映地方政府在促进社会主义市场经济体制的完善方面的作用。课题组在对甘肃省76个县（市、区）2012年县域政府作用竞争力的测度时，通过教育支出、科技支出、人均教育支出、人均科技支出表征县域政府服务状况；通过养老保险职工占从业人员比重、医疗保险职工占从业人员比重、农村养老保险占农村人口比重、农村医疗保险占农村人口比重等4项指标表征县域社会保障状况。

2012年甘肃省76个县（市、区）县域政府作用竞争力情况如表14所示，13个市（州）（不包括嘉峪关市）县域宏观经济竞争力情况如表15和图7所示。

表14　2012 年甘肃省县域政府作用竞争力排序

县　　名	2006 年排序	2008 年排序	2010 年排序	2012 年排序	政府作用竞争力				
					数值	政府服务因子	排序	社会保障因子	排序
环　　县	75	54	9	1	1.9760	2.8971	1	0.0761	28
岷　　县	35	19	4	2	1.4629	1.9692	2	−0.0264	32
陇　西　县	22	5	1	3	1.4095	1.9057	3	2.5554	3
靖　远　县	21	24	11	4	0.8953	0.9183	15	1.1313	8
镇　原　县	25	32	7	5	0.8735	1.3518	7	−0.1518	38
渭　源　县	56	39	3	6	0.8259	1.0978	11	−0.4813	53
西　峰　区	20	25	14	7	0.7760	1.5535	4	0.2382	24
秦　安　县	32	50	39	8	0.6901	0.5914	23	0.7740	15
清　水　县	43	47	19	9	0.6480	0.9939	14	−0.1835	41
泾　川　县	29	18	17	10	0.6252	1.0084	13	0.9394	12
安　定　区	13	35	10	11	0.5877	1.4369	6	−0.7443	60
崆　峒　区	28	33	74	12	0.5597	1.2986	9	−0.3455	47
榆　中　县	15	12	8	13	0.5375	0.4746	27	−0.0947	36
民　勤　县	30	2	5	14	0.5346	1.3489	8	1.1052	9
庄　浪　县	23	30	35	15	0.5009	−0.1653	41	0.6027	17
高　台　县	62	15	57	16	0.4940	1.1026	10	2.7893	1
武　山　县	49	37	27	17	0.4939	0.7741	18	0.1663	25
凉　州　区	5	8	6	18	0.4469	0.6178	22	−0.3312	46
静　宁　县	10	13	26	19	0.4290	−0.3149	44	1.9655	6
金　塔　县	18	21	18	20	0.3746	1.4806	5	−0.5924	57
临　洮　县	27	57	12	21	0.3683	0.4768	26	−0.8918	63
古　浪　县	36	53	32	22	0.3197	0.3747	31	0.1475	27
灵　台　县	44	27	49	23	0.3088	0.0348	38	0.9968	11
肃　州　区	4	6	24	24	0.3021	1.0136	12	−0.5821	56
礼　　县	31	17	31	25	0.3012	−0.1729	42	−0.4014	50
永　登　县	12	26	22	26	0.2713	0.4090	29	−0.1611	39
会　宁　县	7	48	13	27	0.2432	−0.8496	56	1.3190	7
康　　县	50	42	55	28	0.2375	0.2284	35	−0.2404	43
正　宁　县	53	72	20	29	0.2181	0.6689	21	0.4319	19
东　乡　县	47	58	23	30	0.1596	0.3175	33	−1.4350	72

续表

县　　名	2006 年排序	2008 年排序	2010 年排序	2012 年排序	政府作用竞争力				
					数值	政府服务因子	排序	社会保障因子	排序
宁　　县	19	20	16	31	0.1444	0.3584	32	−0.0591	34
敦 煌 市	9	23	30	32	0.1300	0.8747	16	0.2586	23
徽　　县	66	28	47	33	0.1136	0.1344	37	0.4269	20
甘 州 区	1	4	37	34	0.0979	−0.4145	47	2.2840	5
合 水 县	59	22	25	35	0.0832	0.7644	19	0.3762	21
临 夏 市	6	7	36	36	0.0125	0.5345	25	1.0518	10
庆 城 县	57	44	28	37	0.0098	0.6795	20	−1.0085	68
皋 兰 县	38	63	29	38	0.0002	0.5760	24	−1.4504	73
广 河 县	72	66	65	39	−0.0124	−0.0369	40	−1.2551	71
玉 门 市	8	11	46	40	−0.0408	0.7918	17	0.1643	26
华 亭 县	34	41	58	41	−0.0432	0.4423	28	−0.4643	52
临 泽 县	63	40	66	42	−0.0525	0.2751	34	−0.1749	40
张 家 川 县	41	64	50	43	−0.0595	−0.9146	57	−0.0461	33
华 池 县	54	16	44	44	−0.0774	0.3886	30	−0.3740	48
通 渭 县	33	59	43	45	−0.0991	−1.2211	70	−0.6407	58
甘 谷 县	40	45	33	46	−0.1192	−0.8288	55	−0.4430	51
崇 信 县	73	69	71	47	−0.1582	−0.0169	39	−0.0620	35
临 夏 县	48	73	63	48	−0.2112	−1.1004	63	−1.0059	67
舟 曲 县	55	61	60	49	−0.2157	−0.6808	51	−0.1912	42
成　　县	45	36	48	50	−0.2313	−0.6453	50	0.0261	29
西 和 县	24	51	41	51	−0.2335	−0.7751	52	−0.5323	54
宕 昌 县	64	52	51	52	−0.2689	−0.4980	49	−0.2706	44
武 都 区	50	76	72	53	−0.3604	−0.8016	54	−1.8008	76
康 乐 县	51	68	59	54	−0.4003	−1.1092	65	−0.9006	64
民 乐 县	67	10	62	55	−0.4109	−1.2016	68	0.5336	18
肃 北 县	2	1	69	56	−0.4185	0.1430	36	0.7948	14
临 潭 县	68	70	61	57	−0.4274	−1.0573	61	−0.9587	66
景 泰 县	46	14	45	58	−0.4412	−0.7882	53	0.0159	30
文　　县	60	49	53	59	−0.4433	−1.0573	62	0.0015	31
夏 河 县	52	62	54	60	−0.4657	−1.0322	60	0.8706	13
和 政 县	74	60	38	61	−0.4786	−1.1453	66	−1.1951	70

续表

县　名	2006 年排序	2008 年排序	2010 年排序	2012 年排序	政府作用竞争力				
					数值	政府服务因子	排序	社会保障因子	排序
山 丹 县	39	71	67	62	- 0.5583	- 1.2016	69	- 1.0416	69
永 昌 县	37	43	15	63	- 0.6365	- 0.2892	43	2.6789	2
永 靖 县	42	65	40	64	- 0.6651	- 1.2309	71	- 0.8565	62
积石山县	65	56	21	65	- 0.7428	- 1.1004	64	- 1.5849	75
合 作 市	26	3	2	66	- 0.7467	- 0.4050	46	- 1.4779	74
卓 尼 县	69	74	73	67	- 0.7649	- 1.3346	73	- 0.9207	65
肃 南 县	16	29	52	68	- 0.7963	- 0.3545	45	- 0.2974	45
两 当 县	76	34	64	69	- 0.8523	- 1.0077	59	- 0.5328	55
瓜 州 县	71	38	70	70	- 0.8853	- 1.3238	72	- 0.1086	37
迭 部 县	61	67	42	71	- 0.8866	- 1.4982	74	- 0.7219	59
玛 曲 县	14	55	56	72	- 0.8912	- 1.1825	67	- 0.7975	61
阿克塞县	3	9	75	73	- 0.9550	- 0.4288	48	2.3945	4
碌 曲 县	17	75	76	74	- 1.0279	- 1.5764	75	- 0.3862	49
漳　　县	70	46	68	75	- 1.1619	- 1.6318	76	0.3482	22
天 祝 县	11	31	34	76	- 1.2225	- 0.9146	58	0.7578	16

资料来源：根据甘肃省统计局提供的数据处理而来。

表 15　2012 年甘肃省 13 个市（州）县域政府作用竞争力排序

市（州）	政府作用竞争力排序	得分	数值	市（州）	政府作用竞争力排序	得分	数值
庆阳市	1	73.4666	0.5004	陇南市	8	68.0462	- 0.1930
定西市	2	73.3440	0.4848	张掖市	9	67.9578	- 0.2043
天水市*	3	72.1394	0.3306	酒泉市	10	67.8881	- 0.2133
平凉市	4	72.0364	0.3175	临夏州	11	67.2704	- 0.2923
兰州市	5	71.6627	0.2697	金昌市*	12	64.5803	- 0.6365
白银市*	6	71.3719	0.2324	甘南州	13	64.2534	- 0.6783
武威市	7	69.7087	0.0197				

注：本表不包括嘉峪关市；文中标注 * 的城市涉及的县域不全，详见 B.2 之四 "县域评价范围" 说明。

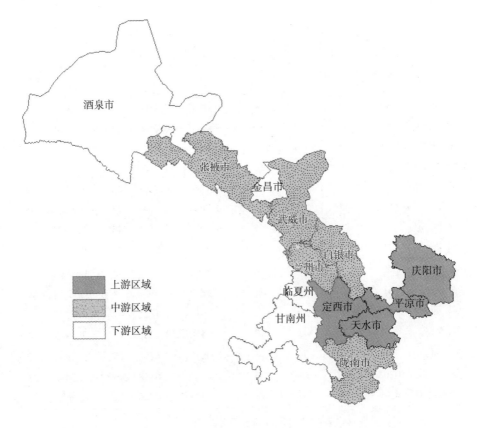

图7 2012年甘肃省13个市（州）政府作用竞争力排序分布

（一）甘肃省县域政府作用竞争力评价结果

从甘肃省76个县（市、区）的政府作用竞争力排序来看，居1~10位的是县域政府作用竞争力水平处于上游第一层次的县（市、区），它们是环县、岷县、陇西县、靖远县、镇原县、渭源县、西峰区、秦安县、清水县和泾川县，这10个县（市、区）政府作用竞争力水平相对良好；居11~25位的是处于上游水平第二层次的县（市、区），它们是安定区、崆峒区、榆中县、民勤县、庄浪县、高台县、武山县、凉州区、静宁县、金塔县、临洮县、古浪县、灵台县、肃州区和礼县，这 15 个县（市、区）的政府作用竞争力水平相对较好。

居 26～51 位的是县域公共服务水平处于中游的县（市、区），它们是永登县、会宁县、康县、正宁县、东乡县、宁县、敦煌市、徽县、甘州区、合水县、临夏市、庆城县、皋兰县、广河县、玉门市、华亭县、临泽县、张家川县、华池县、通渭县、甘谷县、崇信县、临夏县、舟曲县、成县和西和县，这 26 个县（市、区）的政府作用竞争力水平一般，没有明显优势。

居 52～76 位的是县域政府作用竞争力水平处于下游水平的县（市、区），其政府作用竞争力水平有待进一步提升。其中，居 52～66 位的是县域政府作用竞争力水平较低的 15 个县（市、区），它们是宕昌县、武都区、康乐县、民乐县、肃北县、临潭县、景泰县、文县、夏河县、和政县、山丹县、永昌县、永靖县、积石山县和合作市；居 67～76 位的是县域政府作用竞争力水平比较低的 10 个县，它们是卓尼县、肃南县、两当县、瓜州县、迭部县、玛曲县、阿克塞县、碌曲县、漳县和天祝县。

（二）甘肃省 13 个市（州）县域政府作用竞争力平均水平排序

从甘肃省 13 个市（州）（不包括嘉峪关市）的县域政府作用竞争力平均水平的排序来看，平均得分处于上游水平的市（州）依次为庆阳市、定西市、天水市和平凉市，这 4 个市（州）县域政府作用竞争力平均水平较高；平均得分处于中游水平的市（州）依次为兰州市（永登县、榆中县、皋兰县）、白银市、武威市、陇南市和张掖市，这 5 个市（州）县域政府作用竞争力平均水平一般；县域政府作用竞争力平均得分处于下游水平的市（州）依次为酒泉市、临夏州、金昌市和甘南州，这 4 个市（州）的县域政府作用竞争力总体水平有待进一步提升（见表 15 和图 7）。

B.4
县域经济综合竞争力空间演化

曲 玮　徐吉宏　王志敏*

摘　要：

本文首先以地理信息技术（GIS）理论为指导，采用空间分析方法将 2006 年、2008 年、2010 年和 2012 年甘肃省 76 个县（市、区）按县域经济综合竞争力评价的评定标准划分水平梯度区，并对研究区域进行分类；其次，利用 GIS 制图方法制作县域经济综合竞争力及其评价指标体系的 6 个子系统（宏观经济竞争力、产业竞争力、金融资本竞争力、基础设施竞争力、人力资源竞争力和政府作用竞争力）的空间演化格局分布图，形象直观地表现经济发展的空间变迁状况，并对其空间演化格局进行了简单分析。

关键词：

地理信息技术（GIS）　空间演化　水平梯度

一　县域经济空间格局演化研究区域分类

本书根据甘肃省委、省政府 2010 年提出的省域发展战略

---

* 曲玮，甘肃省社会科学院农村发展研究所研究员，研究领域为资源经济学、农村经济学；徐吉宏，甘肃省社会科学院助理研究员，主要研究农村发展及地理信息技术方向；王志敏，甘肃农业大学硕士研究生。

"中心带动、两翼齐飞、组团发展、整体推进"的思路,参考牛叔文、李树基①对甘肃省农村经济区域的划分,将甘肃省经济区划分为五大区域。分别是中心区域——以兰州、白银市的兰白经济圈为中心,"两翼"之一的河西区域——由河西走廊的5个市组成,"两翼"之二的陇东区域——由平凉、庆阳、天水3市组成,依赖组团发展的陇中区域(临夏州和定西市)和两南区域(陇南市和甘南州)。五大区域包涵范围与地理布局如表1和图1所示。

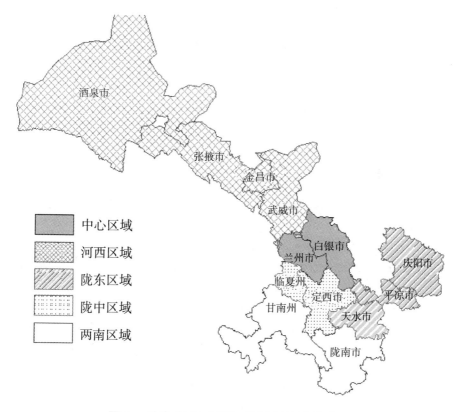

图1 甘肃省市(州)县域经济区分布

---

① 牛叔文、李树基:《甘肃省农村经济区划》,甘肃人民出版社,1992,第151页。

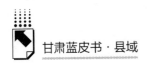

表1 甘肃省县域经济区划分

经济区域划分	地域范围(包括的县级行政区)
中心区域	兰州市、白银市
河西区域*	酒泉市、张掖市、金昌市、武威市
陇东区域	平凉市、庆阳市、天水市
陇中区域	临夏州、定西市
两南区域	陇南市、甘南州

注：*不包括嘉峪关市。

二 甘肃省县域综合竞争力空间分布格局

根据2006～2012年县域经济综合竞争力评价蓝皮书的4次排序，归纳出甘肃省县域空间分布特征（见表2），各经济区域中县域的空间分布情况如图2所示。

表2 2006年、2008年、2010年、2012年甘肃省县域经济区处于
县域经济综合竞争力类型的县区数

单位：个

经济区	区位	县数	2006年	2008年	2010年	2012年
中心区域	上游区	6	3	3	2	4
	中游区		3	3	4	2
	下游区		0	0	0	0
河西区域	上游区	18	14	12	12	11
	中游区		4	6	6	7
	下游区		0	0	0	0
陇东区域	上游区	0	5	5	5	7
	中游区		9	9	12	10
	下游区		6	6	3	3

续表

经济区	区位	县数	2006 年	2008 年	2010 年	2012 年
陇中区域	上游区	15	1	2	4	2
	中游区		4	3	1	4
	下游区		10	10	10	9
两南区域	上游区	17	2	2	2	1
	中游区		6	6	3	3
	下游区		11	9	12	13

资料来源:《甘肃省县域经济综合竞争力评价报告》(2007 年、2009 年、2011 年)及本书计算数据整理。

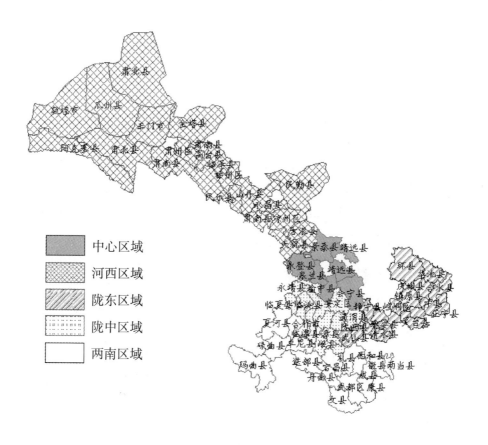

图 2　甘肃省县域经济区域分布

从县域分布来看（见表1），4次评价中，处于经济综合竞争力上游区域的县域主要集中分布在河西区域、陇东区域和中心区域，这些县域或农业发展条件较好，或基础设施相对完善，或城镇化、产业化和工业化水平相对较高；处于县域经济综合竞争力中游区域的县域相对分散，主要分布在陇东区域和河西区域，这些县域大部分或以城市，或以产业带为集群，受大中城市辐射带动，随着县域城镇化进程加快、产业发展水平提升和特色农业发展等带动，经济综合竞争力水平提高较快，基础设施状况明显改善；处于县域经济综合竞争力下游区域的县域集中分布在两南区域和陇中区域，这些县域大多数是国家级贫困县，其农业产业化发展较慢，产业集中度不够、工业化和城镇化进程缓慢、基础设施水平低下，县域经济自我发展能力严重不足。

（一）中心区域县域经济综合竞争力空间演化格局

中心区域除兰州市城关、七里河、安宁、西固和红古5区以及白银市的白银和平川2区外，研究对象包括6个县域（见表2），分别是兰州市所辖的榆中县、皋兰县和永登县，白银市所辖的靖远县、景泰县和会宁县。从2006年、2008年、2010年、2012年中心区域县域经济综合竞争力空间演化格局来看，中心区域县域经济综合竞争力发展整体水平较为稳定，呈向上趋势发展，所辖6个县域上、中和下游分布个数分别为4个、2个和0个。与2010年排序情况比较，上游区域县域个数翻了一番，从2个增加到4个，中心带动作用逐步凸显（见图3和图4）。

但是，作为"兰白经济区"的中心地带，县域的带动引领作用仍然不足。"十二五"时期是甘肃省县域发展战略实施的关键时期，"中心带动"不仅仅要依靠兰州5个城区以及白银市的白银和

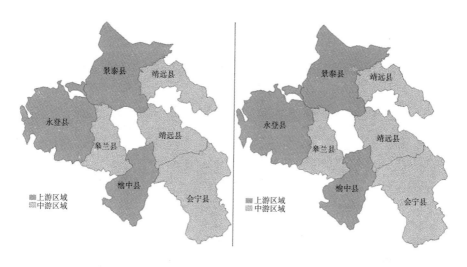

图3 2006年（左）、2008年（右）中心区域经济综合竞争力分布

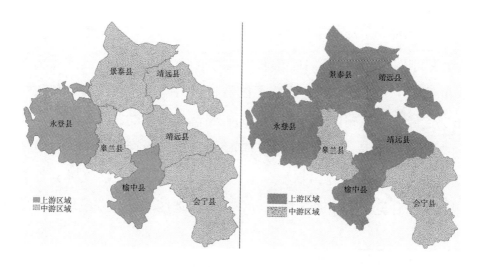

图4 2010年（左）、2012年（右）中心区域经济综合竞争力分布

平川2区，这6个县域的发展也至关重要，因此，如何依托兰州和
白银2市中心城市产业集群优势以及兰州新城区建设，率先实现县
域经济社会的跨越式发展，为甘肃县域经济发展起到示范引领作
用，是中心区域县域经济发展的重点和难点。

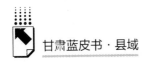
（二）河西区域县域经济综合竞争力空间演化格局

河西区域研究对象包括除嘉峪关市以外的 4 个市的 18 个县（市、区）（见表 2）。

从 2006 ~ 2012 年河西区域县域经济综合竞争力空间演化格局看，河西区域整体上在全省处于前位，一直保持在上游和中游区域。2012 年县域上、中和下游区域分布个数分别为 11 个、7 个和 0个，占比 61∶39∶0。从 2006 ~ 2012 年的 4 次排序结果看，河西区域县域经济发展的绝对优势正在受到挑战，上游区域的县域从 2006年的 14 个逐步下降到 2012 年的 11 个，尽管下降速度不是很明显（6 年内年均递减 3.94%），但绝对优势正在面临挑战。

从河西区域内部演变趋势可以看出，河西区域县域经济发展"两头高中间低、由东向西渐强"的空间分布格局更为明显（见图5 和图 6）。"两头高"即形成了以酒泉市的肃州区、玉门市和敦煌市，武威市的凉州区以及张掖市的甘州区为引领的，具有绝对优势的空间分布格局，主要覆盖了河西走廊东、西两部分；"中间稍低"即除上述地区外，临泽、山丹、天祝和古浪等县域居全省县域经济综合竞争力中游区域，分布在河西地区中段和东段地区，形

图 5　2006 年（左）、2008 年（右）河西区域经济综合竞争力分布

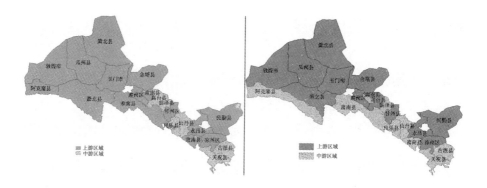

图6 2010年（左）、2012年（右）河西区域经济综合竞争力分布

成一个相对洼地。相比其他区域，河西区域县域发展整体上较好，没有处于劣势的绝对"洼地"县区。

作为甘肃省域发展战略"两翼齐飞"的其中一翼，河西区域是甘肃新能源发展的基地。因此，河西地区县域经济发展，除大力发展现代农业和延伸农业产业链条外，以新能源为依托的相关产业发展也是河西区域县域经济发展的主攻方向。

（三）陇东区域县域经济综合竞争力空间演化

陇东区域研究对象包括庆阳市8县、平凉市7县和天水除秦城和麦积区之外的5县共20个县（市、区）（见表2）。

从发展趋势看，2006～2012年，陇东县域经济发展分布结构正在悄然发生变化，上、中和下游区域分布比例从评价初期的25∶45∶30演变到现在的35∶50∶15，呈现三个特征：一是优势县域数量逐步增长，县域经济竞争力的带动能力逐步增强；二是处于中游和下游的县域正在实现赶超。下游区县域个数从2006年的6个减少到现在的3个，6年间减少了一半，年均递减10.91%。说明陇东区域整体上县域经济综合竞争实力正在稳步增强，"东翼"作用正在凸显。

从陇东区域内部经济综合竞争力空间演化格局看，2012年陇东区域县域"中间高、两头低"的区域分布特征有所改变，东部以环县、华池县和庆城县为核心的县域新高地逐步形成，由"西向东逐步增强"的特征凸显。县域分布在上游、中游和下游区域三个层面，整体上以中游地区居多（见图7和图8）。陇东区域县域经济发展的"高地"主要位于两个城市中心区（平凉市的崆峒区和庆阳市的西峰区）以及传统能源基地（华亭县、庆城县和华池县），与处于中游层次的县域形成了东西延伸和贯穿区域联动格局，但是也可以看出，东部和南部及中部离大城市较远的县域经济

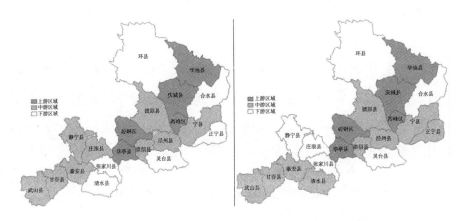

图7　2006年（左）、2008年（右）陇东区域经济综合竞争力分布

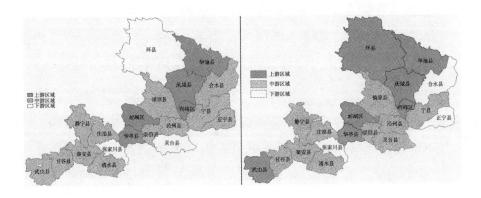

图8　2010年（左）、2012年（右）陇东区域经济综合竞争力分布

发展相对滞后，形成了 3 个较低的"洼地"点（劣势层面的县域），但整体上呈现县域综合竞争实力增强的趋势。

（四）陇中区域县域经济综合竞争力空间演化

陇中区域研究对象包括定西市 7 个县、区和临夏州 8 个县域共15 个县（市、区）（见表 2）。

从历年发展趋势看，陇中区域在东、西两"翼"县域较为强势的发展夹击下，压力较大。2006 年，区域内上游、中游和下游县域分布结构分别为 7∶27∶66，发展到 2012 年，结构比重分别演变为 13∶27∶60，尽管外部压力重重，区域内县域经济整体实力仍有所突破，优势县域比重有所增加，而弱势县域比重缓慢减少。但从另一方面也可以看到，陇中区域县域经济综合竞争力发展不是很稳定，区域内相对强势的县域处于全省的上游和中游之间，县域排名波动较大。

从区域内部的县域经济综合竞争力空间演化格局上看，陇中区域仍呈"北高南低、渐进启动"的特征，区域逐渐形成带动引领的中心县域（安定区、永靖县和临夏县），总体仍以下游层次县域居多（见图 9 和图 10），尽管有缓慢减少的趋势，但区域县域整体经济发展竞争力不强，是甘肃县域经济综合竞争力发展的"谷底"之一。

（五）两南区域县域经济综合竞争力空间演化

两南区域研究对象包括陇南 9 个县、区和甘南州 8 个县域共 17个县（市、区）（见表 2）。

从 2006～2012 年两南区域县域经济综合竞争力空间演化格局看，受到全省县域经济发展竞争态势的挤压，尽管区域内县域经济综合竞争力一直在尽力发展，但因没有好的突破点，加之两南区域

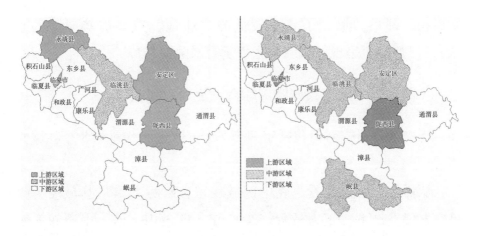

图9 2006年（左）、2008年（右）陇中区域经济综合竞争力分布

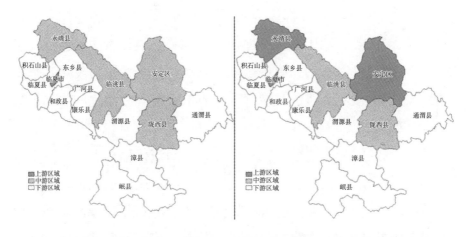

图10 2010年（左）、2012年（右）陇中区域经济综合竞争力分布

大多县域的自然条件限制，其相对滞后和被边缘化的局面不仅没有改变，还有增强的趋势。

从区域内部县域经济发展空间演变看，两南区域呈"东高西低、整体低洼"的区域分布特征。区域逐渐形成带动引领的中心县域（合作市和武都县），但总体上"强县不强，弱县更弱"的趋势没有得到根本上的缓解，下游层次的县域过多（见图11和图12），带动区域发展的处于上游和中游的县域过少。受交通区位、农业生产条件和水土配置等因素制约，区域内县域产业发展水平较低，县域经济发展的综合竞争力较弱。

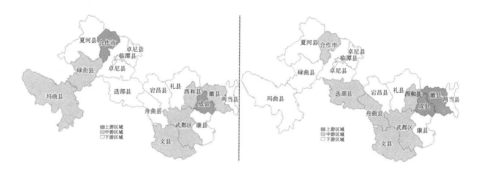

图11　2006年（左）、2008年（右）两南区域经济综合竞争力分布

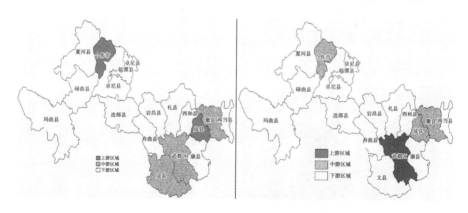

图12　2010年（左）、2012年（右）两南区域经济综合竞争力分布

三　甘肃省县域综合竞争力子系统 空间分布分析

（一）宏观经济竞争力空间分布

从甘肃省宏观经济竞争力空间格局来看，处于县域宏观经济竞争力上游区域的县域主要集中分布在河西区域、陇东区域和中心区域，这些县区有一定的工业基础，GDP 和财政收入较高，人均 GDP、财政收入和城乡居民收入等相对较好，反映经济总量、均量和增长的各项指标相对其他县域都较好，在甘肃省 76 个县域中具有较好的竞争优势；处于中游区域类型的县区分布相对分散，但多数仍分布在中心区域、河西区域和陇东区域，这些县域的工业化发展水平较低，县域经济结构仍以第一产业为主，人民生活水平不高，经济总量、均量和增长水平一般，在 76 个县域中发展处于中势水平，发展特色不明显，需要进一步挖掘；处于下游区域类型的县区主要集中分布在两南区域和陇中区域，这些县域缺乏产业发展的增长点，经济总量、均量和增长水平较低，发展速度缓慢，居民生活水平较低，农村贫困面较大，县域经济发展的能力弱（空间演变分布见图 13 和图 14，图中县域对应的数字表示各年甘肃省县域宏观经济竞争力排名位次）。

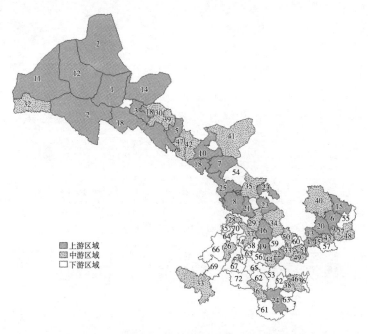

图 13　2010 年甘肃省县域宏观经济竞争力分布

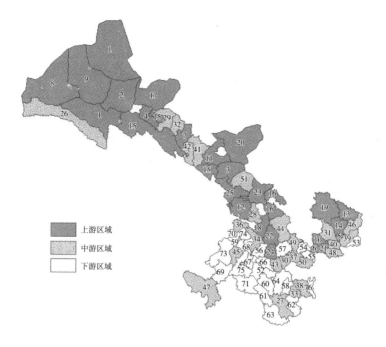

图14　2012年甘肃省县域宏观经济竞争力分布

（二）县域产业竞争力空间分布

从县域产业竞争力的空间分布演变看，2012年产业竞争力在东部逐步集聚，形成以环县、华池县和庆城县为核心的产业竞争力优势区域，东部产业带动功能逐渐增强；从甘肃省产业竞争力空间格局来看，处于县域产业竞争力上游区域的县域主要集中分布在河西区域、中心区域和陇东区域，这些县域具有一定的产业发展基础，产业结构水平较好，第二、三产业发展水平略高，产业生产效率较高，产业竞争力在76个县域中具有竞争优势；处于中游区域类型的县域分布也相对比较集中，主要集中分布在河西区域、陇东区域和中心区域，位于中游区域的县域初步或正在形成产业发展基础，第二、三产业增长处于起步阶段，在产业效率和产业结构方面还需进一步优化；处于下游区域类型的县区主要集中分布在两南区域和陇中区域，这些县域产业发展基础薄弱且发展水平较低、产业结构不合理等问题十分突出，如何整合资源，挖掘产业发展潜力，是下游层次县域发展的重点和难点（分布见图15和图16，图中县域对应的数字分别表示2010年和2012年甘肃省县域产业竞争力排名位次）。

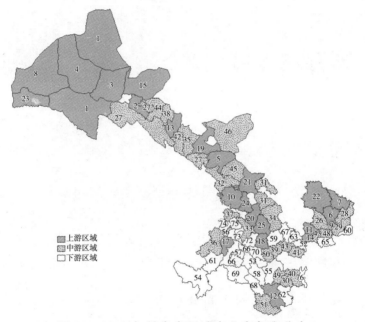

图15　2010年甘肃省县域产业竞争力分布

（三）金融资本竞争力空间分布

从甘肃省金融资本竞争力空间格局来看，处于上游区域的县域主要集中分布在中心区域、河西区域和陇中区域，说明2010年金融资金的流向主要以大城市（兰州）和大企业为目标，资本投资也趋向于这些领域的周边县域。处于中游区域类型的县区主要分布于河西区域、陇东区域、中心区域和两南区域的陇南市；处于下游区域类型的县区主要集中分布在两南区域的甘南州和陇中区域的临

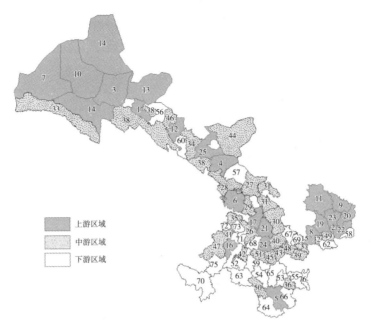

图16   2012年甘肃省县域产业竞争力分布

夏州（分布见图 17 和图 18，图中县域对应的数字分别对应表示
2010 年和 2012 年甘肃省县域金融资本竞争力排名位次）。

从 2012 年甘肃县域金融资本竞争力空间变动可以看出，与 2010
年相比，金融资本更趋向集中，这是由金融资本趋利性所决定的，
而这种特征更加制约了那些经济总体发展能力偏弱的县域发展。因
此，解决陇南、甘南和其他边缘化县域的金融资本竞争力问题，仅
靠县域自身能力远远不够，省级层面应根据相应政策加大支持力度。

（四）基础设施竞争力空间分布

从甘肃省基础设施竞争力空间格局来看，处于县域基础设施竞
争力上游和中游区域的县域主要集中分布于中心区域和河西区域以
及沿甘肃境内高速公路、铁路周边区域，而陇中区域北部、两南区
域以及陇东区域北部受地理区位影响，基础设施竞争力水平比较低

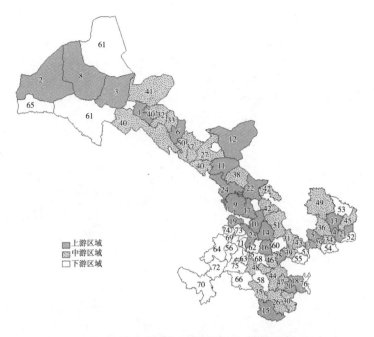

图17 2010年甘肃省县域金融资本竞争力分布

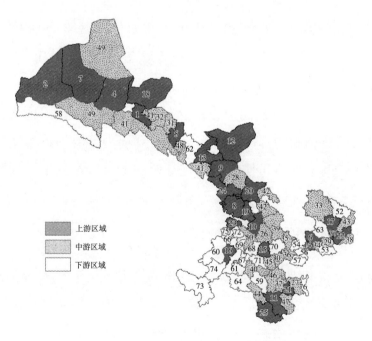

图18 2012年甘肃省县域金融资本竞争力分布

（分布见图 19 和图 20，图中县域对应的数字分别表示 2010 年、2012 年甘肃省县域基础设施竞争力排名位次）。"十二五"期间要想整体提升甘肃县域基础设施整体竞争力，需要在"拔高"、"拉低"两方面下功夫。"拔高"即要继续加大上游和中游地区基础设施建设力度，"拉低"则要彻底改观两南地区、陇东和陇中北部地区这些边缘县域的基础设施建设水平。

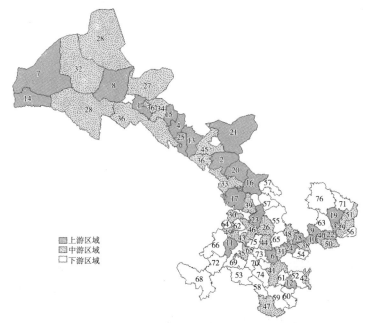

图 19　2010 年甘肃省县域基础设施竞争力分布

（五）人力资源竞争力空间分布

从空间变化趋势看，2012 年县域人力资源竞争力分布相比 2010 年有所变化，优势县域从原先的基本集中在河西和中心区域，逐步演变为以河西和中心区域为主，逐步向东、中和南部区域发展的态势，弱势区域的优势有所增强。但从甘肃省人力资源竞争力空间格局来看，处于县域人力资源竞争力上游区域的县域主要集中分

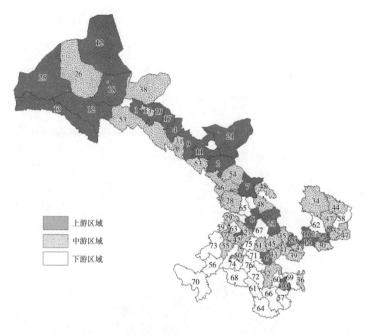

图20　2012年甘肃省县域基础设施竞争力分布

布在河西和中心区域；处于中游和下游区域的县域分布都比较分
散，主要集中于各市（州）中心城市周围（分布见图21和图22，
图中县域对应的数字分别表示2010年、2012年甘肃省县域人力资
本竞争力排名位次）。因此，要提升甘肃整体人力资源竞争力水
平，偏远的、贫困的县域是关键。

（六）政府作用竞争力空间分布

从甘肃省政府作用竞争力空间格局来看，处于县域政府作用竞
争力上游区域的县域主要集中分布在中心区域、陇中区域和陇东区
域，年际变化不大；处于中游区域类型的县区分布较为分散，以陇
东区域为主；而处于下游区域类型的县区主要集中分布在河西区域
和两南区域（分布见图23和图24，图中县域对应的数字分别表示
2010年、2012年甘肃省县域政府作用竞争力排名位次）。

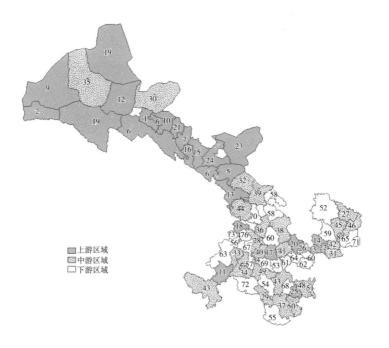

图 21 2010 年甘肃省县域人力资源竞争力分布

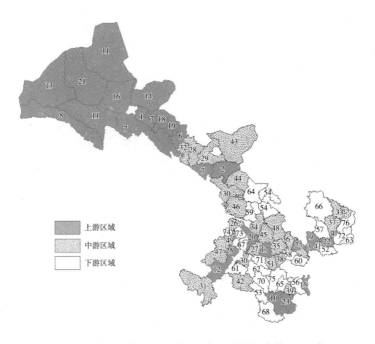

图 22 2012 年甘肃省县域人力资源竞争力分布

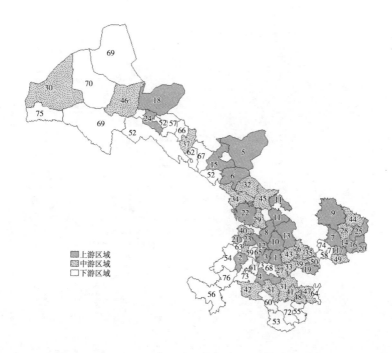

图23 2010年甘肃省县域政府作用竞争力分布

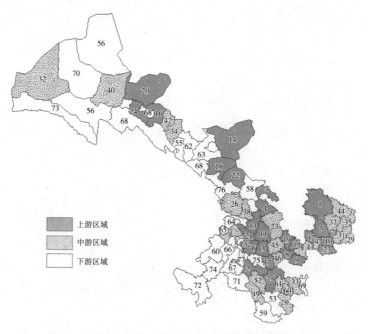

图24 2012年甘肃省县域政府作用竞争力分布

2012年甘肃省县（市、区）经济综合 竞争力分布特征分析

曲 玮　张福昌　王志敏　金宇宙 *

摘　要：

本文将76个县域经济综合竞争力发展的宏观经济、产业发展、金融资本、基础设施、人力资源和政府作用等6项子系统的分布特征进行划分归类，大致可分为倒金字塔形、纺锤形、圆柱形、正金字塔形和沙漏形等5个类型。并通过分市（区）对县域进行系统评价，根据各县域社会发展不同领域的具体情况，有针对性地提出对策建议。

关键词：

市（州）辖县　县域经济综合竞争力　分布特征

一　甘肃省县域经济综合竞争力整体评价

（一）甘肃省县域经济综合竞争力分布特征评价

课题组将县域经济综合竞争力各项指标划分为绝对优势、一般

---

* 曲玮，甘肃省社会科学院农村发展研究所研究员。研究领域为资源经济学，农村经济学；张福昌，甘肃省统计局；王志敏、金宇宙，甘肃农业大学硕士研究生。

优势、中势、一般劣势、绝对劣势 5 级标准，根据这一标准，将 76 个县域经济综合竞争力的宏观经济竞争力、产业竞争力、金融资本竞争力、基础设施竞争力、人力资源竞争力、政府作用竞争力等 6 项子系统进行划分归类后，得出甘肃省 76 个县（市、区）2012 年经济竞争力评价指标分布特征（见表 1）。按照如下标准，76 个县域的指标分布大致可以分为 5 种类型，即倒金字塔形、纺锤形、正金字塔形、沙漏形和圆柱形。

（1）倒金字塔形：6 项经济竞争力评价指标中，绝对优势指标和一般优势指标之和占比达 40% 以上，且中势指标大于或等于劣势指标数量。

（2）纺锤形：6 项经济竞争力评价指标中，中势指标占比达到 40% 以上，且优势指标和劣势指标均小于中势指标。

（3）沙漏形：6 项经济竞争力评价指标中，中势指标比重不超过 20%，且优势和劣势指标占比均大于或等于中势指标占比量。

（4）正金字塔形：6 项经济竞争力评价指标中，绝对劣势指标和一般劣势指标之和占比达 40% 以上，且中势指标大于或等于优势指标。

（5）圆柱形：6 项经济竞争力评价指标中，绝对优势指标和一般优势指标、中势指标、一般劣势指标和绝对劣势指标之间的比例相等。

根据上述划分标准，将各县域 6 个子系统进行分类，其分布特征如表 1 和图 1 所示。2012 年，76 个县域的 6 个子系统分布以纺锤形特征居多，共有 24 个县（市、区），占 76 个县（市、区）总量的 31.58%，比 2010 年增加 4 个；倒金字塔形和正金字塔形特征有 22 个县（市、区），各占总量的 28.94%，分别比 2010 年增加 1 个、减少 4 个；再次为沙漏形特征的县域 6 个，占到县域总量的

7.89%，比 2010 年增加 2 个；另有圆柱形特征的县（市、区）2 个（2.63%），比 2010 年减少 3 个。

表1　2012 年 76 个县（市、区）6 项经济竞争力评价
指标排序分布特征一览

排序	县名	绝对优势指标	一般优势指标	中势指标	一般劣势指标	绝对劣势指标	指标分布特征
1	肃州区	5	1	0	0	0	倒金字塔形
2	凉州区	5	1	0	0	0	倒金字塔形
3	西峰区	6	0	0	0	0	倒金字塔形
4	甘州区	4	1	1	0	0	倒金字塔形
5	玉门市	3	2	1	0	0	倒金字塔形
6	崆峒区	4	2	0	0	0	倒金字塔形
7	华亭县	2	3	1	0	0	倒金字塔形
8	敦煌市	3	2	1	0	0	倒金字塔形
9	榆中县	2	3	1	0	0	倒金字塔形
10	肃北县	1	3	1	1	0	倒金字塔形
11	临夏市	2	1	3	0	0	倒金字塔形
12	环县	1	2	2	1	0	倒金字塔形
13	永登县	2	1	3	0	0	倒金字塔形
14	陇西县	1	4	1	0	0	倒金字塔形
15	金塔县	0	5	1	0	0	倒金字塔形
16	瓜州县	3	1	1	0	1	倒金字塔形
17	民勤县	0	4	2	0	0	倒金字塔形
18	永昌县	0	4	1	1	0	倒金字塔形
19	武山县	1	1	4	0	0	纺锤形
20	武都区	2	1	1	2	0	沙漏形
21	华池县	1	1	3	1	0	纺锤形
22	高台县	0	3	2	1	0	倒金字塔形
23	庆城县	0	3	3	0	0	倒金字塔形
24	靖远县	1	1	3	1	0	纺锤形
25	景泰县	1	2	1	2	0	沙漏形
26	泾川县	1	2	3	0	0	倒金字塔形

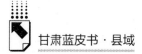

排序	县名	绝对优势指标	一般优势指标	中势指标	一般劣势指标	绝对劣势指标	指标分布特征
27	临洮县	0	2	4	0	0	纺锤形
28	安定区	0	3	2	0	1	倒金字塔形
29	成县	1	1	4	0	0	纺锤形
30	临泽县	0	2	4	0	0	纺锤形
31	崇信县	0	2	4	0	0	纺锤形
32	镇原县	1	1	1	3	0	沙漏形
33	宁县	0	2	3	0	1	纺锤形
34	会宁县	0	1	5	0	0	纺锤形
35	秦安县	1	0	4	1	0	纺锤形
36	阿克塞	1	1	2	1	1	圆柱形
37	山丹县	1	0	3	2	0	纺锤形
38	肃南县	1	1	2	1	1	圆柱形
39	庄浪县	0	3	0	2	1	沙漏形
40	甘谷县	0	0	6	0	0	纺锤形
41	皋兰县	0	1	3	2	0	纺锤形
42	合作市	0	3	1	2	0	沙漏形
43	永靖县	0	1	4	1	0	纺锤形
44	静宁县	0	1	4	0	1	纺锤形
45	清水县	1	0	3	2	0	纺锤形
46	灵台县	0	1	2	3	0	正金字塔形
47	岷县	1	0	1	3	1	正金字塔形
48	古浪县	0	1	3	2	0	纺锤形
49	民乐县	0	0	4	2	0	纺锤形
50	天祝县	0	2	3	0	1	纺锤形
51	徽县	0	0	3	2	1	纺锤形
52	合水县	0	1	3	1	1	纺锤形
53	正宁县	0	0	3	3	0	正金字塔形
54	张家川	0	0	4	2	0	纺锤形
55	康县	0	1	2	3	0	正金字塔形
56	广河县	0	1	1	3	1	正金字塔形
57	渭源县	1	0	1	1	3	正金字塔形
58	通渭县	0	0	4	1	1	纺锤形

续表

排序	县名	绝对优势指标	一般优势指标	中势指标	一般劣势指标	绝对劣势指标	指标分布特征
59	临夏县	0	0	4	2	0	纺锤形
60	西和县	0	0	2	4	0	正金字塔形
61	舟曲县	0	0	3	3	0	正金字塔形
62	礼县	0	1	1	3	1	正金字塔形
63	文县	0	1	0	4	1	沙漏形
64	临潭县	0	0	3	1	2	正金字塔形
65	宕昌县	0	0	0	4	2	正金字塔形
66	玛曲县	0	0	2	0	4	正金字塔形
67	康乐县	0	0	1	1	4	正金字塔形
68	和政县	0	0	1	3	2	正金字塔形
69	东乡县	0	0	1	1	4	正金字塔形
70	夏河县	0	0	2	2	2	正金字塔形
71	迭部县	0	0	1	2	3	正金字塔形
72	碌曲县	0	1	0	1	4	正金字塔形
73	卓尼县	0	0	0	3	3	正金字塔形
74	积石山	0	0	0	2	4	正金字塔形
75	漳县	0	0	1	1	4	正金字塔形
76	两当县	0	1	1	0	4	正金字塔形

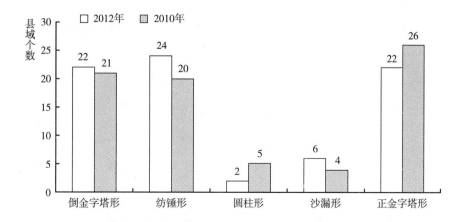

图 1 2010 年、2012 年 76 个县（市、区）类型分布对比

5 种分布特征中，县域经济综合竞争力发展水平、能力和质量最优选的模式为倒金字塔形发展类型，这类县域的 6 项指标分布基本上位于绝对优势、一般优势和中势指标 3 类中，说明其经济竞争力较好，指标间差距不大，较为和谐；其次为纺锤形发展类型，这些县域的 6 项指标分布以中势指标、一般优势及一般劣势指标居多，县域经济综合竞争力居中，少数指标属绝对优势或绝对劣势指标，这类县域的社会发展不具有特别突出的特色和比较优势，但也没有过于明显的比较弱势，指标间差异不大，尽管经济综合竞争力整体水平不高，但较为均衡；第三类为圆柱形发展类型，这种类型表现为县域优势、中势和劣势指标分布是一样的，同第二类纺锤形发展类型一样，特色与问题同时存在，但整体较为平稳，优势不突出但劣势也不是很明显；第四类为沙漏形发展类型，这类县域尽管有 3 项以上指标具有绝对或一般优势，但是居于中势的指标过少（仅 2 项以下），而具有一般或绝对劣势的指标较多，这类县域经济综合竞争力指标两极分化特征明显，经济综合发展水平不全面，既有明显的优势，但也有明显的弱势，在一定程度上弱势指标过多、中势指标过少，制约了县域经济综合竞争力的全面发展，迫切需要破解难题，在那些劣势指标方面加强建设；第五类为正金字塔形发展类型，这类县域经济综合竞争力优势和中势指标都比较少，多数指标居一般劣势或绝对劣势区域，发展水平和能力都较落后，整体处于比较劣势的地区，要实现突破必须全面解决制约经济发展的方方面面问题，发展的难点和问题较多。

从图 1 可以看出，2012 年较 2010 年，县域发展模式整体上更趋于合理，具有发展水平、质量和能力较好的倒金字塔形和纺锤形特征的县域显著增加，相应的，发展质量较差的正金字塔形县域明显下降。

从位次分布上看，倒金字塔形全部分布在 1～28 位之间，比 2010 年的1～39 位，县域位次更为集中；处于优势区域的 1～25 位县域中，20 个县域呈倒金字塔形分布特征，另有纺锤形（3 个）和沙漏形（2 个），与 2010 年大致持平；6 项子系统呈正金字塔形分布的县域全部集中在 46 位以后，其中最劣势区域的 25 个县域中，呈正金字塔形分布的县域有 20 个，比 2010 年减少了 3 个，说明即便在发展不具优势的县域，经济发展结构也在悄然发生改变，但比起上游和中游特征发展趋势，还稍显缓慢。

居于两极具有绝对优势和绝对劣势的地区，县域经济综合竞争力发展特征较为一致，呈现"强者发展更强势、弱者发展更弱势"的特征；而居于中游地区的县域发展分布类型较多、情况复杂、存在的问题差异也比较大，从县域自身特征出发，发展特色、突出重点、整合资源是关键，并不一定要具有固定的模式。

（二）甘肃省 13 个市（州）县域经济综合竞争力分布评价

表 2 是甘肃省 13 个市（州）所辖县域经济综合竞争力排序位次平均变动情况概览。从下辖县域位次平均得分来看，上游区域 4 个城市的平均得分都在 70.99 分以上，且所辖县域平均位次都在 30 位以内。其中，平均位次排名在 15 名以内的只有酒泉市 1 个城市[1]；另有兰州市（21）和武威市（29.25）2 个城市平均位次排名在 28 位以内。位于上游的 4 个城市中，2 个城市位于河西走廊地区，2 个城市属兰白经济圈，说明甘肃经济发展的主力军仍然位于河西和中部兰白经济圈。县域经济综合竞争力平均水平最高的酒泉市，其下辖 7 个县（市、区）全省排序平均位次为 13 位，位次

---

[1] 金昌市只有一个县域参与评价，没有可比性，这里不作评述。

极差 35 位，说明酒泉市平均排序进入上游绝对优势区域，其市辖县域的经济综合竞争力在县域间、子系统指标间水平差异不大，发展较为均衡，整体水平较好。

表2　2012年甘肃省13个市州所辖县域经济综合竞争力排序情况

层次	市(州)名	辖县个数	平均得分	排名	排序均值	极差	方差	标准差
上游区域	酒泉市	7	74.86	1	13	35	130.67	11.4300
	兰州市	3	72.00	2	21	32	304	17.4356
	武威市	4	71.64	3	29.25	48	558.25	23.6300
	金昌市*	1	70.99	4	18	0	0	0
中游区域	庆阳市	8	70.87	5	28.63	50	313.41	17.7000
	平凉市	7	70.59	6	28.43	40	272.95	16.5200
	张掖市	6	70.29	7	30	45	242.8	15.5800
	白银市*	3	69.82	8	27.67	10	30.33	5.5076
	天水市*	5	68.46	9	38.6	35	169.3	13.0115
下游区域	定西市	7	67.45	10	43.71	61	463.29	21.5200
	陇南市	9	65.69	11	53.44	35	321.78	17.9400
	临夏州	8	65.39	12	55.88	67	422.98	20.5700
	甘南州	8	63.66	13	64.88	31	102.98	10.1500

注：本表不包括嘉峪关市；文中标注 * 的城市涉及的县域不全，详见 B.2 之四"县域评价范围"说明。

居于中游区域的5个城市，平均得分介于68到70.9之间，平均位次排名介于28到39之间。它们分别为庆阳市（70.87分，28.63位）、平凉市（70.59分，28.43位）、张掖市（70.29分，30位）、白银市（68.46分，29.25位）和天水市（68.46分，38.60位）。这5个城市下辖县域评价位次极差在10到50之间变动，标准差在5.5到17.7之间浮动，表明各市下辖的县域间发展水平差异较大。

居于下游区域中的城市正是甘肃贫困面广、贫困程度深的两市两州（定西市、陇南市、临夏回族自治州以及甘南藏族自治州），平均得分介于 63 到 68 之间，平均排名位次介于 43 到 65 之间。其中，平均位次排名≥52（76 个县域的中游和下游分界线）的城市有 3 个，分别是陇南市（53.44）、临夏州（55.88）和甘南州（64.88）。这两市两州所辖县域经济综合竞争力既存在经济发展总体水平较弱的问题（如甘南州所辖县域位次均值高达 64.88），也存在县域之间发展水平不一的问题（如定西市县域间位次极差达到 61 位），县域间发展水平差异较大，不平衡特征明显。

从各市（州）所辖县域中排序最高和最低位次差（极差）（见表 2）可以看出，除金昌市外（所辖仅 1 个县，不具可比性），所辖县域排序差距最小的 3 个市分别是白银市（10 位）、甘南州（31 位）和兰州市（32 位）。但是考虑到兰州市参评的县域去除了经济发展首位度较高的 5 个城区，白银市也去除了工业化程度较高的白银区和平川区，市辖县域整体差距最小的城市除甘南州外，应该仍然是酒泉市，其下辖 7 个县域的位次极差为 35 位，所辖县域有 6 个进入 76 个县（市、区）经济综合竞争力的上游水平。其中进入上游区域第一层次的有 4 个县，它们分别是肃州区（第 1 位）、玉门市（第 3 位）、敦煌市（第 6 位）和肃北县（第 9 位），占到酒泉市辖县总量的 57%，还有 2 个县在经济竞争力上游区域的第二层次。排序最后的阿克塞县的位次在第 36 位，属中游偏上水平。整体上看，酒泉市下辖的 7 个县（市、区）经济竞争力最好。所辖县域排序差距最大的是临夏回族自治州，其极差高达 67 位，说明临夏州下辖的 8 个县（市）经济竞争力差异很大，其中既有排序跻身 76 个县（市、区）经济竞争力上游区域第一层次的临夏市（第 8 位），也有位居末位的东乡县（第 75 位），县域经济综合竞争力差距显著，不平衡问题突出。

从 13 个市（州）所辖县域经济综合竞争力差异性方面看（见表 2），辖县经济竞争力水平与 76 个县（市、区）平均水平差异性最小的 3 个市分别是白银市、甘南州和酒泉市，其方差分别为30.33、102.98 和 130.67，标准差分别是 5.51、10.15 和 11.43；而辖县经济竞争力水平排序与 76 个县（市、区）平均排序方差和标准差最大的 3 个市分别是武威市、临夏州和定西市，其县经济综合竞争力与全省平均水平差异最大，两极分化特征十分显著。

综上所述，尽管 13 个市（州）所辖县域经济平均竞争力差距没有 76 个县（市、区）差异大，但是各市（州）内部县域经济发展水平差异较大，根据它们下辖县（市、区）经济竞争力的特征，基本上可以分为以下三大类。

一是县域经济综合竞争力整体较好的城市，如酒泉市、金昌市、兰州市和白银市。

二是县域经济综合竞争力整体居中的城市，其中又可分为两小类。①均衡类，市（州）辖县域经济发展水平差异不大，既没有经济竞争力特别突出的县域，也没有较差的县域，县域经济发展水平总体居中，如天水市、平凉市和张掖市；另一类是县域经济发展水平整体偏弱，但差距不大，如甘南州和陇南市。②非均衡类，县域间经济综合竞争力差异非常大，如武威市和庆阳市。

三是经济竞争力整体较差的市（州），其中又可分为两小类。①均衡类，县域经济综合竞争力较差，但县域经济综合竞争力差距不大，如甘南州和陇南市。②非均衡类，县域经济综合竞争力较差，且县域经济综合竞争力差异很大，如定西市和临夏州。

下面将分市（州）介绍所辖县域经济综合竞争力情况。鉴于金昌市仅有 1 个辖县（永昌县），这里就不单列介绍，将其与武威市合并分析。

二 兰州市所辖县域经济综合竞争力评价分析

兰州地处我国陆域版块的几何中心，是古"丝绸之路"上的交通要地和商埠重镇，也是甘肃省社会经济的中心。除城关、七里河、安宁、西固和红古5区外，所辖县域有永登县、皋兰县和榆中县3县，本次研究仅针对兰州市除5个城区以外的3个县域。

（一）2012 年兰州市辖县经济综合竞争力整体分析

2012 年兰州市辖县经济综合竞争力分布特征如表3所示。从整体上看，兰州所辖3县经济综合竞争力水平在甘肃省内居上游水平。

表3　2012 年兰州市永登、皋兰、榆中三县经济竞争力各项指标排序情况

项目	经济竞争力排序	宏观经济竞争力排序	产业竞争力排序	金融资本竞争力排序	基础设施竞争力排序	人力资源竞争力排序	政府作用竞争力排序
永登县	13	12	6	8	28	46	26
皋兰县	41	28	29	19	65	59	38
榆中县	9	18	17	10	5	34	13
均　值	21.00	19.33	17.33	12.33	32.67	46.33	25.67
极差值	32	16	23	11	60	25	25
方　差	304.00	65.33	132.33	34.33	916.33	156.33	156.33
标准差	17.44	8.08	11.50	5.86	30.27	12.50	12.50

从排名情况看，3县平均排序21位，处于整体排序上游水平。其中永登县和榆中县分别居于全省经济综合竞争力上游区域的第一层次和第二层次，相比较，皋兰县整体经济竞争力较落后，在全省

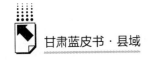
居于中游区域前列。

从平均排序方面看，3县整体经济竞争力最低的是人力资源竞争力水平，平均排序只有46.33位，位于中游区域的后部；其次为基础设施竞争力水平，平均排序32.67位，居中游区域的前部，这两项与省会城市周边地带的位置极不协调。

从各项指标差异性看，3县位次排序差异最大的是基础设施竞争力水平，发展最好的榆中县和最差的皋兰县这个指标的位次极差高达60位，标准差也达到30.27，说明兰州市3个县域的基础设施发展水平极不平衡，差异过大。

兰州市下辖的3个县域经济竞争力的6个子系统中，得分普遍较高的是金融资本竞争力、产业竞争力和宏观经济竞争力3个方面，位次均值分别为12.33、17.33和19.33，相应地，位次极值差分别为11位、23位和16位，标准差分别为5.86、11.50和8.08，说明3个县域的经济综合竞争力在这3个方面整体发展较好，发展水平较为均衡，具有较好的发展优势。

从发展势头看，与2010年排序情况相比，兰州所辖3个县域的整体排名都有所下降，体现了很强的"灯下黑"特征，究其原因，这与近两年兰州市经济综合布局和投入主要以兰州新区及5个主城区的建设为主的思路有密切关系。

（二）2012年兰州市辖县经济综合竞争力分项指标分析

从经济综合竞争力6个子系统看，兰州市所辖的永登县、皋兰县和榆中县特征如表3和图2所示。3个县域经济综合竞争力子系统得分中，金融资本、产业竞争力和宏观经济竞争力子系统分值差异不大，平均排序靠前，说明兰州市所辖的3个县域经济综合竞争力中这3项指标的差异不大。同时也可以看到，人力资本竞争力子系统差异较大，且平均排序也较靠后。

（1）永登县的县域产业竞争力和金融资本竞争力排序靠前，进入上游区域的第一层次，分别位列76个县（市、区）的第6位和第8位，是永登县经济综合竞争力具有绝对比较优势的指标；同时，永登县宏观经济竞争力（第12位）水平也较好，进入上游区域的第二层次，是永登县县域经济综合竞争力具有一般比较优势的指标；政府作用竞争力和基础设施竞争力发展水平尚好，分别位列第26和28位，处在中游水平前列，具有一定的发展潜力；相比较其他指标，永登县的人力资源竞争力水平最弱（第46位），位列中游区域，是永登县县域经济竞争力中势指标，亟待提高；永登县没有经济竞争力劣势指标。可以看出，永登县6项指标优势、中势和劣势指标分别有3项、3项和0项，在甘肃省76个县（市、区）中经济综合竞争力整体水平较好，处在上游上层水平。

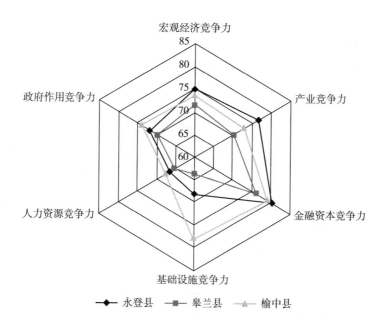

图2 兰州市永登、皋兰、榆中3县经济竞争力各项指标得分比较

（2）皋兰县的金融资本竞争力排序较靠前，进入上游区域的第二层次，位列76个县（市、区）的第19位，是皋兰县经济竞争力具有一般比较优势的指标；皋兰县的宏观经济竞争力（第28位）、产业竞争力（第29位）和政府作用竞争力（第38位）3项指标居76个县（市、区）的中游区域前列，是皋兰县县域经济竞争力的中势指标，有待进一步提高；皋兰县的人力资源竞争力和基础设施竞争力水平较低（第59位和第65位），位列下游区域的第一层次，是皋兰县县域经济竞争力具有一般比较劣势的指标，是县域发展的掣肘因素，亟待予以提高。从整体上可以看出，皋兰县6项指标有1项居于上游区域第二层，3项居中游区域，2项居下游水平，经济竞争力整体处中游水平。

（3）榆中县的基础设施竞争力和金融资本竞争力排序较前，位列76个县（市、区）的第5位和第10位，进入上游区域第一层次，是县域经济竞争力具有绝对比较优势的指标；榆中县的政府作用竞争力、产业竞争力和宏观经济竞争力3项指标排序比较靠前，进入上游区域的第二层次，位列76个县域的第13、17和18位，是榆中县经济竞争力具有一般比较优势的指标，有待进一步挖掘潜力；榆中县的人力资源竞争力（第34位）指标居76个县（市、区）的中游区域，是县域经济竞争力的中势指标，但总体上看排名靠前，有一定潜力可挖，有待进一步提高；榆中县没有比较劣势的指标。整体上看，榆中县6项子系统指标中，优势、中势和劣势指标分别有5项、1项和0项，在甘肃省76个县（市、区）中经济竞争力整体处上游区域的中间水平。

三　白银市所辖县域经济竞争力评价分析

白银市是甘肃省省辖市，位于丝绸古道、黄河上游的陇中腹地。

据志书记载，白银矿藏的开采，始于汉代，到明朝洪武年间具有一定规模，有"日出斗金"之说，官方曾设办矿机构"白银厂"，白银由此而得名。所辖除白银区、平川区两区外，还包括靖远县、会宁县和景泰县3县。本次研究包含除白银区和平川区之外的3县。

（一）2012 年白银市辖县经济综合竞争力整体分析

如表4和图3所示，白银所辖3县经济竞争力整体上属中等水平。

表4　2012 年白银市辖县经济竞争力各项指标排序及变动情况

项目	经济竞争力排序	宏观经济竞争力排序	产业竞争力排序	金融资本竞争力排序	基础设施竞争力排序	人力资源竞争力排序	政府作用竞争力排序
靖远县	24	16	31	42	48	54	4
会宁县	34	44	30	39	23	48	27
景泰县	25	23	27	20	7	64	58
均　值	27.67	27.67	29.33	33.67	26.00	55.33	29.67
极　值	10	28	4	22	41	16	54
方　差	30.33	212.33	4.33	142.33	427.00	65.33	734.33
标准差	5.51	14.57	2.08	11.93	20.66	8.08	27.10

从排名情况看，3县平均排序27.67位，居中游水平。其中靖远和景泰2个县域处于上游区域第二层次；会宁县作为全省最为贫困的县域之一，位次排名位列第34位，居全省中游区域，实属不易。

从各项指标的平均排序看，3县的基础设施竞争力指标排序最高，平均排序位次为26位，居中游区域前位；最低的是人力资源竞争力指标，平均排序为55.33位，处下游区域第一层次。

从各项指标差异性看，3县位次排序差异比较大的是政府作用

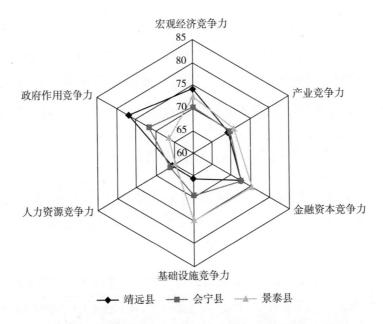

图3 白银市县域经济竞争力各项指标得分比较

竞争力和基础设施竞争力 2 项指标,极差分别为 54 位和 41 位,其标准差也比较高,分别是 27.10 和 20.66,这说明县域间上述 2 项指标与平均水平的差异非常大,县域间发展水平不一。而产业竞争力和人力资源竞争力 2 项子系统指标差异较小,极差分别为 4 和 16,方差为 2.08 和 8.08,说明白银市所辖县域间产业竞争力和人力资源竞争力两项水平差异较小,发展较为均衡。但是,结合产业竞争力和人力资源竞争力的位次排名进一步观察,不难看出,发展均衡并不意味着优质,3 个县域的人力资源竞争力都排名靠后,处于中游的后部或下游区域,有待进一步改进。

从发展势头看,与 2010 年排序相比,3 个县域中,靖远县和景泰县排位都有上升,其中以靖远县发展势头最为强劲,上升了 12 个位次,由中游跻身于上游区域,成为白银市除白银区和平川区外,另一个具有带动作用的县域。

（二）2012 年白银市辖县经济综合竞争力分项指标分析

从经济综合竞争力 6 个子系统看，白银市所辖的 3 个县区具有如下特征（见表 4）。

（1）靖远县经济综合竞争力位居 76 个县（市、区）的上游区域第二层次末端。其中，其政府作用竞争力和宏观经济竞争力 2 项指标位序靠前，进入上游区域的第一层次和第二层次，分别位列第 4 和第 16 位，是靖远县经济综合竞争力具有绝对优势和一般比较优势的指标；靖远县产业竞争力（第 31 位）、金融资本竞争力（第 42 位）和基础设施竞争力（第 48 位）3 项指标居 76 个县（市、区）的中游区域，是靖远县县域经济竞争力的中势指标；靖远县的人力资源及竞争力（第 54 位），位列下游区域的第一层次，是靖远县经济竞争力具有一般比较劣势的指标，成为限制靖远县经济发展的一个主要问题，亟待予以提高。可以看出，靖远县 6 项指标中优势、中势和劣势指标分别有 2 项、3 项和 1 项，说明靖远县县域经济综合竞争力水平中等，发展特色不明显。

（2）会宁县 2012 年经济综合竞争力排序位居第 34 位，居中游区域。其中，进入上游区域第二层次的指标只有基础设施竞争力 1 项，排序第 23 位，是会宁县县域经济竞争力具有一般比较优势的指标；进入中游区域的指标有政府作用竞争力、产业竞争力、金融资本竞争力、宏观经济竞争力和人力资源竞争力 5 项，其分别位居 76 个县（市、区）的第 27、30、39、44 和 48 位，处经济综合竞争力的中游区域，是会宁县县域经济竞争力的中势指标；会宁县没有竞争力劣势指标。可以看出，会宁县 6 项指标中具有优势、中势和劣势指标分别有 1 项、5 项和 0 项，具有典型的纺锤形特征，经济综合竞争力水平不高，没有明显的、有特色的增长带动点，需要

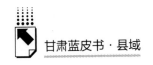

在挖掘潜力、突出特色上下功夫。

(3) 景泰县经济综合竞争力位居上游区域的第25位。其中，进入经济竞争力上游区域第一层的指标有基础设施竞争力，居第7位；进入上游区域第二层次的指标有金融资本竞争力和宏观经济竞争力两项指标，分别列76个县（市、区）的第20和23位，是景泰县县域经济竞争力中具有一般比较优势的指标；进入中游区域的产业竞争力（第27位）指标，居经济综合竞争力的中游区域前列，是景泰县县域经济竞争力有一定发展潜力的中势指标；景泰县的人力资源竞争力（第64位）和政府作用竞争力（第58位），位列下游区域的第一层次，是景泰县经济竞争力的一般比较劣势指标，亟待予以提高。前面分析可以看出，景泰县6项指标中具有优势、中势和劣势指标分别有3项、1项和2项，呈明显的沙漏形分布，县域经济发展优势与劣势并存。

四 天水市所辖县域经济竞争力评价分析

天水市位于甘肃省东南部，"东抱陇坻，西倚天门，南控巴蜀，北指金城"。天水是中华民族的发祥地之一，享有"羲皇故里"的殊荣。天水历代人文荟萃，景点及文物古迹众多，是国务院确定的中国历史文化名城。所辖除秦州区和麦积区两区以外，还有清水县、秦安县、甘谷县、武山县和张家川县等5个县。本研究仅针对秦州区和麦积区以外的5个县域。

（一）2012年天水市辖县经济综合竞争力整体分析

如表5所示，天水市所辖5个县（区）经济竞争力整体上属中等水平。从排名情况看，5县平均排序38.6位，处中游水平。

武山县经济综合竞争力处于上游区域第二层次中部（19 位），是天水市经济发展较好的县域；秦安县、甘谷县和清水县 3 县经济综合竞争力排名居全省中游区域；经济综合竞争力最弱的县是张家川，其在县域经济竞争力综合排名中位列第 54 位，居下游区域第一层次。

表5　2012 年天水市辖县经济竞争力各项指标排序及变动情况

项目	经济竞争力排序	宏观经济竞争力排序	产业竞争力排序	金融资本竞争力排序	基础设施竞争力排序	人力资源竞争力排序	政府作用竞争力排序
清水县	45	50	39	57	39	60	9
秦安县	35	37	48	36	41	58	8
甘谷县	40	30	43	30	33	38	46
武山县	19	43	45	45	6	51	17
张家川	54	55	37	56	43	40	43
均　值	38.60	43.00	42.40	44.80	32.40	49.40	24.60
极　值	35.00	25.00	11.00	27.00	37.00	22.00	38.00
方　差	169.30	99.50	19.80	142.70	231.80	101.80	343.30
标准差	13.01	9.97	4.45	11.95	15.22	10.09	18.53

从各项指标的平均排序方面看，5 个县整体发展水平最好的是政府作用竞争力子系统，平均排序第 24.6 位，处上游区域第二层次；发展水平最弱的是人力资源竞争力，平均排序第 49.4 位，处中游区域。

从各项指标差异性看，5 个县域排序位次差异最小的是产业竞争力指标，发展水平最好和最差的县域排序位次差为 11 位，标准差 4.45，属差异较小的范畴，说明天水 5 个县域在产业竞争力方面发展水平比较一致，差异不大，但结合平均位次情况看，产业竞争力的整体发展水平不高，平均排名42.4位，仅列中游区域；5个县域排序位次差异最大的是政府作用竞争力，发展水平最好的县域和最差的县域位次差距达到38位，标准差18.53，说明天水市5个县之间，政府在发挥作用方面水平参差不齐，差异较大，既有排位居全省上游水平的县域（秦安县、清水县和武山县），也有排位居中游水平的县域（张家川和甘谷县）。

从表5和图4中可以看到，天水市下辖的5个县域经济竞争力6项指标中，2项指标县域之间差距比较大，分别为政府作用竞争力和基础设施竞争力，位次极差都在37位以上，除产业竞争力位次极差较小（11位）外，其余3项子系统排序位次极差都在22位以上，说明天水市所辖县域间多数指标发展水平有一定差异，但总体属协同发展水平，县域间经济发展水平趋于中庸。

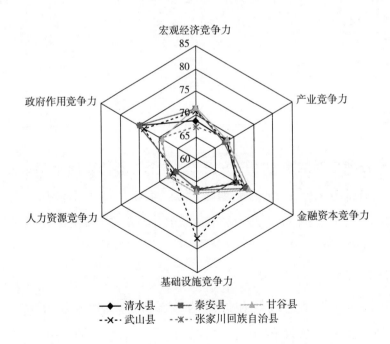

图4 天水市县域经济竞争力各项指标得分比较

从发展势头看，较之 2010 年排序，天水市下辖 5 个县域中，有 4 个县域排名有所上升，其中以秦安县排位上升最多，位次上升了 10 个位次。整体看，全市县域发展处于上升通道。

（二）2012 年天水市辖县经济综合竞争力分项指标分析

从经济竞争力 6 个子系统看，天水市所辖的 5 个县域具有如下特征（见表 5）。

（1）清水县的政府作用力竞争力水平较好，位序居 76 个县（市、区）的第 9 位，进入上游区域的第一层次，是清水县经济综合竞争力具有绝对优势的指标；但是，除此之外，清水县其他经济发展指标发展水平一般。其中，产业竞争力（第 39 位）、基础设施竞争力（第 39 位）和宏观经济竞争力（第 50 位）3 项指标居76 个县（市、区）的中游区域，是清水县县域经济竞争力的中势指标，发展动力有待加强；而金融资本竞争力和人力资源竞争力两项指标排序较低，分别位列第 57 和第 60 位，属下游区域的第一层次，是清水县经济竞争力具有一般比较劣势的指标，制约县域经济综合竞争力的发展。可以看出，清水县 6 项指标中，优势、中势和劣势指标分别有 1 项、3 项和 2 项，呈较为典型的纺锤形分布，县域经济综合竞争力水平偏弱，要在挖掘特色和潜力、培育竞争优势产业方面下功夫。

（2）秦安县经济综合竞争力排序位居 76 个县域的第 35 位，居中游区域。其中，进入上游区域第一层次的指标只有政府作用竞争力 1 项，位列 76 个县域的第 8 位，是秦安县县域经济竞争力的绝对优势指标；进入中游区域的指标有金融资本竞争力、宏观经济竞争力、基础设施竞争力和产业竞争力 4 项指标，分别位居 76 个县（市、区）的第 36、37、41 和 48 位，处中游区域，是秦安县县域经济竞争力的中势指标，其中宏观经济竞争力排序靠前，是秦安县县域经济发展可以挖掘的潜力源；但是，秦安县的人力资源竞争力（第58位）是一般比较劣势指标，为秦安县县域经济全面发展的最大制约因素。可以看出，秦安县6项指标中具有优势、中势和劣势的指标分别有1项、4项和1项，属纺锤形分布，经济整体水平偏中下，但各项指标发展较为均衡，以中势指标为主，如果能在中势指标中有所突破，将会极大地促进县域经济水平的提升。值得肯定的是较2010年的排序，秦安县排名位次上升了10位，经济综合竞争力有了大的提升，整体水平正处于上升通道。

（3）甘谷县经济综合竞争力位居76个县域的第40位，所有6项指标均居中游区域，位次也没有太大差异，是典型的发展中庸县域，它既没有优势，也没有劣势，从表面看似乎最为保险，但实际上，这种平庸的、没有特征的发展模式恰恰是最不具竞争力的发展模式。"逆水行舟，不进则退"，甘谷县亟待在宏观经济竞争力、金融资本竞争力、基础设施竞争力、人力资源竞争力、产业竞争力和政府作用竞争力6个方面找到切入点，实现突破。

（4）武山县是天水市2010～2012年度经济综合竞争力发展最好的县域，综合排名19位，居上游区域第二层次。6项子系统中，进入经济竞争力上游区域第一层次的指标是基础设施竞争力，居第6位，具有绝对比较优势；武山县进入经济发展上游区域第二层次的指标是政府作用竞争力，位列第17位，是一般比较优势指标；其余4项指标，宏观经济竞争力、金融资本竞争力、产业竞争力和人力资源竞争力分别位居76个县（市、区）的第43、45、45和51位，是武山县县域经济竞争力的中势指标；武山县没有下游区域的指标。武山县6项指标中具有优势、中势和劣势指标分别有2项、4项和0项，与天水市下辖的其他县域比较，尽管武山县6项子系统指标发展较平衡，为综合竞争力排序较为靠前奠定了基础，但整体上也存在发展中庸、特色不明显的问题，需要在中势指标中寻求突破，经济综合竞争力才能有更进一步的提升。

（5）张家川县是天水市 5 个县域中经济发展水平最弱的县域，没有进入经济竞争力上游区域的指标；进入中游区域的指标有 4 项，分别是产业竞争力、人力资源竞争力、基础设施竞争力和政府作用竞争力，分别位居 76 个县（市、区）的第 37、40、43 和 43 位，处中游区域的中下部，是县域经济竞争力的中势指标；张家川县的宏观经济竞争力（第 55 位）和金融资本竞争力（第 56 位）2 项指标排序靠后，位列下游区域的第一层次，是张家川县县域经济竞争力具有一般比较劣势的指标。可以看出，张家川县 6 项指标中具有优势、中势和劣势指标分别为 0 项、4 项和 2 项，说明张家川县县域经济各项指标发展水平较低，县域经济发展能力较弱。

五　金昌市、武威市所辖县域经济竞争力评价分析

金昌市位于河西走廊东部、祁连山北麓、阿拉善台地南缘。北、东与民勤县相连，东南与武威市相靠，南与肃南裕固族自治县相接，西南与青海省门源回族自治县搭界，西与民乐、山丹县接壤，西北与内蒙古自治区阿拉善右旗毗邻。金昌市是我国最大的镍钴生产基地和铂族贵金属提炼中心，同时也是甘肃省的重化工基地和商品粮油生产基地之一。金昌市所辖一县一区，即永昌县和金川区，本书仅涉及永昌县 1 个县域。

武威市地处甘肃省西部河西走廊东端，南依祁连山，北靠内蒙古自治区，东南与兰州、白银市接壤，西北和金昌、张掖毗邻，有"通一线于广漠，控五郡之咽喉"的区位优势。武威是举世闻名的

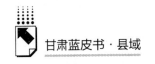

神奇艺术瑰宝"铜奔马"的故乡，也是今天作为欧亚大陆桥上我国东部沿海与欧亚诸国进行经济文化交流的枢纽。所辖凉州区、民勤县、古浪县和天祝县4县区。

（一）2012年金昌市辖县经济综合竞争力分项分析

因金昌市只涉及永昌1个县域，因此，表6中金昌市的排序均值、整体排序状况即永昌县水平。由于没有县域可做比较，这里不再对县域综合排名情况做阐述。

永昌县2012年经济综合竞争力在76个县（市、区）中位列第18位，居上游区域。其中，如表6所示，6项子系统指标中，永昌县的宏观经济竞争力、基础设施竞争力、金融资本竞争力和产业竞争力4项指标进入上游区域的第二层次，分别位居76个县（市、区）的第11、11、13和25名，是永昌县具有一般比较优势的指标，也是促进县域经济综合竞争力发展的潜力指标；永昌县的人力资源竞争力指标位居第29位，居中游区域的上游水平，是永昌县的中势指标；此外，永昌县的政府作用竞争力位居63位，居于下游区域的第一层次，是永昌县的比较劣势指标。可以看出，永昌县6项指标中，优势、中势和劣势指标分别有4项、1项和1项，属指标结构和发展势头较好的倒金字塔形分布，整体水平居全省上游，具有相对较好的发展基础。如果能在发展经济和产业的基础上，加强人力资源和政府作用竞争力两方面工作，将会有助于县域经济综合竞争力的整体提升。

（二）2012年武威市辖县经济综合竞争力整体分析

如表6和图5所示，武威市所辖4县（区）经济竞争力综合水平整体属上游水平。

表6　2012 年武威市辖县经济竞争力各项指标排序及变动情况

项目	经济竞争力排序	宏观经济竞争力排序	产业竞争力排序	金融资本竞争力排序	基础设施竞争力排序	人力资源竞争力排序	政府作用竞争力排序
永昌县	18	11	25	13	11	29	63
凉州区	2	3	4	9	2	2	18
民勤县	17	20	44	12	21	43	14
古浪县	48	51	57	28	54	44	22
天祝县	50	25	28	24	46	30	76
均　值	29.25	24.75	33.25	18.25	30.75	29.75	32.50
极　差	48.00	48.00	53.00	19.00	52.00	42.00	62.00
方　差	558.25	394.92	520.92	84.25	564.92	382.92	851.67
标准差	23.63	19.87	22.82	9.18	23.77	19.57	29.18

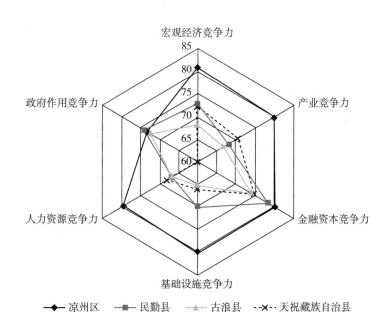

图5　武威市县域经济竞争力各项指标得分比较

从排名情况看，4 县（区）的平均排序为 29.25 位，处上游水平。其中：进入上游水平第一层的县（区）仅有凉州区 1 个，经济综合竞争力水平排序为第 2 位，居上游区域的第一层次前列；民勤县进入上游水平第二层次，其经济竞争力综合水平排序为第 17 位；古浪县和天祝县县域经济竞争力整体水平排名依次为第 48 和 50 位，居全省中游水平。

从各项指标的平均排序方面看，4 个县（区）整体水平较好的是金融资本竞争力和宏观经济竞争力，平均排序分别为 18.25 和 24.75 位，居上游区域偏后水平；整体水平最低的是政府作用竞争力和产业竞争力两项指标，平均排序分别为第 32.5 和 33.25 位，处中游区域偏上水平。

从各项指标差异性看，4 个县域位次排序差异比较大的是政府作用竞争力、产业竞争力、基础设施竞争力和宏观经济竞争力 4 项指标，极差分别为 62、53、52 和 48，相应的标准差也比较高，分别是 29.18、22.82、23.77 和 19.87，说明武威市所辖县域间经济发展的水平和能力差异较大，县域发展水平参差不齐。

从发展势头看，与 2010 年排序相比，凉州区继续保持 76 个县域第 2 位的态势，实属不易；除此之外，民勤县排位略有提升（2 位），而其余 2 县名次下滑，其中以天祝县下滑趋势最为明显，县域经济综合竞争力发展势头趋缓。

（三）2012 年武威市辖县经济综合竞争力分项指标分析

从经济竞争力 6 个子系统看，武威市所辖的 4 个县（区）具有如下特征（见表6）。

（1）凉州区是武威市所辖县域中经济发展水平最好的县域，也是市经济、文化、政治中心。凉州区 6 项指标全部进入上游区域。其中：居于上游区域第一层次的指标有 5 项，它们分别是基础设施竞争力（第 2 位）、人力资源竞争力（第 2 位）、宏观经济竞争力（第 3 位）、产业竞争力（第 4 位）和金融资本竞争力（第 9 位），是其经济发展有绝对比较优势的指标；居于上游第二层次的指标 1 项，凉州区政府作用竞争力位列第 18 位，是县域经济竞争力的一般比较优势的指标；凉州区没有中势和劣势指标。可以看出，凉州区经济发展综合水平较好，6 项指标发展比较均衡，经济综合竞争力在全省有很好的优势，是带动省域经济综合竞争力发展的"领头羊"之一。

（2）民勤县经济综合竞争力排名第 17 位，居上游区域第二层次。其中，金融资本竞争力、政府作用竞争力、宏观经济竞争力和基础设施竞争力 4 项指标位居上游游区域第二层次，分别列位第 12、14、20 和 21 位，是民勤县经济竞争力的一般比较优势指标；但是，民勤县人力资源竞争力和产业竞争力相对偏低，分别位居第 43 和第 44 位，位居 76 个县（市、区）的中游区域，是民勤县县域经济竞争力的中势指标；民勤县没有经济竞争力劣势指标。可以看出，民勤县 6 项指标中，优势、中势和劣势指标分别有 4 项、2 项和 0 项，但对县域经济具有可持续推动力的产业竞争力和人力资源竞争力两项指标偏弱，这与民勤县生态环境持续恶化，水资源约束，产业入驻意愿较低有一定关系。事实上，对民勤来说，速度不能作为经济发展的目标盲目追求，而应更多地考虑经济发展与生态环境的协同，因此，指标的计算和排位并不能作为唯一的标准来衡量所有的县域，从包容性发展的角度看，民勤的发展不宜过快，考虑到水资源的制约，发展的可持续性将是民勤县域发展的最大挑战。

（3）古浪县经济综合竞争力排位 48 位，居中游区域。古浪县没有绝对比较优势的指标，只有政府作用竞争力 1 项指标进入上游区域的第二层次，位居第 22 位，是古浪县经济竞争力具有一般比较优势的指标；古浪县的金融资本竞争力（第 28 位）、人力资源竞争力（第44位）和宏观经济竞争力（第51位）3项指标居76个县（市、区）的中游区域，是古浪县县域经济竞争力的中势指标；古浪县的产业竞争力和基础设施竞争力排序较低，分别位列第57和54位，属下游区域的第一层次，是古浪县经济竞争力具有一般比较劣势的指标。从前面的分析和表6及图5中可以看出，古浪县6项指标中，优势、中势和劣势指标分别有1项、4项和1项，县域经济竞争力发展整体水平不高，还缺乏带动县域经济综合竞争力提升的增长点。

（4）天祝县在武威市所辖的4个县域中，是经济综合竞争力最弱的县域。天祝县没有绝对优势指标；其金融资本竞争力和宏观经济竞争力进入上游区域第二层次，分别位列76个县（市、区）的第24和25位，属于天祝县的一般比较优势指标；天祝县的产业（第28位）、人力资源（第30位）和基础设施（第46位）三方面竞争力居76个县（市、区）的中游区域靠前位置，是天祝县县域经济发展的中势指标；但是，天祝县政府作用竞争力是经济发展的绝对劣势指标，影响到经济综合竞争力的整体排序。与古浪县相比可以看出，天祝县除政府作用竞争力外，其他各项指标都明显优于古浪县，其优势、中势和劣势指标分别有3项、2项和1项，在2010年的评价中，天祝县的排序也在古浪县之前，但是，两年间因为政府作用竞争力1项指标落后，导致整体排序下降，这是一个典型案例。

六 张掖市所辖县域经济竞争力评价分析

张掖市地处甘肃省河西走廊中段，以"张国臂掖，以通西域"而得名，史称甘州。张掖素有"桑麻之地"、"鱼米之乡"之美称，是全国历史文化名城之一。所辖甘州区、肃南县、民乐县、临泽县、高台县和山丹县 6 县区。

（一）2012 年张掖市辖县经济综合竞争力整体分析

如表 7 和图 6 所示，张掖市所辖 6 个县域经济综合竞争力整体属中等水平。

表 7　2012 年张掖市辖县社经济竞争力各项指标排序及变动情况

项目	经济竞争力排序	宏观经济竞争力排序	产业竞争力排序	金融资本竞争力排序	基础设施竞争力排序	人力资源竞争力排序	政府作用竞争力排序
甘州区	4	7	12	5	4	6	34
肃南县	38	15	38	41	53	7	68
民乐县	49	42	60	48	31	32	55
临泽县	30	32	46	31	17	19	42
高台县	22	29	56	32	19	18	16
山丹县	37	41	346	29	28	62	
均　值	30.00	27.67	41.00	36.50	22.17	18.33	46.17
极　差	45.00	35.00	48.00	57.00	49.00	26.00	52.00
方　差	242.80	198.27	302.00	369.10	313.77	112.27	376.17
标准差	15.58	14.08	17.38	19.21	17.71	10.60	19.40

从排名情况看，6 县平均排序 30 位，居中游水平前列。其中进入上游水平第一层次的县（区）只有甘州区 1 个，其经济竞争力综合水平排序分别为第 4 位，居上游区域的第一层次，其经济综合竞争力水平具有绝对比较优势；高台县居上游水平第二层次，位列第 22 位，是经济综合竞争力一般比较优势的县域；而临泽县（第 30 位）、肃南县（第 38 位）、山丹县（第 37 位）和民乐县（第 49 位）4 县县域经济竞争力整体水平居全省

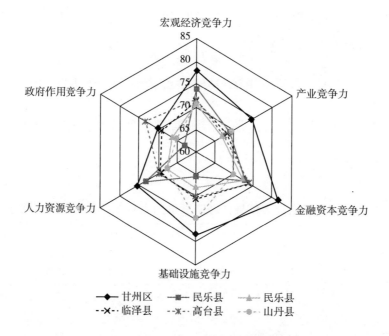

图6 张掖市县域经济竞争力各项指标得分比较

中游区域，具有一定的发展潜力。张掖市总体排序位次极差高达45位，说明张掖市下辖6个县域经济发展水平不一，县域发展差距较大。

从各项指标的平均排序方面看，6个县整体水平最好的是人力资源竞争力，平均排序18.33位，居全省76个县（市、区）的前位，属上游区域第二层次；整体水平最弱的是政府作用竞争力子系统，平均排序第46.17位。

从各项指标差异性看，除人力资源竞争力指标外，其他5项指标极差都非常大，均在35位以上，他们依次为金融资本竞争力（57位）、政府作用竞争力（52位）、基础设施竞争力（49位）、产业竞争力（48位）和宏观经济竞争力（35位），说明张掖市6个县域间经济发展水平差异较明显，大多数指标的差距都比较大。

从发展势头看，较 2010 年的排序，6 个县域中有 3 个县域排位上升，3 个下降，县域发展两极分化特征明显。在上升的县域中，以高台县上升幅度最大，位次上升了 13 位，从中游跻身上游区域的第二层次。

（二）2012 年张掖市辖县经济综合竞争力分项指标分析

从经济竞争力的 6 个子系统看，张掖市所辖的 6 个县（区）具有如下特征（见表 7）。

（1）甘州区是张掖市 6 个县域中经济发展水平最好的县域，也是市经济、文化中心。甘州区的基础设施竞争力、金融资本竞争力、人力资源竞争力和宏观经济竞争力 4 项指标均位居 76 个县（市、区）的前列，进入上游区域的第一层次，分别位列第 4、第 5、第 6 和第 7 位，是甘州区经济竞争力具有绝对比较优势的指标；此外，甘州区的产业竞争力指标排序第 12 位，居上游区域第二层次，是甘州区县域经济竞争力一般比较优势指标；但是相比较其他方面，甘州区的政府作用竞争力位序较低，列第 34 位，居 76 个县（市、区）的中游区域，是甘州区县域经济竞争力亟待进一步改善的制约因素；甘州区没有经济竞争力劣势的指标。可以看出，甘州区经济竞争力的 6 项指标中优、中、劣势指标分布分别为 5 项、1 项和 0 项，属典型的倒金字塔形分布，经济综合竞争力整体水平较好，但仍存在"短板"。

（2）肃南县经济综合竞争力排序位列 76 个县域的第 38 位，居中游区域。其人力资源竞争力指标位序进入上游区域的第一层次，位列第 7 位，是肃南县经济发展具有绝对比较优势的指标；肃南县宏观经济竞争力指标进入上游区域第二层次，列第 15 位，是肃南县经济发展具有一般比较优势的指标；肃南县的产业竞争力（第

38 位）和金融资本竞争力（第 41 位）两个指标居 76 个县（市、区）的中游区域，是县域经济发展的中势指标；基础设施竞争力和政府作用竞争力两项指标排序较低，分别列第 53 位和 68 位，分属下游区域的第一和第二层次，是肃南县经济竞争力不具竞争优势的指标；在肃南县经济竞争力的 6 项指标中，优势、中势和劣势指标分别有 2 项、2 项和 2 项，属典型的圆柱形分布特征，说明肃南县县域发展水平整体较好，但各项指标发展程度不一，发展不均衡问题较为突出。

（3）民乐县综合经济竞争力在张掖 6 个县域中最弱，位居 76 个县域的第 49 位，居中游偏下水平。民乐县没有进入上游区域指标；其基础设施竞争力（第 31 位）、人力资源竞争力（第 32 位）、宏观经济竞争力（第 42 位）和金融资本竞争力（第 48 位）4 项指标居 76 个县（市、区）的中游区域，是民乐县县域经济发展的中势指标；相比较，民乐县的政府作用竞争力和产业竞争力排序较低，分别位列 76 个县（市、区）中的第 55 位和第 60 位，属下游区域的第一层次，是民乐县经济发展中不具竞争力的一般比较劣势指标。可以看出，民乐县 6 项指标中，优势、中势和劣势指标分布为 0 项、4 项和 2 项，呈纺锤形分布，说明民乐县县域经济竞争力属中等偏下层次，除政府作用竞争力和产业竞争力指标排序靠后以外，其余 4 项指标发展同步但发展速度不快，中庸的发展模式导致位次排名较 2010 年排序下滑 6 个位次，在全市的排序也有所降低。

（4）临泽县经济综合竞争力排序第 30 位，居中游区域前列。临泽县没有经济竞争力绝对优势的指标；基础设施竞争力（第 17 位）和人力资源竞争力（第 19 位）两项指标继续保持了较好的发展态势，进入上游区域第二层次，是临泽县经济发展中具有一般比较优势的指标；临泽县的金融资本竞争力（第 31 位）、宏观经济

竞争力（第 32 位）、政府作用竞争力（第 42 位）和产业竞争力
（第 46 位）等 4 项指标居 76 个县（市、区）的中游区域，是临泽
县县域经济竞争力的中势指标，具有一定发展潜力；临泽县没有进
入下游区域指标。可以看出，临泽县 6 项指标中，优势、中势和劣
势指标分布为 2 项、4 项和 0 项，属于综合情况较好的纺锤形发展
县域，经济竞争力属中等偏上层次，6 项指标发展较为同步，尽管
排名并不突出，但实际水平较好。

（5）高台县是张掖市在本评价年度位次上升最快的县域，从
2010 年排序的 35 位上升到 22 位，上升了 13 位，由中游区域跻身
上游区域第二层次，成为张掖市除甘州区之外经济发展最好的县
域。高台县没有经济竞争力绝对比较优势的指标；其政府作用竞争
力、人力资源竞争力和基础设施竞争力，分别排序第 16、18 和 19
位，居上游区域第二层次，是高台县经济发展中具有一般比较优势
的指标；高台县的宏观经济竞争力（第 29 位）和金融资本竞争力
（第 32 位）两项指标居 76 个县（市、区）的中游区域前部，是高
台县县域经济竞争力的中势指标；但是高台县的产业竞争力指标排
序较低，位列第 56 位，属下游区域的第一层次，这是高台县经济
发展的"短板"所在；高台县没有经济竞争力绝对优势的指标。
可以看出，高台县经济竞争力的 6 项指标中，优势、中势和劣势指
标分别有 3 项、2 项和 1 项，呈倒金字塔形分布，除产业竞争力偏
低外，其经济各项指标发展程度相对平衡，近 2 年的发展速度较
快，有了大的飞跃，还有较好的经济发展潜力可挖。

（6）山丹县的经济综合竞争力位列 76 个县域的第 37 位，居中
游水平。山丹县的基础设施竞争力（第 9 位）指标进入上游区域
的第一层次，是山丹县经济发展具有绝对比较优势的指标；其人力
资源竞争力（第 28 位）、产业竞争力（第 34 位）和宏观经济竞争

力（第 41 位）3 项指标位居 76 个县（市、区）的中游区域，是山丹县县域经济竞争力的中势指标；山丹县的政府作用竞争力和金融资本竞争力指标排序较低，都位列第 62 位，属下游区域的第一层次，是山丹县经济竞争力的绝对劣势指标。可以看出，山丹县 6 项指标中，优势、中势和劣势指标分别有 1 项、3 项和 2 项，但因弱势指标过低，指标发展不平衡，影响到县域综合竞争力的整体排序，个别指标的发展水平有待进一步提高。

七　酒泉市所辖县域经济竞争力评价分析

酒泉市位于甘肃省西北部、河西走廊西端，东与张掖地区相连，南靠青海省，西邻新疆维吾尔自治区，北与内蒙古自治区的额济纳旗接壤，并与蒙古国交界。酒泉古称肃州，以"城下有泉"、"其水若酒"而得名。酒泉历来是亚欧大陆东西往来的要冲，古丝绸之路的必经之地。所辖肃州区、金塔县、瓜州县、肃北县、阿克塞县、玉门市、敦煌市等 7 县（市、区）。

（一）2012 年酒泉市辖县经济综合竞争力整体分析

如表 8 所示，酒泉市所辖 7 县（区）社会发展综合水平整体上居全省前列。

从排名情况看，7 县平均排 13 位，居上游区域。除阿克塞（第 36 位）处于中游区域外，其他 6 个县（市、区）全部进入上游区域，其中进入上游水平第一层次的县（区）有肃州区、玉门市、敦煌市和肃北县 4 个县域，经济竞争力综合水平排序分别位列第 1、5、8 和 10 位，几乎占据全省县域经济发展 10 强的半壁江山，也占到酒泉市所辖县域总数的六成以上，其经济竞争力综合水

表 8　2012 年酒泉市辖县经济竞争力各项指标排序及变动情况

项目	经济竞争力排序	宏观经济竞争力排序	产业竞争力排序	金融资本竞争力排序	基础设施竞争力排序	人力资源竞争力排序	政府作用竞争力排序
肃州区	1	4	1	1	1	1	24
金塔县	15	17	13	18	38	14	20
瓜州县	16	9	10	7	26	21	70
肃北县	10	1	14	49	12	11	56
阿克塞	36	26	33	58	13	8	73
玉门市	5	2	3	4	18	16	40
敦煌市	8	8	7	2	25	13	32
均　值	13.00	9.57	11.57	19.86	19.00	12.00	45.00
极　差	35	25	32	57	37	20	53
方　差	130.67	81.62	112.62	566.48	142.67	40.00	465.00
标准差	11.43	9.03	10.61	23.80	11.94	6.32	21.56

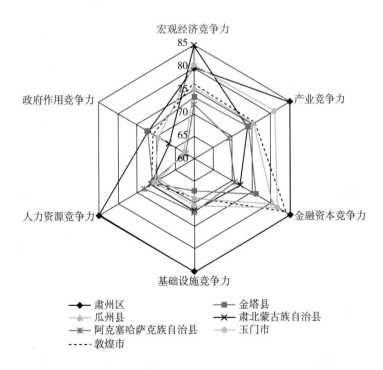

图 7　酒泉市县域经济竞争力各项指标得分比较

平具有绝对比较优势；瓜州和金塔2县居上游区域第二层次，分别位列第15和16位，是经济竞争力具有一般优势的指标。整体上看，酒泉市总体排序位次极差不大，下辖7个县域经济发展较为均衡，水平都比较好，是全省县域发展的"排头兵"。

从各项指标的平均排序方面看，7个县域整体水平最低的是政府作用竞争力指标，平均排序45位，居中游区域，说明在酒泉市经济竞争力的各项指标中，辖县政府作用竞争力方面是需要关注的重点。

从各项指标差异性看，酒泉市7县位次排序差异比较大的指标有2项，依次是金融资本竞争力和政府作用竞争力指标，位次极差分别为57和53位，其标准差也比较高，分别是23.8和21.56，说明这些指标在酒泉市辖县间的差异性非常大，县域间发展水平不平衡，是影响县域整体发展水平的因素。除此之外，基础设施竞争力和产业竞争力两项指标排序极差也在30位以上，多项指标差距都十分明显。表8中也可以直观印证上述判断，尽管酒泉市所辖的7个县域经济竞争力综合平均得分较好，但各县域经济发展的优势不尽相同，今后应在整合资源和协同发展方面予以强化。

从7个县（市、区）排序的分布特征看，酒泉市县域经济发展水平整体较好，除阿克塞6项子系统排序分布呈圆柱形外，其余6县（市、区）均呈倒金字塔形分布。

从发展势头看，与2010年排序比较，除肃州区一直保持第1位外，另6个县域中有3个县域位次排名有所上升，另有3个有所下降，但无论上升还是下降，都是在较小的范围内变动，属正常调整范畴，说明酒泉市县域整体竞争力水平在评价的76个县域中，竞争优势仍无可撼动。其中辖县中排位最后的阿克塞县位次上升了5位，说明市辖县域间的经济发展正趋于一致。

（二）2012 年酒泉市辖县经济综合竞争力分项指标分析

从经济竞争力 6 个子系统看，酒泉市所辖的 7 个县（区）具有如下特征（见表 8）。

（1）肃州区长期以来一直是全省县域发展水平最好的县域之一，也是酒泉市县域发展的"领头羊"。肃州区的人力资源竞争力、基础设施竞争力、金融资本竞争力、产业竞争力和宏观经济竞争力 5 项指标均位居 76 个县（市、区）的前位，进入上游区域的第一层次，除宏观经济竞争力（第 4 位）外，其他 4 项均位列第 1 位，竞争优势毋庸置疑，是肃州区经济竞争力具有绝对比较优势的指标；此外，肃州区政府作用竞争力指标排序第 24 位，居上游区域第二层次，是肃州区县域经济竞争力一般比较优势的指标，但是，相比较其他方面，肃州区在政府作用方面的潜力还未充分挖掘，成为制约肃州区经济社会综合发展的因素之一；肃州区没有经济综合发展的中势和劣势的指标。从上面分析及表 8 和图 7 所示内容可以看出，肃州区经济竞争力的 6 项衡量指标全部具有优势水平，属典型的倒金字塔形，经济竞争实力不俗。对于肃州区来说，仅仅着眼于做甘肃省县域发展的"领头羊"已远远不够，突破瓶颈、实现县域经济的跨越式发展和冲击西部，甚至全国百强县域才是县域未来发展的重点目标。

（2）金塔县是典型的整体发展中庸但水平较好的县域，其尽管没有特别突出和具有绝对竞争优势指标，但产业竞争力、人力资源竞争力、宏观经济竞争力、金融资本竞争力和政府作用竞争力 5 项指标排序分别位居 76 个县（市、区）的第 13、14、17、18 和 20 位，进入上游区域的第二层次，是县域经济竞争力的一般优势指标；金塔县的基础设施竞争力（第 38 位）指标位居 76 个县

（市、区）的中游区域，是金塔县县域经济竞争力的中势指标；金塔县没有经济竞争力劣势的指标。可以看出，金塔县经济竞争力的6项指标中，优势、中势和劣势指标分别有5项、1项和0项，各项子系统指标排序较为平衡，层次较一致，使得县域整体经济实力较好。

（3）瓜州县的金融资本竞争力、宏观经济竞争力和产业竞争力3项指标排序位居76个县（市、区）的前位，进入上游区域的第一层次，分列第7、9和10位，是瓜州县经济竞争力具有绝对比较优势的指标；瓜州县进入上游区域第二层次的是人力资源竞争力指标，位居第21位，是瓜州县经济竞争力的一般优势指标；瓜州县的基础设施竞争力（第26位）指标居76个县（市、区）的中游区域，是瓜州县县域经济竞争力的中势指标；但是瓜州县的政府作用竞争力指标水平较低，列全省第70位，属下游区域的第二层次，是瓜州县经济竞争力具有绝对比较劣势的指标，也是制约瓜州县经济发展水平提高的"短板"所在。可以看出，瓜州县6项指标中，优势、中势和劣势指标分布为4项、1项和1项，呈倒金字塔形分布，尽管整体水平居上游层次，但是经济发展不均衡现象也比较突出，两极分化问题比较明显，从长远发展来说，需要尽快解决制约经济发展的突出问题，以便提高县域经济发展的整体水平。

（4）肃北县的宏观经济竞争力指标位居甘肃76个县（市、区）的第1位，进入上游区域的第一层次，是肃北县经济竞争力最具有绝对比较优势的指标；人力资源竞争力、基础设施竞争力和产业竞争力三项指标进入上游区域第二层次，分别位列第11、12和14位，是县域经济发展的一般比较优势指标；肃北县的金融资本竞争力（第49位）是县域经济发展的中势指标，排名较后，需要下功夫挖掘潜力；政府作用竞争力（第56位）指标水平较低，属下游区域第一层次，是县域经济竞争力的一般劣势指标。可以看出，肃北县 6 项指标中优势、中势和劣势指标分布为 4 项、1 项和 1 项，呈倒金字塔形分布，尽管肃北县经济综合发展的评分较好，但是县域内经济各项指标发展差异较大，存在两极分化现象，从长远发展来说，需要尽快解决制约经济竞争力的突出问题，以便实现县域的跨越式发展目标。

（5）阿克塞县是本评价年度酒泉市发展最弱的县域，排序第 36 位，但从全省层面看，仍居中游水平前列。其人力资源竞争力 1 项指标位居 76 个县（市、区）的前列，进入上游区域的第一层次，位序第 8 位，是阿克塞县经济竞争力具有绝对比较优势的指标；阿克塞县的基础设施竞争力（第 13 位）指标进入上游区域的第二层次，是县域经济竞争力的一般比较优势指标；宏观经济竞争力和产业竞争力两项指标分别位列第 26 位和第 33 位，属中游区域，是县域经济竞争力的中势指标；但是其政府作用竞争力和金融资本竞争力两项指标排序落后，分别位列第 73 位和第 58 位，分别属下游区域的第二层次和第一层次，是县域经济竞争力的绝对劣势和一般劣势指标。可以看出，阿克塞县经济竞争力的 6 项指标中，优势、中势和劣势指标分别有 2 项、2 项和 2 项，呈典型的圆柱形分布，优势不强，但"短板"明显，存在较为严重的两极分化现象，是制约县域经济综合发展的主要因素。

（6）玉门市是除肃州区外酒泉市的第二强县，其宏观经济竞争力、产业竞争力和金融资本竞争力 3 项指标分别位列全省 76 个县（市、区）的第 2、3 和 4 位，进入上游区域的第一层次，是玉门市经济竞争力具有绝对比较优势的指标；玉门市人力资源竞争力和基础设施竞争力 2 项指标排序分别为第 16 和 18 位，属上游区域的第二层次，是县域经济竞争力的一般比较优势指标；玉门市的政府作用竞争力指标位列第 40 位，归属中游区域，是县域经济竞争力的中势指标；玉门市没有经济竞争力劣势的指标。可以看出，玉门市经济综合竞争力的 6 项子系统指标中，优势、中势和劣势指标分别有 5 项、1 项和 0 项，呈比较典型的倒金字塔形特征，说明玉门市县域经济综合竞争力水平较好，除政府作用竞争力外，其余方面发展较为均衡，县域经济竞争力的可持续水平较高。

（7）敦煌市经济综合竞争力位列 76 个县域的第 8 位，是酒泉市另一个发展综合水平较好、各项指标较为平衡的县域。其金融资本竞争力、产业竞争力和宏观经济竞争力 3 项指标居全省 76 个县（市、区）前列，分别列居第 2、7 和 8 位，居上游区域的第一层次，它们是敦煌市经济竞争力具有绝对比较优势的指标；敦煌市人力资源竞争力和基础设施竞争力 2 项指标排序第 13 和 25 位，属上游区域的第二层次，是县域经济竞争力的一般比较优势指标；但是同时，其政府作用竞争力指标排序相对其他指标有所落后，其位列第 32 位，归属中游区域前位，是县域经济综合竞争力的中势指标，尚待挖掘潜力；敦煌市没有经济竞争力劣势的指标。可以看出，在敦煌市经济竞争力的 6 项指标中，优势、中势和劣势指标分别有 5 项、1 项和 0 项，也是典型的倒金字塔形发展模式，说明敦煌市县域经济竞争力的综合水平较好，经济的各个方面发展较为均衡，目前，作为"丝绸之路经济带"的一个关键节点，敦煌市尚有更大的发展空间。

八 平凉市所辖县域经济竞争力评价分析

平凉市地处位于甘肃省东部，地处陕、甘、宁三省区交汇处地理大三角的几何中心，东邻陕西咸阳，西连甘肃定西、白银，南接陕西宝鸡和甘肃天水，北与宁夏固原、甘肃庆阳毗邻，是古"丝绸之路"必经重镇，素有陇上"旱码头"之称。所辖崆峒区、泾川县、灵台县、崇信县、华亭县、庄浪县、静宁县等 7 个县区。

（一）2012 年平凉市辖县经济综合竞争力整体分析

如表 9 所示，平凉市所辖 7 县（区）经济竞争力综合水平整体上属中游水平。

表 9　2012 年平凉市辖县经济竞争力各项指标排序及变动情况

项目	经济竞争力排序	宏观经济竞争力排序	产业竞争力排序	金融资本竞争力排序	基础设施竞争力排序	人力资源竞争力排序	政府作用竞争力排序
崆峒区	6	10	8	6	16	9	12
泾川县	26	40	49	29	24	22	10
灵台县	46	48	62	53	30	52	23
崇信县	31	21	32	34	22	41	47
华亭县	7	6	15	14	14	3	41
庄浪县	39	54	69	54	20	24	15
静宁县	44	49	67	35	35	36	19
均　值	28.43	32.57	43.14	32.14	23.00	26.71	23.86
极　差	40.00	48.00	61.00	48.00	21.00	49.00	37.00
方　差	272.95	395.29	629.81	324.48	55.67	305.90	210.81
标准差	16.52	19.88	25.10	18.01	7.46	17.49	14.52

从排名情况看，7 县平均排序第 28.43 位，居中游区域。7 个县（市、区）中，经济发展水平排序进入上游区域的有 2 个县域，占平凉市 7 个辖县总量的 28.57%，它们是崆峒区（第 6 位）和华亭县（第 7 位），经济综合竞争力水平具有比较优势；泾川、崇信、庄浪、静宁和灵台 5 个县域分别位列第 26、31、39、44 和 46

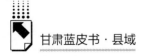
位，分布在中游区域，其经济综合竞争力水平属中势。整体上看，平凉市所辖 7 个县域排序位次极差不大，整体发展水平较为均衡。

从各项指标排序看，7 个县域整体水平最低的是产业竞争力、宏观经济竞争力和金融资本竞争力 3 项指标，平均排序分别为 43.14、32.57 和 32.14 位，作为陇东以农业为主的城市，平凉市县域产业竞争力、宏观经济竞争力和金融资本竞争力 3 个方面发展较其他方面比较滞后，县域间这些方面的差距也相对较大。

从指标差异性看，平凉市 7 个县域发展各个方面差异较大，极差最小的基础设施竞争力位次差异也在 21 位，而产业竞争力、人力资源竞争力、宏观经济竞争力和金融资本竞争力等 4 项指标，位次差异分别达到 61、49、48 和 48 位，说明平凉市 7 个县（市、区）经济发展水平不一，问题也不尽相同（见表 9 和图 8）。

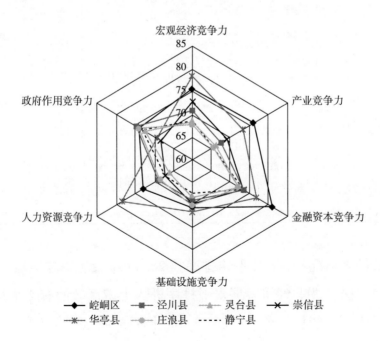

图 8 平凉市县域经济竞争力各项指标得分比较

从发展势头看，与 2010 年的排序比较，平凉市下辖 7 个县中，除华亭县位次保持未变，静宁县稍有下降外，其余 5 个县域排位都有上升。其中，以崇信县和灵台县位次上升最快，分别上升了 18 位和 10 位，平凉市辖县县域经济整体上处于上升通道，势头较好。

（二）2012 年平凉市辖县经济综合竞争力分项指标分析

从经济综合竞争力的 6 个子系统看，平凉市所辖的 7 个县（市、区）具有如下特征（见表 9 和图 8）。

（1）崆峒区是平凉市县域经济发展最好的县域，其经济综合竞争力位列全省第 6 位，比 2010 年排序位次上升了 5 位，是上游区域第一层次中位次上升幅度最大的县域。崆峒区的金融资本竞争力、产业竞争力、人力资源竞争力和宏观经济竞争力 4 项指标名列 76 个县（市、区）前茅，进入上游区域的第一层次，分别位列第 6、8、9 和 10 位，是崆峒区经济发展具有绝对比较优势的指标；此外，崆峒区政府作用竞争力和基础设施竞争力两项指标分别排序第 12 和 16 位，居上游区域第二层次，是崆峒区县域经济发展具有一般比较优势的指标；崆峒区没有经济发展指标处于下游区域。可以看出，崆峒区社会发展的 6 项衡量指标中优、中、劣势指标分布为 6 项、0 项和 0 项，是最具优势的倒金字塔形，各项经济指标均衡发展，是当前甘肃省县域最具可持续发展潜力的最优模式。

（2）泾川县经济综合竞争力位居第 26 位，处在中游区域的第一位。泾川县的政府作用竞争力指标位列 76 个县（市、区）的第 10 位，进入上游区域的第一层次，是泾川县经济竞争力具有绝对比较优势的指标；泾川县的人力资源竞争力（第 22 位）和基础设施竞争力（第 24 位）两项指标居 76 个县（市、区）的上游区域第二层次，是泾川县县域经济综合竞争力的一般比较优势指标；金融资本竞争力（第29位）、宏观经济竞争力（第40位）和产业竞争力（第49位）3项指标居中游区域，是泾川县县域经济综合竞争力的中势指标；泾川县没有发展水平较低的劣势指标。泾川县经济竞争力的6项指标中，优势、中势和劣势指标分别有3项、3项和0项，位序呈倒金字塔形分布，可以看出，尽管泾川县县域经济竞争力综合排位居26位，在全省76个县域属中游偏上水平，但是泾川县县域经济各个方面发展较为均衡，是比较典型的中庸发展县域。如果能尽快找到突破口，具有实现跨越式发展的基础。

（3）灵台县是平凉市7个县区中经济发展较弱的县域，位居第46位，处于中游区域。灵台县的政府作用竞争力（第23位）居76个县（市、区）的上游区域第二层次，是灵台县县域经济竞争力的一般比较优势指标；灵台县的基础设施竞争力（第30位）和宏观经济竞争力（第48位）两项指标居76个县（市、区）的中游区域，是灵台县县域经济竞争力的中势指标；灵台县的人力资源竞争力、金融资本竞争力和产业竞争力相对比较落后，分别位居第52、53和62位，是灵台县县域经济竞争力的一般劣势指标。灵台县经济竞争力的6项指标中，优势、中势和劣势指标分别有1项、2项和3项，呈典型的正金字塔形分布。灵台县受地理区位偏僻的制约，严重缺乏资本投入，加之产业发展滞后，导致县域欠缺优势和特色，经济发展整体水平不高。但值得一提的是较之2010年的排序，灵台县经济综合竞争力排序上升了10个位次，可见，尽管有很多限制因素，县域发展的势头仍然没有被湮没。

（4）崇信县没有绝对优势的指标；其宏观经济竞争力和基础设施竞争力指标分别位列甘肃76个县（市、区）的第21和22位，居上游区域第二层次，是县域经济竞争力的一般比较优势指标；崇信县的产业竞争力（第32位）、金融资本竞争力（第34位）、人力资源竞争力（第 41 位）和政府作用竞争力（第 47 位）4 项指标居 76 个县（市、区）的中游区域，是崇信县县域经济竞争力的中势指标；崇信县没有经济发展的劣势指标。在经济综合竞争力的 6 项子系统指标中，优势、中势和劣势指标分别为 2 项、4 项和 0 项，是比较典型的纺锤形发展模式，没有优势，劣势也不十分突出，发展较为中庸。但是，比较 2010 年排序位次，崇信县位次排名上升了 18 位，增长势头迅猛，说明崇信县正在调整各项指标，逐步走出自己的特色。

（5）华亭县是继崆峒区后另一个跻身前 10 强的县域，与 2010 年排序的排序位次持平。其人力资源竞争力和宏观经济竞争力两项指标分列甘肃 76 个县市的第 3 和第 6 位，进入上游区域的第一层次，成为县域经济综合竞争力的绝对比较优势指标；同时，华亭县的金融资本竞争力、基础设施竞争力和产业竞争力 3 项指标进入上游区域的第二层次，分别位列 76 个县（市、区）的第 14、14 和 15 位，是华亭县县域经济发展具有一般比较优势的指标；与其他指标相比，华亭县的政府作用竞争力指标相对较低，居全省 76 个县区的第 41 位，处中游区域，是华亭县经济发展的中势指标。在经济竞争力的 6 项指标中，优势、中势和劣势指标分别有 5 项、1 项和 0 项，是比较典型的倒金字塔形，经济发展较为平衡，但由于政府作用竞争力排序偏后，影响到华亭县综合竞争力的排位。

（6）庄浪县经济综合竞争力位列第 39 位，居中游区域。其政府作用竞争力（第 15 位）、基础设施竞争力（第 20 位）和人力资源竞争力（第 24 位）3 项指标居上游区域第二层次，是县域经济发展的一般比较优势指标；庄浪县没有县域经济发展的中势指标，其宏观经济竞争力和金融资本竞争力两项指标，均居全省 76 个县（市、区）的第 54 位，处下游区域的第一层次，是庄浪县经济竞争力的一般劣势指标；庄浪县的产业竞争力指标，居全省 76 个县（市、区）的第 69 位，处下游区域的第二层次，是庄浪县经济竞争力的绝对劣势指标。在经济综合竞争力的 6 项指标中，优势、中势和劣势指标分别有 3 项、0 项和 3 项，是最典型的沙漏形发展模式，优势与劣势共生，特色与弱势并存，是典型的发展不均衡县域。但受到优势指标的带动，与 2010 年排序相比，庄浪县位次上升了 5 位，经济实力有所增长，可见，突出特色对于发展较为滞后的县域的促进作用更为明显。

（7）静宁县经济综合竞争力位居第 44 位，处中游区域。其政府作用竞争力指标在甘肃 76 个县（市、区）中排序第 19 位，居上游区域第二层次，是县域经济竞争力的一般优势指标；金融资本竞争力、基础设施竞争力、人力资源竞争力和宏观经济竞争力 4 项指标分列甘肃 76 个县市的第 35、35、36 和 49 位，属中游区域，是静宁县县域经济竞争力的中势指标；静宁县的产业竞争力指标相对较低，居全省 76 个县区的第 67 位，处下游区域的第二层次，是静宁县经济竞争力的绝对劣势指标。在经济竞争力的 6 项指标中，静宁县优势、中势和劣势指标分别有 1 项、4 项和 1 项，是比较典型的纺锤形发展模式，传统的农业县，经济发展较为中庸，缺乏亮点，导致经济综合竞争力稍显不足。

九　庆阳市所辖县域经济竞争力评价分析

庆阳市位于甘肃东部，习称"陇东"，古称"北豳"，地处黄河中游流域、甘肃东南端，东接陕西延安，西邻宁夏固原，南连陕西咸阳、铜川及本省平凉，北靠宁夏银南，是宁夏通往关中的必经之路，古有"控振萧关，襟带秦岭"之誉，是驰名世界的"黄河古象"的故乡，刺绣、剪纸、皮影、道情堪称庆阳"四绝"。所辖西峰区、庆城县、环县、华池县、合水县、正宁县、宁县、镇原县8 个县（区）。

（一）2012 年庆阳市辖县经济综合竞争力整体分析

如表 10 所示，庆阳市所辖 8 县（区）经济竞争力综合水平整体上属中游偏上水平。

表 10　2012 年庆阳市辖县经济竞争力各项指标排序及变动情况

项目	经济竞争力排序	宏观经济竞争力排序	产业竞争力排序	金融资本竞争力排序	基础设施竞争力排序	人力资源竞争力排序	政府作用竞争力排序
西峰区	3	5	2	3	8	4	7
庆城县	23	14	23	17	49	37	37
环　县	12	19	11	33	34	66	1
华池县	21	13	9	52	44	33	44
合水县	52	46	20	43	58	76	35
正宁县	53	53	58	38	47	63	29
宁　县	33	39	22	22	32	72	31
镇原县	32	31	19	63	62	57	5
均　值	28.63	27.50	20.50	33.88	41.75	51.00	23.63
极　差	50	48	56	60	54	72	43
方　差	313.41	301.14	283.14	379.55	293.36	600.00	277.41
标准差	17.70	17.35	16.83	19.48	17.13	24.49	16.66

从排名情况看，8 县平均排序 28.63 位，居中游区域，靠近上游边缘。8 个县（市、区）进入上游区域第一层次的只有西峰区 1 个县域，仅占庆阳市 8 个辖县总量的 12.5%，其经济竞争力综合水平排序为全省第 3 位，经济竞争力综合水平具有绝对优势；环

县、华池县和庆城县进入上游区域的第二层次，分别位列全省76个县（市、区）的第12、21和23位，经济竞争力综合水平具有一般比较优势；进入中游区域的是镇原县和宁县，占庆阳市所辖县域总量的25%，它们的经济竞争力综合水平排序分别为第32和33位，经济竞争力属中势水平；排名最低的是合水县和正宁县，分别列居第52和53位。整体上看，庆阳市所辖8个县域在上、中、下游都有分布，经济实力和发展水平较为分散。

从各项指标的平均排序方面看，8个县域整体水平最好的是产业竞争力和政府作用竞争力两项指标，平均排序分别为20.50和23.63，属全省的上游水平；最低的是人力资源竞争力和基础设施竞争力两项指标，平均排序分别为51和41.75位，居中游区域后部，这与庆阳地理区位有较大关系。

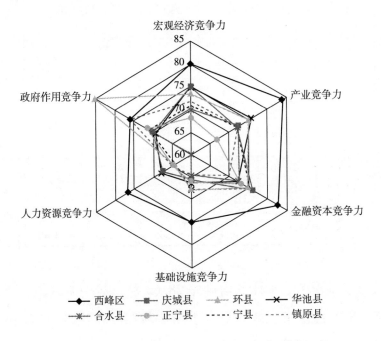

图9 庆阳市县域经济竞争力各项指标得分比较

从表 10 和图 9 中可以看到，庆阳市下辖的 8 个县域经济综合竞争力 6 项子系统指标中，所有指标极差的最小值达到 43 位，而人力资源竞争力极差竟高达 72 位，在同一个市辖区域中，这个差异过于巨大。作为甘肃省域发展战略中"两翼"之一，庆阳市在发展能源经济的同时，亟待兼顾区域整体经济实力的提升，改变目前西峰区一枝独秀的发展局面，从产业、集群、循环经济着手，带动庆阳市所辖各县从传统农业模式向工业化、城镇化目标迈进。

从发展势头看，较之 2010 年排序，庆阳市下辖的 7 个县域中，位次排名上升的县域有 4 个，另有 3 个位次有所下降，位次上升幅度总体上大于下降幅度，说明庆阳市整体进入上升期，但发展不均衡特征在 13 个市（州）中最为明显。在位次上升的县域中，环县位次上升最多，达到 35 位，这也是本评价期间位次变动最大的县域。可以看出，依托能源基础，"两翼"之一的庆阳正在快速张开腾飞的翅膀。

（二）2012 年庆阳市辖县经济综合竞争力分项指标分析

从经济综合竞争力 6 个子系统看，庆阳市所辖的 8 个县（区）具有如下特征（见表 10 和图 9）。

（1）西峰区是庆阳市经济、社会、文化的中心，经济发展最好。西峰区经济发展较为均衡，各项指标发展水平都比较好。其中：产业竞争力、金融资本竞争力、人力资源竞争力、宏观经济竞争力、政府作用竞争力和基础设施竞争力 6 项指标位居 76 个县（市、区）的前位，分列第 2、3、4、5、7 和 8 位，是西峰区经济竞争力具有绝对比较优势的指标。可以看出，西峰区经济竞争力的 6 项衡量指标中优、中、劣势指标分布为 6 项、0 项和 0 项，且所有优势指标都居上游第一层次，经济竞争力整体发展较好，是最优的倒金字塔形模式。

（2）庆城县经济综合竞争力位居第23位，居上游区域第二层次。其宏观经济竞争力、金融资本竞争力和产业竞争力3项指标排序分列76个县（市、区）的第14、17和23位，进入上游区域的第二层次，是庆城县县域经济竞争力的一般比较优势的指标；此外，县域的政府作用竞争力（第37位）、人力资源竞争力（第37位）和基础设施竞争力（第49位）的发展水平居76个县（市、区）的中游区域，是县域经济综合竞争力的中势指标；庆城县县域没有经济竞争力劣势的指标。庆城县经济竞争力的6项指标中，优势、中势和劣势指标分别有3项、3项和0项，呈倒金字塔形分布，但发展水平不是特别均衡，这成为导致庆城县位次波动的一个主要因素。

（3）环县从2010年庆阳市8个县域中经济发展排序最末的县域，一跃成为本年度排位仅次于西峰区的第二位，位次上升幅度巨大（35位）。其中，环县的政府作用力指标进入上游区域第一层，位列全省第1位，是环县经济发展具有绝对比较优势的指标；此外，环县的产业竞争力和宏观经济竞争力两项指标，进入上游区域第二层，分别位列76个县（市、区）的第11和19位，是环县经济发展具有一般比较优势的指标；金融资本竞争力和基础设施竞争力两项指分别位列76个县（市、区）的第33和34位，属中游区域，是环县经济竞争力的中势指标；较其他指标，人力资源竞争力排序偏后，居76个县（市、区）的下游区域第二层次，是其县域经济竞争力的绝对劣势指标。环县优势、中势和劣势指标分别有3项、2项和1项，呈比较典型的倒金字塔分布特征，"优者优、弱者弱"现象比较突出。观察环县近2年的经济发展，可以看出，资源开发带动作用较大，2012年，南湫风电场10万千瓦风电提前实现并网发电，实现产值 4000 万元；原油产量突破 110 万吨；全县创办小微企业 81 户，新增个体工商户 945 户，实现地方规模以上工业增加值 1.63 亿元，表明环县经济进入快速增长期。但是，以能源开发为主的经济发展模式，在快速增长期，更需注意经济与社会、环境的协调发展。

（4）华池县是庆阳市位次排序增长速度第二的县域，它从 2010 年排序的 38 位上升 17 个位次，跻身上游区域第二层次。华池县的产业竞争力指标居 76 个县（市、区）的前列，位列第 9 位，进入上游区域第一层次，是华池县经济发展的绝对比较优势指标；宏观经济竞争力指标位列甘肃 76 个县市的第 13 位，属上游区域的第二层次，是华池县县域经济竞争力的一般比较优势指标；华池县的人力资源竞争力（第 33 位）、基础设施竞争力（第 44 位）和政府作用竞争力（第 44 位）3 项指标居 76 个县（市、区）的中游区域，是县域经济竞争力的中势指标；其金融资本竞争力指标位列第 52 位，属下游区域的第一层次，是县域经济竞争力的一般劣势指标。华池县的优势、中势和劣势指标分别有 2 项、3 项和 1 项，呈纺锤形分布特征，具有较为明显的不均衡特性。近 2 年，华池县经济的快速增长主要依赖于矿产资源和新能源开发，围绕"红、黑、绿、黄"四大特色培育优势产业，带动经济的快速发展。但是，作为新兴经济的县域，基础设施建设还稍显滞后，有待进一步增强。

（5）合水县经济综合竞争力位居第 52 位，处 76 个县（市、区）的下游区域第一层次。合水县的产业竞争力指标位列的第 20 位，处于上游区域的第二层次，是县域经济竞争力的一般比较优势指标；此外，合水县的政府作用竞争力（第 35 位）、金融资本竞争力（第 43 位）和宏观经济竞争力（第 46 位）3 项指标居 76 个县（市、区）的中游区域，是合水县县域经济竞争力的中势指标；合水县的基础设施竞争力指标相对排名靠后，位列全省76个县（市、区）的第58位，处下游区域的第一层次，是合水县经济竞争力的一般劣势指标；另外，人力资源竞争力相对较落后，位居参评县域的末位，处下游区域的第二层次，是合水县的绝对劣势指标。在经济竞争力的6项指标中，优势、中势和劣势指标分别有1项、3项和2项，属发展质量较差的纺锤形分布，经济发展整体上特色不突出，存在明显的"优势不优、弱势更弱"的特征，经济综合发展能力趋弱。

（6）正宁县是庆阳市辖县中发展相对最弱的县域，位居第53位，处下游区域第一层次。正宁县没有经济竞争力优势的指标；其政府作用竞争力、金融资本竞争力和基础设施竞争力3项指标位列第29、38和47位，处于中游区域后部，是县域经济不具竞争力的中势指标；其宏观经济竞争力（第53位）、产业竞争力（第58位）和人力资源竞争力（第63位）3项指标居76个县（市、区）的下游区域第一层次，是县域经济竞争力的一般劣势指标。在经济竞争力的6项指标中，正宁县优势、中势和劣势指标分别有0项、3项和3项，呈正金字塔形分布，发展特色和优势的欠缺，是目前正宁县经济发展面临的首要问题。

（7）宁县经济综合竞争力位居76个县（市、区）的第33位，处中游区域。宁县没有经济竞争力的绝对比较优势指标；其产业竞争力和金融资本竞争力两项指标均位列76个县域的第22位，属上游区域第二层次，是县域经济发展的一般比较优势指标；同时，宁县的政府作用竞争力、基础设施竞争力和宏观经济竞争力3项指标分别位列76个县区的第31、32和39位，属中游区域，是县域经济竞争力的中势指标；相比较，宁县的人力资源竞争力指标相对落后，位列全省76个县区的第72位，处下游区域的第二层次，是县域经济竞争力的绝对劣势指标。在宁县经济竞争力的6项指标中，优势、中势和劣势指标分别有2项、3项和1项，纺锤形分布特征明显，经济发展的各个方面差距较大，强弱不一，整体上属于中等水平。

（8）镇原县的经济综合竞争力位居76个县（市、区）的第32位，处中游区域。镇原县的政府作用竞争力指标位列甘肃76个县（市、区）的第5位，属上游区域的第一层次，是镇原县县域经济竞争力的绝对比较优势指标；镇原县的产业竞争力指标，进入上游区域第二层次，位列第19位，具有一般比较优势；此外，镇原县的宏观经济竞争力（第31位）指标居76个县（市、区）的中游区域，是县域经济竞争力的中势指标；镇原县的人力资源竞争力、基础设施竞争力和金融资本竞争力3项指标相对排名靠后，分别位列全省76个县区的第57、62和63位，处下游区域的第一层次，是县域经济竞争力的一般劣势指标；镇原县没有经济竞争力绝对劣势指标。在经济竞争力的6项指标中，镇原县优势、中势和劣势指标分别有2项、1项和3项，呈沙漏形分布，经济发展有快有慢，水平不均衡，整体经济竞争力还有待提高。

十　定西市所辖县域经济竞争力评价分析

定西市北靠兰州，南临天水，是古丝绸之路重镇，素有"甘肃咽喉，兰州门户"之称，现在是东西大通道的必经之地。定西干旱少雨、光照充足、冷凉和无污染的气候条件，赋予了马铃薯、中药材等农产品独特的品质，尤其是中药材种植历史悠久，素有"千年药乡"之称。所辖安定区、通渭县、陇西县、渭源县、临洮县、漳县、岷县7个县（区）。

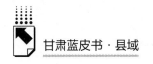
（一）2012 年定西市辖县经济竞争力整体状况分析

如表 11 和图 10 所示，定西市所辖 7 县（区）经济竞争力综合水平整体属下游水平。

表 11　2012 年定西市辖县经济竞争力各项指标排序及变动情况

项目	经济竞争力排序	宏观经济竞争力排序	产业竞争力排序	金融资本竞争力排序	基础设施竞争力排序	人力资源竞争力排序	政府作用竞争力排序
安定区	28	22	21	26	67	45	11
通渭县	58	57	40	70	45	35	45
陇西县	14	24	24	15	51	17	3
渭源县	57	56	68	68	75	27	6
临洮县	27	34	26	50	27	20	21
漳　县	75	66	51	71	71	71	75
岷　县	47	52	59	40	76	62	2
均　值	43.71	44.43	41.29	48.57	58.86	39.57	23.29
极　差	61.00	44.00	47.00	56.00	49.00	54.00	73.00
方　差	463.24	307.29	344.57	508.62	339.48	431.95	744.24
标准差	21.52	17.53	18.56	22.55	18.42	20.78	27.28

从排名情况看，7 个县平均排序 43.71 位，居下游区域，靠近中游边缘。所辖的 7 个县（市、区）中，陇西县（第 14 位）进入了上游区域第二层次，临洮县（27 位）、安定区（第 28 位）和岷县（第 47 位）3 个县域处于中游区域；而位于县域经济综合竞争力下游水平的县域有 3 个，占县域总数的 42.86%。其中，居下游区域第一层次，处于一般劣势层面的是通渭县（第 58 位）和渭源（第 57 位）；居下游区域第二层次，处于绝对劣势层面的是漳县（第 75 位）。整体上看，定西市所辖 7 个县域经济竞争力水平参差不齐，上游县域

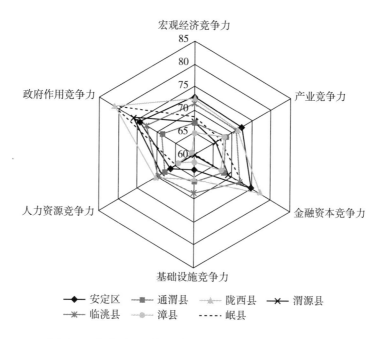

图 10 定西市县域经济竞争力各项指标得分比较

经济竞争力水平不高，下游县域居多且经济发展水平低、能力弱。

从各项指标的平均排序方面看，定西市的 7 个县域中，经济发展的各项指标整体水平居中。7 个县域中整体发展水平最高的是政府作用竞争力指标，平均排序为 23.29 位，居上游水平后位；而整体发展水平最低的是基础设施竞争力，平均排序为 58.86 位，居下游区域第一层次水平。

从各项指标差异性看，定西市 7 个县域各个指标都存在较大的差异，最小位次极差 44 位，而最大差距竟高达 73 位（见表 11 和图 10）。值得一提的是，作为全国闻名的贫困地区，定西市发展到目前的水平十分不易。特别是经济发展各项指标中，政府作用竞争力水平整体较好，说明政府从保民生出发，十分重视公共产品和服务的供给。

从发展态势看，与 2010 年排序相比，定西市下辖 7 个县域中，经济综合竞争力排位上升的县域有3个，分别是岷县、通渭县和渭源县，其他4个县域位次排名有所下降，在上升的县域中，位次变动最大的是岷县，位次上升了8位。

（二）2012年定西市辖县经济综合竞争力分项指标分析

从经济综合竞争力的6个指标看，定西市所辖的7个县（区）具有如下特征（见表11）。

（1）安定区是定西市市府所在地，也是定西市社会文化活动中心，但经济带动作用不足，居第28位，处在中游区域的前部。其政府作用竞争力、产业竞争力和宏观经济竞争力3项指标位居76个县（市、区）的第11、21和22位，进入上游区域第二层次，是县域经济发展具有一般比较优势的指标；其金融资本竞争力（第26位）和人力资源竞争力（第45位）指标排名居76个县（市、区）的中游区域，是县域经济竞争力的中势指标；相对于其他方面，基础设施竞争力水平较为落后，排第67位，居下游区域第二层次，是县域经济竞争力的绝对劣势指标。综合来看，安定区经济竞争力的6项衡量指标中优、中和劣势指标分布为3项、2项和1项，除基础设施竞争力外，其他指标多居于中上游且差距不大，经济竞争力发展较为均衡，但特色不明显问题较为突出。

（2）通渭县没有进入上游区域的指标；县域的人力资源竞争力、产业竞争力、基础设施竞争力和政府作用竞争力4项指标位序分列76个县（市、区）的第35、40、45和45位，进入中游区域，是县域经济竞争力的中势指标；通渭县的宏观经济竞争力指标，居全省第57位，属下游区域的第一层次，是县域经济竞争力的一般劣势指标；金融资本竞争力指标相对落后，居全省第70位，是县域经济竞争力的绝对劣势指标。整体上看，通渭县经济竞争力的6

项指标中，优势、中势和劣势指标分别有 0 项、4 项和 2 项，指标间有差距，但均居于全省中下游水平，具有纺锤形分布特征，县域经济发展没有突出的方面，经济综合竞争力水平较为落后。

（3）陇西县是定西市经济综合竞争力发展最好的县域，位列第 14 位，处上游区域第二层次。陇西县的政府作用竞争力水平在甘肃省 76 个县（市、区）中位列第 3 位，是县域经济竞争力的绝对比较优势指标；其金融资本竞争力、人力资源竞争力、产业竞争力和宏观经济竞争力 4 项指标分列 76 个县（市、区）的第 15、17、24 和 24 位，属上游区域第二层次，是县域经济竞争力的一般比较优势指标；另有基础设施竞争力（第 51 位）属中游区域，是县域经济竞争力的中势指标。陇西县经济竞争力的 6 项指标整体排序居于中上游，其优势、中势和劣势指标分别有 5 项、1 项和 0 项，呈倒金字塔形分布，经济发展的各个方面相对均衡，县域经济综合竞争力水平和发展能力处中等偏上水平。

（4）渭源县位居 76 个县（市、区）的 57 位，处下游水平第一层次。渭源县的政府作用竞争力跻身上游区域第一层次，位列 76 个县市的第 6 位，具有绝对比较优势；人力资源竞争力位列甘肃 76 个县市的第 27 位，属中游区域，是县域经济竞争力的中势指标；宏观经济竞争力（第 56 位）指标居 76 个县（市、区）的下游区域第一层次，是县域经济竞争力的一般劣势指标；产业竞争力、金融资本竞争力和基础设施竞争力指标比较落后，分列第 68、68 和 75 位，属下游区域的第二层次，是县域经济竞争力的绝对劣势指标。渭源县经济竞争力的 6 项指标中，除政府作用一枝独秀外，其余指标水平均不高，其优势、中势和劣势指标分别有 1 项、1 项和 4 项，呈正金字塔形分布，"优劣位次差距大、优少劣多"特征明显，经济发展不均衡，整体水平较为落后。

（5）临洮县是定西市另一个经济综合竞争力发展较好的县域，位列第 27 位，处中游区域前列。临洮县没有进入上游区域第一层次的指标；其人力资本竞争力和政府作用竞争力指标分列甘肃 76 个县（市）的第 20 和 21 位，属上游区域的第二层次，具有一般比较优势；此外，临洮县的产业竞争力（第 26 位）、基础设施竞争力（第 27 位）、宏观经济竞争力（第 34 位）和金融资本竞争力（第 50位）4 项指标居 76 个县（市、区）的中游区域前部，是县域经济竞争力的中势指标。在经济竞争力的 6 项指标中，临洮县优势、中势和劣势指标分别有 2 项、4 项和 0 项，呈纺锤形分布，经济发展整体水平中势，需要从抓特色着手，加强县域经济发展的整体水平。

（6）漳县是定西市经济综合竞争力最弱的县域。漳县没有进入上游区域的子系统指标；其产业竞争力（第 51 位）指标，是经济竞争力的中势指标；宏观经济竞争力位列 76 个县（市）的第 66位，属下游区域第一层次，是经济竞争力的一般劣势指标；其他的如金融资本竞争力、基础设施竞争力、人力资源竞争力和政府作用竞争力等 4 项指标分列甘肃 76 个县市的第 71、71、71 和 75 位，均属下游区域第二层次，是县域经济发展的绝对劣势指标。6 项子系统指标中，除产业竞争力指标外，漳县其他所有指标均处于劣势中较为靠后的层面，产业发展水平低、金融资本助力小、基础设施落后、人力资本欠缺、政府作用力不够、缺乏经济增长点等问题普遍存在，县域经济发展能力严重不足，经济发展的综合水平在全省处于下游地位。

（7）岷县经济综合竞争力位列 76 个县（市、区）的第 47 位，处中游水平，也是定西市辖县中上升位次最快的县域，位次较2010 年排序上升了 8 位。岷县的政府作用竞争力（第 2 位）进入上游区域第一层次，是经济竞争力的绝对优势指标；金融资本竞争力指标分列 76 个县区的第 40 位，属中游区域，是县域经济竞争力的中势指标；同时，岷县的宏观经济竞争力（第 52 位）、产业竞争力（第 59 位）和人力资源竞争力（第 62 位）3 项指标属下游区域第一层次，是县域经济竞争力的一般劣势指标；岷县的基础设施竞争力水平比较落后，居全省 76 个县区末位，处下游区域的第二层次，是县域经济竞争力的绝对劣势指标。在岷县经济发展的 6 项指标中，优势、中势和劣势指标分别有 1 项、1 项和 4 项，呈正金字塔形分布，经济发展综合水平比较落后。

十一 陇南市所辖县域经济竞争力评价分析

陇南市位于甘肃省东南边陲，是甘肃唯一的长江流域地区，东连陕西，南接四川，北靠天水，西连甘南，境内地形地貌复杂，光热垂直分布，气候立体多样，资源禀赋优越。所辖武都区、宕昌县、成县、康县、文县、西和县、礼县、两当县、徽县等 9 个县（区）。

（一）2012 年陇南市辖县经济竞争力整体状况分析

如表 12 和图 11 所示，陇南市所辖 9 县（区）经济竞争力综合水平整体上属下游水平。

从排名情况看，9 县平均排序 53.44 位，居下游区域。其中，经济综合竞争力排名最好的是武都区，排名第 20 位，进入上游区域；处于中游区域发展中势的县域有 2 个（成县和徽县），占陇南市辖县总量的 22.22%，而位于县域经济综合竞争力下游区域、不具发展优势的县域有 6 个，占县域总数的 66.67%。整体上看，陇南市所辖 9 个县域总体排序在全省靠后，整体水平不高；县域间、经济发展各个方面之间的发展不均衡特征都十分明显。

表 12　2012 年陇南市辖县经济竞争力各项指标排序及变动情况

项目	经济竞争力排序	宏观经济竞争力排序	产业竞争力排序	金融资本竞争力排序	基础设施竞争力排序	人力资源竞争力排序	政府作用竞争力排序
武都区	20	27	5	11	66	10	53
成　县	29	33	36	21	10	39	50
文　县	63	63	64	25	64	68	59
宕昌县	65	60	54	59	72	70	52
康　县	55	62	66	47	57	23	28
西和县	60	58	53	37	60	65	51
礼　县	62	64	65	46	52	75	25
徽　县	51	38	55	27	69	56	33
两当县	76	76	76	76	36	15	69
均　值	53.44	53.44	52.67	38.78	54.00	46.78	46.67
极值差	56	49	71	65	62	65	44
方　差	321.78	275.53	445.00	416.69	387.75	648.94	219.25
标准差	17.94	16.60	21.10	20.41	19.69	25.47	14.81

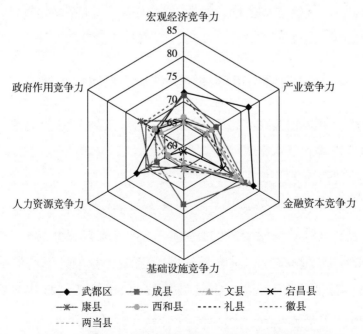

图 11　陇南市县域经济竞争力各项指标得分比较

从各项指标的平均排序看，9 个县域中金融资本竞争力发展相对较好，平均排序 18.78 位，除个别县域外，多数县域居位居中游区域前列，说明 2010 年以来，陇南的资金投入力度较大。6 项指标平均排序全部居中游水平，对于陇南市这一甘肃最贫困的区域，实属难得。

长期以来，陇南市是甘肃最为贫困的"两市两州"之一，贫困面大、贫困程度深，加之地处秦巴山区，一直以来，交通闭塞，经济发展中掣肘因素较多，极大地影响到陇南市经济、社会的全面发展。目前，发展的制约因素仍然客观存在，但从发展态势看，近两年陇南市经济综合竞争力较 2010 年的排序，正在发生较大的改变，作为陇南市政府所在地，武都区经济水平提升较快，从 39 位提高到 2013 年的 20 位，位次上升了 10 位，成为带动陇南市县域经济发展的一个突破点。

（二）2012 年陇南市辖县经济综合竞争力分项指标分析

从经济竞争力的 6 个指标看，陇南市所辖的 9 个县区具有如下特征（见表 12 和图 11）。

（1）武都区是陇南市市府所在地，也是陇南市经济、社会、文化活动中心。与 2010 年排序相比，武都区经济发展增速明显加快，位列 76 个县（市、区）的第 20 位，位次上升 19 名。武都区产业竞争力和人力资源竞争力两项指标分列 76 个县（市、区）第 5 和 10 位，属上游区域第一层次，在县域经济发展中具有绝对比较优势；其金融资本竞争力（第 11 位）指标，属上游区域第二层次，在县域经济发展中具有一般比较优势；武都区的宏观经济竞争力（第 27 位）指标排名居 76 个县（市、区）的中游区域，是县域经济竞争力的中势指标；陇南市的政府作用竞争力和基础设施竞争力位列第53和66位，居下游区域第一层次，是经济竞争力的一般劣势指标。陇南市经济综合竞争力的6项衡量指标"三分天下"，优、中、劣势指标分布为3项、1项和2项，呈沙漏形分布，一方面说明武都区已经找到了经济发展的突破口，在产业竞争力、金融竞争力和人力资源竞争力方面有了大的突破，带动县区经济正在步入上升的快车道。但是，从另一方面也看出，作为最贫困的地区，武都区经济发展的历史欠账还很多，资金投入需求量较大，基础设施和政府作用竞争力还亟待进一步得到发展。从各项指标的构成可以看出，武都区自主发展能力提高更快（如产业发展、金融资本等），而需要大量政府财政投入（基础设施和政府作用）的项目发展更大程度地依赖于上级层面政策的支持，这不只是武都区的问题，也是整个贫困县域普遍存在的问题。由于各方面因素限制，武都区经济发展各个方面进度不一，指标间差距较大，发展不均衡特征明显，在很大程度上影响到武都区经济发展的综合水平。

（2）成县经济综合竞争力居76个县（市、区）的第29位，处于中游区域的前列。分项指标中，成县的基础设施竞争力（第10位）指标，进入上游区域的第一层次，是成县的绝对比较优势指标；金融资本竞争力指标列76个县（市、区）的第21位，进入上游区域的第二层次，具有一般比较优势；此外，成县的宏观经济竞争力（第33位）、产业竞争力（第36位）、人力资源竞争力（第39位）和政府作用竞争力（第50位）4项指标居76个县（市、区）的中游区域，是县域经济竞争力的中势指标。成县经济竞争力的6项指标中，优势、中势和劣势指标分别有2项、4项和0项，呈纺锤形分布，县域经济发展各个方面在陇南市下辖的县域中属均衡类。

（3）文县经济综合竞争力居76个县域的第63位，处下游区域的第二层次，是陇南市发展较弱的县域之一。文县的金融资本竞争力指标居 76 个县（市、区）的第 25 位，进入上游区域第二层次，是县域经济综合竞争力的相对比较优势指标。除此之外，其他指标排序均比较靠后，其中政府作用竞争力（第 59 位）、宏观经济竞争力（第 63 位）、基础设施竞争力（第 64 位）和产业竞争力（第 64 位）4 项指标居 76 个县（市、区）的下游区域第一层次，是县域经济竞争力的一般劣势指标；人力资源竞争力（第 68 位）指标，居下游区域第二层次，是文县的绝对劣势指标。文县经济竞争力的 6 项指标整体排序居中，其优势、中势和劣势指标分别有 1 项、0 项和 5 项，呈正金字塔形分布，指标多分布于下游区域，指标间差距不大但整体水平低，使得文县经济发展的整体水平较为落后。

（4）宕昌县是陇南市经济发展较为弱势的县域之一，经济综合竞争力位居 76 个县域的 65 位，处下游区域第一层次。宕昌县没有指标进入上游区域；其政府作用竞争力指标列序甘肃 76 个县（市）的第 52 位，居中游区域末位，是县域经济竞争力的中势指标；宕昌县的产业竞争力、金融资本竞争力和宏观经济竞争力 3 项指标分列第 54、59 和 60 位，居下游区域第一层次，是县域经济竞争力的一般劣势指标；其人力资源竞争力（第 70 位）和基础设施竞争力（第 72 位）比较落后，居下游区域的第二层次，是县域经济竞争力的绝对劣势指标。宕昌县经济竞争力的 6 项指标中，优势、中势和劣势指标分别有 0 项、1 项和 5 项，呈正金字塔形分布，指标排序居下游区域的较多，且位次靠后，特别是基础设施建设滞后、县域经济发展的增长点不明确，造成县域各个方面发展都不具竞争力。

（5）康县经济综合竞争力位居 76 个县域的第 55 位，处下游区域第一层次。康县的人力资源竞争力指标居 76 个县（市、区）的第 23 位，居中游区域第二层次，是康县的一般比较优势指标；其政府作用竞争力（第 28 位）和金融资本竞争力（第 47 位）两项指标居 76 个县（市、区）的中游区域，是县域经济竞争力的中势指标；此外，康县的基础设施竞争力、宏观经济竞争力和产业竞争力 3 项指标分列全省 76 个县区的第 57、62 和 66 位，均处下游区域的第一层次，是县域经济竞争力的一般劣势指标。在经济竞争力的 6 项指标中，康县优势、中势和劣势指标分别有 1 项、2 项和 3 项，呈较为典型的正金字塔形分布，与宕昌、文县等县域比，康县的经济还有亮点可循，亟待突出特质，抓住机遇，寻求突破。

（6）西和县也是陇南市县域经济发展较弱的县域之一，其经济综合竞争力位居 76 个县域的第 60 位，处下游区域第一层次。西和县的金融资本竞争力和政府作用竞争力两项指标分列 76 个县区的第 37 和 51 位，居中游区域，是县域经济综合竞争力的中势指标；产业竞争力、宏观经济竞争力、基础设施竞争力和人力资源竞争力 4 项指标分列第 53、58、60 和 65 位，居下游区域第一层次，是县域经济竞争力的一般劣势指标。在经济竞争力的 6 项指标中，西和县优势、中势和劣势指标分别有 0 项、2 项和 4 项，各项指标排序均处于中后水平，经济发展优势不明显、劣势较多是西和县经济发展的总体特征。

（7）礼县是陇南市的另一个经济弱势的县域，其经济综合竞争力位居 62 位，处下游区域第一层次。礼县的政府作用竞争力指标列 76 个县区的第 25 位，属上游区域第二层次，是县域经济竞争力的一般比较优势指标指标；其金融资本竞争力指标居 76 个县区的第 46 位，属中游区域，是县域经济竞争力的中势指标；同时，礼县的基础设施竞争力（第 52 位）、宏观经济竞争力（第 64 位）和产业竞争力（第 65 位）3 项指标属下游区域第一层次，是县域经济竞争力的一般劣势指标；其人力资源竞争力（第 75 位）指标，是县域经济竞争力的绝对劣势指标。在礼县经济竞争力的 6 项指标中，优势、中势和劣势指标分别有 1 项、1 项和 4 项，指标多数处于中游区域和下游区域第一层次，呈正金字塔形分布，指标间排序差异较大，经济发展不平衡特征明显。

（8）徽县在陇南市所辖县域中属经济发展中等水平，处 76 个县域的第 51 位，排在中游区域的最末一位。徽县没有进入上游区域的优势指标；其金融资本竞争力、政府作用竞争力和宏观经济竞争力 3 项指标分列 76 个县（市、区）的第 27、33 和 38 位，属中游区域，是县域经济竞争力的中势指标；产业竞争力和人力资源竞争力两个指标居下游区域前部（第 55 和 56 位），是经济发展的一般劣势指标；基础设施竞争力（第 69 位）是徽县经济发展的绝对劣势指标。徽县经济竞争力的 6 项指标中，优势、中势和劣势指标分别有 0 项、3 项和 3 项，呈正金字塔形分布，经济发展有优势，但劣势也十分突出，各指标间发展不均衡。

（9）两当县是陇南经济发展最为弱势的县域，处于 76 个县域的末位。但这并不意味着两当县没有亮点，其人力资源竞争力指标居 76 个县（市、区）的第 15 位，进入上游区域第二层次，是县域经济竞争力的一般比较优势指标；两当县的基础设施竞争力指标居 76 个县（市、区）的第 36 位，进入中游区域，是县域经济竞争力的中势指标；除上述 2 项指标外，两当县的政府作用竞争力（第 69 位）、宏观经济竞争力（第 76 位）、产业竞争力（第 76 位）和金融资本竞争力（第 76 位）水平均落后于其他地区，4 项指标均处于全省末位，是县域经济经济发展的绝对劣势指标。在两当县经济综合竞争力的 6 项指标中，优势、中势和劣势指标分别有 1 项、1 项和 4 项，指标分布为典型的正金字塔形，劣势指标居多且排名靠后，导致两当县经济发展整体水平和能力均居全省下游水平。

十二　临夏回族自治州所辖县域经济竞争力评价分析

临夏回族自治州（简称临夏州）位于甘肃西南部，西倚积石山与青海省循化县搭界，东濒洮河与定西地区相望；北临湟水、黄河与兰州市、青海省民和县毗邻；南靠太子山、白石山与甘南藏族自治州接壤；是历代兵家必争之地，古"丝绸之路"南道之要冲，唐番古道之重镇，茶马互市之中心，是明代著名的四大茶马司之一，有"河湟雄镇"之称。所辖临夏市、临夏县、康乐县、永靖县、广河县、和政县、东乡县、积石山县等8个县（市）。

（一）2012年临夏州辖县经济竞争力整体状况分析

如表13和图12所示，临夏州所辖8县（区）经济竞争力综合水平整体上属下游水平。

表13　2012年临夏回族自治州辖县经济竞争力各项指标排序及变动情况

项目	经济竞争力排序	宏观经济竞争力排序	产业竞争力排序	金融资本竞争力排序	基础设施竞争力排序	人力资源竞争力排序	政府作用竞争力排序
临夏市	11	35	18	51	3	5	36
临夏县	59	59	41	66	37	49	48
康乐县	67	68	71	69	42	67	54
永靖县	43	36	35	23	29	26	64
广河县	56	65	61	55	15	69	39
和政县	68	72	74	65	40	55	61
东乡县	69	74	73	72	63	73	30
积石山县	74	70	72	75	59	74	65
均　值	55.88	59.88	55.63	59.50	36.00	52.25	49.63
极　差	63.00	39.00	56.00	52.00	60.00	69.00	35.00
方　差	422.98	247.27	461.13	283.43	412.86	620.21	182.55
标准差	20.57	15.72	21.47	16.84	20.32	24.90	13.51

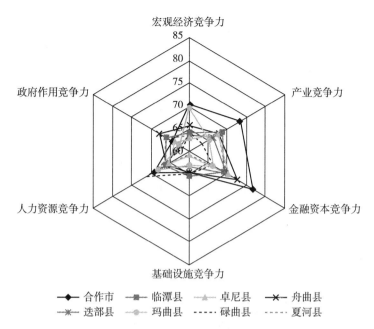

图 12　临夏回族自治州县域经济竞争力各项指标得分比较

　　从排名情况看，8 县平均排序 55.88 位，居下游区域。在 8 个县域中，进入上游水平的有 1 个县，是州府临夏市，位列第 11 位。但是，县域经济综合发展水平差异很大，临夏州有 4 个县域排序在全省 67 位之后，分别为积石山县（74 位）、东乡县（第 69 位）、和政县（68 位）和康乐县（第 67 位）。整体上看，临夏州所辖 8 个县域总体排序在全省靠后，除临夏市外，经济发展的整体水平较弱，县域间发展不均衡特征十分明显。

　　从各项指标差异性看，临夏州 8 个县域位次排序差异都比较大，最小的政府作用竞争力指标位序差为 35 位，最大的人力资源竞争力位差高达 69 位，县域间、各指标间经济发展水平差异可见一斑（见表 13 和图 12）。

　　从发展趋势看，与 2010 年排序比较，临夏州 8 个县域中有 3 个县（康乐、广河和东乡县）排名位次有所上升，但幅度不大，其中上升幅度最大的是广河县，位次上升 15 位，说明临夏州排位靠后的县域正在努力实现赶超。

（二）2012 年临夏州辖县经济综合竞争力分项指标分析

从经济竞争力 6 个指标看，临夏州所辖的 8 个县市具有如下特征（见表 13）。

（1）临夏市是临夏州州府所在地，也是临夏州经济、社会、文化活动中心，其经济发展水平处临夏州首位。临夏市基础设施竞争力和人力资源竞争力两项指标位居 76 个县（市、区）前列，分列第 3 和 5 位，属上游区域第一层次，是县域经济发展具有绝对比较优势的指标；同时，临夏市的产业竞争力指标列 76 个县（市、区）的第 18 位，居上游区域第二层次，是县域经济竞争力具有一般比较优势的指标；宏观经济竞争力（第 35 位）、政府作用竞争力（第 36 位）和金融资本竞争力（第 51 位）3 项指标排名居 76 个县（市、区）的中游区域，排名比较靠前，是县域发展质量较好的中势指标。临夏市经济竞争力的 6 项衡量指标中，优、中、劣势指标分布为 3 项、3 项和 0 项，呈倒金字塔形分布，经济发展各项指标均居上游和中游区域前部，指标间差距不大，说明临夏市经济发展整体水平较好，结构较为均衡。

（2）临夏县经济综合竞争力位居 76 个县域的第 59 位，处下游区域第一层次，较 2010 年排序的位次有所上升，但上升幅度不大。临夏县的基础设施竞争力、产业竞争力、政府作用竞争力和人力资源竞争力 4 项指标进入中游区域，分别位列 76 个县（市、区）的第 37、41、48 和 49 位，是县域经济竞争力的中势指标；临夏县的宏观经济竞争力（第 59 位）和金融资本竞争力（第 66 位）两项指标均属下游区域的第一层次，是县域经济竞争力的一般劣势指标。临夏县经济竞争力的 6 项指标中，优势、中势和劣势指标分别为 0 项、4 项和 2 项，呈纺锤形分布，经济发展的各个方面中势居多，指标间水平差异不大，经济的整体发展能力和动力仍显不足。

（3）康乐县经济综合竞争力居 76 个县（市、区）的第 67 位，处下游区域第二层次。康乐县没有进入上游区域的优势指标；其基础设施竞争力指标列 76 个县（市、区）的第 42 位，属中游区域，是县域经济竞争力的中势指标；政府作用竞争力（第 54 位）居下游区域第一层次，是县域经济竞争力的一般劣势指标；康乐县居下游区域第二层次的指标有人力资源竞争力、宏观经济竞争力、金融资本竞争力和产业竞争力 4 项，分别列 76 个县（市、区）的第 67、68、69 和 71 位，是县域经济发展的绝对劣势指标。康乐县经济竞争力的 6 项指标差异不大，且整体排序落后，其优势、中势和劣势指标分别有 0 项、1 项和 5 项，县域经济发展整体水平和能力均较低。

（4）永靖县是临夏州除临夏县之外，经济发展相对较好的县域，其经济综合竞争力排序第 43 位，处中游区域。6 项指标中，永靖县的金融资本竞争力指标列 76 个县域的第 23 位，居上游区域第二层次，具有一般比较优势；人力资源竞争力、基础设施竞争力、产业竞争力和宏观经济竞争力 4 项指标分列 76 个县（市、区）的第 26、29、35 和 36 位，居中游区域前部，是县域经济发展的中势指标；永靖县的政府作用竞争力居 76 个县（市、区）的第 64 位，是永靖县的一般劣势指标。整体上看，永靖县的经济综合竞争力 6 项子系统发展比较平衡，除政府作用竞争力外，指标间位序差异不是特别大，优势、中势和劣势指标分别有 1 项、4 项和 1 项，因此，尽管永靖县经济发展没有特别突出的方面，但发展较为平衡。

（5）广河县是临夏州 8 个县域中发展势头最好的县域，与 2010 年排序相比，位次上升了 15 位，从下游区域第二层次的 71 位跃至第一层次的 56 位，经济发展的进步明显。广河县的基础设施竞争力（第 15 位）进入上游区域第二层次，是广河县的一般比较优势指标；政府作用竞争力（第 39 位）居中游区域，是广河县的中势指标；金融资本竞争力、产业竞争力和宏观经济竞争力 3 项指标分列 76 个县（市、区）的第 55、61 和 65 位，处下游区域的第一层次，是县域经济竞争力的一般劣势指标；人力资源竞争力（第 69 位）居下游区域第二层次，是经济竞争力的绝对劣势指标。在经济竞争力的 6 项指标中，优势、中势和劣势指标分别有 1 项、1 项和 4 项，呈金字塔形分布，有优势，但劣势也很明显，从排位顺序看，广河县正在寻求发展和突破。

（6）和政县经济综合竞争力排序位列下游区域第二层次。和政县只有基础设施竞争力项指标列甘肃 76 个县域的第 40 位，居中游区域，是县域经济竞争力的中势指标；此外，和政县剩余的 5 项指标全部居于下游区域，其中人力资源竞争力（第 55 位）、政府作用竞争力（第 61 位）和金融资本竞争力（第 65 位）3 项指标居下游第一层次，是和政县经济竞争力的一般劣势指标；宏观经济竞争力（第 72 位）和产业竞争力（第 74 位）分居下游区域第二层次，是县域经济竞争力的绝对劣势指标。在经济竞争力的 6 项指标中，和政县的优势、中势和劣势指标分别有 0 项、1 项和 5 项，劣势指标多，且水平普遍较低，和政县经济发展的整体水平和能力较低。

（7）东乡县经济综合竞争力位居下游区域第二层次，但较 2010 年排序中的排名位次有所上升（5 位）。东乡县的政府作用竞争力指标排序列 76 个县（市、区）的第 30 位，进入中游区域，是县域经济竞争力的中势指标；其基础设施竞争力指标位列 76 个县

（市、区）的第 63 位，属下游区域的第一层次，是县域经济竞争力的一般劣势指标；其余 4 项指标，金融资本竞争力、产业竞争力、人力资源竞争力和宏观经济竞争力分列 76 个县区的第 72、73、73 和 74 位，处下游区域的第二层次，是县域经济竞争力的绝对劣势指标。在东乡县经济竞争力的 6 项指标中，优势、中势和劣势指标分别有 0 项、1 项和 5 项，处于劣势水平的指标多且排位较后，使得东乡县经济发展综合能力和水平劣势明显。

（8）积石山县是临夏州经济竞争力综合水平排序最后的一个县。积石山没有经济竞争力指标进入上游和中游区域；其基础设施竞争力和政府作用竞争力两项指标分别位列 76 个县（市、区）的第 59 和 65 位，属下游区域第一层次，是县域经济竞争力的一般劣势指标；其他 4 项指标，宏观经济竞争力、产业竞争力、人力资源竞争力和金融资本竞争力分列 76 个县（市、区）的第 70、72、74 和 75 位，均居下游区域第二层次的末位，绝对劣势较为明显。积石山县经济竞争力的 6 项指标中，优势、中势和劣势指标分别有 0 项、0 项和 6 项，没有优势带动，劣势指标多且排位较后，使得积石山县经济发展的劣势显著，综合能力和水平较为低下。

十三　甘南藏族自治州所辖县域经济竞争力评价分析

甘南藏族自治州（简称甘南州）位于甘肃省西南部，南临四川，西界青海。甘南州地域辽阔，历史悠久，境内文物古迹众多，自然风光独特，少数民族聚居，风土人情各异，形成了丰富多彩的旅游资源。藏传佛教格鲁派六大名寺之一的拉卜楞寺、历史悠久的卓尼禅定寺、称为"虎穴仙女"的碌曲郎木寺等百余处寺院是甘南独有的宗教文化景观。所辖合作市、临潭县、卓尼县、舟曲县、迭部县、玛曲县、碌曲县、夏河县等 8 个县（市）。

甘南藏族自治州是全国 10 个藏族自治州之一，具有独特的自然地理条件和民族文化特色，特别是甘南州旅游资源极为丰富，而且异彩纷呈，不仅类型全、品位高、特色浓，而且还具有原始性、神秘性和多样性特征。随着全球旅游业的迅速兴起和发展，甘南独具魅力的旅游资源已引起世人的广泛关注和中外游客的青睐，被誉为美丽神奇、纯净圣洁，世人仰慕的人间仙境——香巴拉。

（一）2012 年甘南州辖县经济竞争力整体状况分析

如表 14 和图 13 所示，甘南州所辖 8 县（区）经济综合竞争力水平整体上属下游水平。

表 14　2012 年甘南藏族自治州辖县经济竞争力各项指标排序及变动情况

单位：位

项目	经济竞争力排序	宏观经济竞争力排序	产业竞争力排序	金融资本竞争力排序	基础设施竞争力排序	人力资源竞争力排序	政府作用竞争力排序
合作市	42	45	16	16	55	25	66
临潭县	64	67	42	67	50	50	57
卓尼县	73	75	52	61	74	61	67
舟曲县	61	61	50	44	61	53	49
迭部县	71	71	63	64	68	42	71
玛曲县	66	47	70	73	70	31	72
碌曲县	72	69	75	74	56	12	74
夏河县	70	73	47	60	73	47	60
均　值	64.88	63.50	51.88	57.38	63.38	40.13	64.50
极　差	31.00	30.00	59.00	58.00	24.00	49.00	25.00
方　差	102.98	134.57	342.70	366.84	82.84	264.70	73.43
标准差	10.15	11.60	18.51	19.15	9.10	16.27	8.57

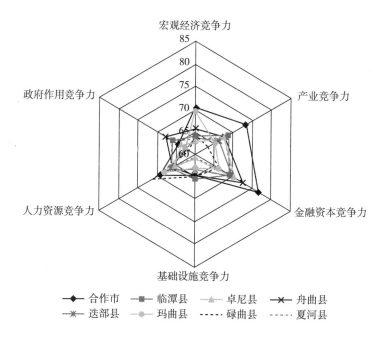

图 13　甘南藏族自治州县域经济竞争力各项指标得分比较

从排名情况看，8 县平均排序 64.88 位，居下游区域。8 个县（市、区）中，只有合作市进入中游区域，其余的迭部县、卓尼县、碌曲县、临潭县、舟曲县、夏河县和玛曲县等 7 个县域均列下游区域，占到甘南州所辖县域总数的 87.5%。其中居下游区域第一层次的有 3 个县，占甘南州所辖县域总量的 37.5%，居下游区域第二层次的县域有 4 个，占甘南州所辖县域总量的 50%。整体上看，除合作市外，其他 7 个县域总体排序位次极差不大，整体水平滞后。

从指标间差异来看，经济发展的 6 项子系统指标中，位差最大的是产业竞争力，达到 59 位，最小的是基础设施竞争力为 24 位。如前面所讨论，传统的经济发展指标并不适用于所有区域，特别是对自然环境脆弱的青藏高原边缘地区，"因地制宜、保护为主、发

展为辅"才是发展的总体思路。因此,下面对甘南州各县的分项指标仅作分析,不做评价。

(二)2012年甘南州辖县经济综合竞争力分项指标分析

从经济竞争力6个子系统指标看,甘南州所辖的8个县(市)具有如下特征(见表14和图13)。

(1)合作市是甘南州州府所在地,也是甘南州经济、社会、文化活动中心,其经济发展整体水平在甘南州居于首位。合作市金融资本竞争力、产业竞争力和人力资源竞争力3项指标分列76个县(市、区)的第16、16和25位,居上游区域第二层次,是县域经济发展具有一般比较优势的指标;而其宏观经济竞争力(第45位)指标排名居76个县(市、区)的中游区域,是县域经济竞争力的中势指标;基础设施竞争力和政府作用竞争力两项指标较为落后,列第55和66位,居下游区域第一层次,是经济竞争力的一般劣势指标。合作市经济竞争力的6项衡量指标中,优、中、劣势指标分别为3项、1项和2项,呈沙漏形分布。

(2)临潭县的产业竞争力、人力资源竞争力和基础设施竞争力指标位列76个县(市、区)的第42、50和50位,进入中游区域,是县域经济竞争力的中势指标;政府作用竞争力指标居76个县(市、区)的第57位,属下游区域的第一层次,是县域经济竞争力的一般劣势指标;县域的宏观经济竞争力和金融资本竞争力指标比较落后,都列76个县(市、区)的第67位,属下游区域第二层次,是县域经济竞争力的绝对劣势指标。临潭县经济竞争力的6项指标中,优势、中势和劣势指标分别为0项、3项和3项,呈正金字塔形分布。

(3)卓尼县没有经济竞争力指标进入上游区域和中游区域;6

项指标全居下游，其中卓尼县的产业竞争力（第 52 位）、金融资本竞争力（第 61 位）和人力资源竞争力（第 61 位）3 项指标居下游区域第一层次，是县域经济竞争力的一般劣势指标；卓尼县的政府作用竞争力（第 67 位）、基础设施竞争力（第 74 位）和宏观经济竞争力（第 75 位）均居下游区域第二层次，是县域经济竞争力的绝对劣势指标。卓尼县经济竞争力的 6 项指标整体排序落后，其优势、中势和劣势指标分别有 0 项、0 项和 6 项，呈正金字塔形分布，指标间差异不大。

（4）舟曲县的金融资本竞争力、政府作用竞争力和产业竞争力 3 项指标分列 76 个县（市、区）的第 44、49 和 50 位，属中游区域，是县域经济竞争力的中势指标；舟曲县的人力资源竞争力、基础设施竞争力和宏观经济竞争力分列 76 个县（市、区）的第 53、61 和 61 位，，居下游区域第一层次，是县域经济竞争力的一般劣势指标。舟曲县经济竞争力 6 项指标中，优势、中势和劣势指标分别有 0 项、3 项和 3 项，呈正金字塔形分布。

（5）迭部县的人力资源竞争力指标位居全省第 42 位，属中游区域，是县域经济发展的中势指标；迭部县的产业竞争力和金融资本竞争力两项指标分列 76 个县（市、区）的第 63 和 64 位，居下游区域第一层次，是县域经济竞争力的一般劣势指标；除此之外，迭部县的基础设施竞争力（第 68 位）、宏观经济竞争力（第 71 位）和政府作用竞争力（第 71 位）3 项指标属下游区域第二层次，是经济竞争力的绝对劣势指标。在经济竞争力的 6 项指标中，迭部县的优势、中势和劣势指标分别有 0 项、1 项和 5 项，县域各项经济指标发展水平有一定差异。

（6）玛曲县的人力资源竞争力和宏观经济竞争力两项指标进入了中游区域，分别位列 76 个县市的第 31 和 47 位，是县域经济竞争力的中势指标；玛曲县的产业竞争力、基础设施竞争力、政府作用竞争力和金融资本竞争力4项指标分列甘肃省76个县市后位，属下游区域第二层次，是县域经济竞争力的绝对劣势指标。在经济竞争力的6项指标中，玛曲县的优势、中势和劣势指标分别有0项、2项和4项，呈正金字塔形分布。

（7）碌曲县是甘南藏族自治州经济竞争力综合水平排序最后的一个县。碌曲县的人力资源竞争力指标位居76个县（市、区）的第12位，进入上游区域第二层次，是县域经济竞争力的一般优势指标；碌曲县没有进入中游区域的指标，其余指标除基础设施竞争力（第56位）属下游区域第一层次，构成县域经济发展的一般劣势指标外，宏观经济竞争力、金融资本竞争力、政府作用竞争力和产业竞争力4项指标处于76个县（市、区）的后位，均居下游区域的第二层次，是县域经济竞争力的绝对劣势指标。在碌曲县经济竞争力的6项指标中，优势、中势和劣势指标分别有1项、0项和5项。

（8）夏河县产业竞争力和人力资源竞争力两项指标进入中游区域，都位居76个县（市、区）的第47位，是县域经济竞争力的中势指标；除此之外，夏河县的政府作用竞争力和金融资本竞争力两项指标都列76个县（市、区）的第60位，全部属于下游区域第一层次，是县域经济竞争力的一般劣势指标；宏观经济竞争力（第73位）和基础设施竞争力（第73位）居下游区域第二层次，是县域经济竞争力的绝对劣势指标。夏河县经济竞争力的6项指标中，优势、中势和劣势指标分别有0项、2项和4项，呈上小下大的正金字塔形分布。

专题篇

Special Reports

B.6

甘肃农村全面建成小康社会的难点及对策研究

刘七军 李昭楠 胡 苗*

摘 要：

甘肃要实现与全国同步进入全面小康社会的目标，最大的难点在农村。本文基于宏观视角，参照全面建设小康社会的评价指标体系，运用横向和纵向对比的分析方法，对甘肃省全面建设小康社会的进程与现状进行了系统分析。在此基础上，又对甘肃全面实现小康所面临的挑战进行了深入剖析，最后就甘肃如何与全

---

* 刘七军，甘肃省社会科学院农村发展研究所副研究员，主要从事农业经济、农村扶贫等方面的研究；李昭楠，北方民族大学讲师；胡苗，甘肃省社会科学院农村发展研究所助理研究员。

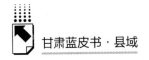
国同步建成小康社会提出了几点对策建议。

关键词：

甘肃农村　全面建成小康社会　难点　新型城镇化　对策

　　党的十八大明确提出，确保到 2020 年全面实现建成小康社会的宏伟目标。同样，按照中央领导关于"甘肃要与全国同步进入全面小康社会"的指示精神，以及甘肃省第十二次党代会确定的"富民兴陇"的战略目标，甘肃不能拖全国小康进程的后腿，要与全国一道全面建成小康社会。毫无疑问，对甘肃而言，实现这一宏伟目标，最大的难题和重点在农村，而重中之重、难中之难和最难啃的"硬骨头"则是贫困地区。甘肃新阶段扶贫开发面临的形势依然非常严峻，集中体现在"四个尚未根本改变"①，即扶贫对象的规模大和贫困程度深的现状未根本改变，连片特困区域多和制约发展的深层次矛盾突出的现状未根本改变，致贫因素复杂和返贫压力大的现状未根本改变，收入差距拉大和相对贫困凸显的现状未根本改变。特别是纳入六盘山区、秦巴山区及四省藏区三个片区的 58 个贫困县，大都处在最偏远、最困难的地方，扶贫开发成本高、难度大，实现脱贫致富受到多重因素制约，这些严峻挑战已成为甘肃与全国同步建成全面小康社会难以逾越的"鸿沟"和必须面对的难题。因此，直面发展难题，寻求破解之策，是当下甘肃全面建成小康社会的关键和迫切之需。

---

①　白德斌：《甘肃省委理论学习中心组专题研讨扶贫开发工作》，《甘肃日报》2013 年 6 月 4 日。

一 甘肃小康进程的现状分析

为了科学反映我国全面建设小康社会的进程，国家统计局统计科学研究所从经济发展、社会和谐、生活质量、民主法制、文化教育、资源环境等 6 个方面研究构建了由 23 项指标组成的"全面建设小康社会统计监测指标体系"。据此，依据统计部门的监测情况并考虑数据的可获得性，本文欲从三个层面对全省小康进程的现状进行剖析。

（一）整体实现程度

早在改革开放初期，邓小平同志就指出，到 20 世纪末要实现国民生产总值翻两番，人均生产总值达到 800 美元，在中国建立一个小康社会，这个小康社会叫作中国式的现代化。进入 21 世纪，我国人民生活总体上达到了小康水平。在此基础上，党的十六大提出在 21 世纪头 20 年全面建设小康社会的奋斗目标，使全体人民都能够更加充分、更加稳定地享受小康生活，为到 21 世纪中叶基本实现现代化打下坚实基础。党的十七大在十六大确立的全面建设小康社会目标的基础上又对我国发展提出新的更高要求。党的十八大报告则进一步提出全面建成小康社会的新要求，这既与党的十六大、十七大提出的全面建设小康社会宏伟目标的要求相一致，又对经济社会发展新的阶段性特征作了补充、完善和深化，从而构成了全面建成小康社会经济建设、政治建设、文化建设、社会建设和生态文明建设五个方面的目标体系。依照"全面建设小康社会统计监测指标体系"对这一目标体系的测算，从纵向时间序列看，甘肃小康建设的整体实现程度提升较快。2010 年全省全面建设小康社会总体实现程度为 62.7%，较 2000 年提高了 17.3 个百分点；其中"十五"时期提高了 6 个百分点，"十一五"时期提高了 11.3 个百分点。至 2011 年，甘肃省全面建设小康社会总体实现程度达到 66%，这比 2010 年提高了 3.3 个百分点，比 2000 年提高了 20.6 个百分点，小康整体进程明显加快。

（二）分项实现程度

从全面建设小康社会六大方面指标的实现程度看，明显存在发展不平衡、进程有快有慢的特征。由表 1 可知，2010 年甘肃全省分项指标的小康实现程度由高到低依次为：民主法制（88.2%）、资源环境（70.3%）、生活质量（66%）、社会和谐（57.8%）、经济发展（55.4%）、文化教育（51.9%）。与 2009 年相比，六大方面实现程度的变化为：民主法制提高 0.6 个百分点，资源环境提高 4.2 百分点，生活质量提高 2.1 个百分点，社会和谐提高 7.7 个百分点，经济发展提高 1.3 个百分点，文化教育提高 3.5 个百分点。

从具体指标看，仍由表 1 可知，2010 年实现程度已经达到 100% 的具体指标仅有城镇登记失业率、5 岁以下儿童死亡率和耕地面积指数 3 项指标；实现程度在 90%～99% 的具体指标有高中阶段毕业生性别差异系数、恩格尔系数、平均预期寿命和公民自身民主权利满意度 4 项指标；实现程度在 70%～89% 的指标有第三产业增加值占 GDP 比重、社会安全指数、平均受教育年限和环境质量指数 4 项指标；实现程度在 50%～69% 的指标有城镇人口比重、基尼系数、基本社会保险覆盖率、人均住房居住面积、居民文教娱乐服务支出占家庭消费支出比重 5 项指标；实现程度在 50% 以下的指标有 7 项。综上表明，小康实现程度的各分项指标和具体指标的存在明显的差异性。

表1　甘肃省全面建设小康社会进程分项指标监测结果

单位：%

监测指标	2009 年实现程度	2010 年实现程度
全面建设小康社会进程	59.7	62.7
经济发展	54.1	55.4
人均 GDP	33.3	37.1
R&D 经费支出占 GDP 比重	44	40.7
第三产业增加值占 GDP 比重	80.4	74.6
城镇人口比重	54.4	60.2
失业率（城镇）	100	100
社会和谐	50.1	57.8
基尼系数	37.8	57.1
城乡居民收入比	0	23.3
地区经济发展差异系数	0	0
基本社会保险覆盖率	64.1	68.3
高中阶段毕业生性别差异系数	96.9	98.2
生活质量	63.9	66
居民人均可支配收入	30.8	34.9
恩格尔系数	99.7	95.1
人均住房使用面积	48.2	52.2
5 岁以下儿童死亡率	96.7	100
平均预期寿命	98.5	99.6
民主法制	87.6	88.2
公民自身民主权利满意度	90	91.1
社会安全指数	85.7	85.7
文化教育	48.4	51.9
文化产业增加值占 GDP 比重	24	25.4
居民文教娱乐服务支出占家庭消费支出比重	56.6	58.2
平均受教育年限	70	76.3
资源环境	66.1	70.3
单位 GDP 能耗	10.9	42.3
耕地面积指数	100	100
环境质量指数	71.7	79.1

资料来源：甘肃省统计局。

（三）横向对比分析

由图 1 可知，从横向对比看，甘肃全面小康建设的进程与全国和西部地区相比，均有一定的差距。2000 年，甘肃省全面建设小康社会进程位居西部第 10 位，仅高于贵州和新疆；2009 年居第 11 位，仅比青海高出 0.5 个百分点。另据 2011 年中国全面建设小康社会进程统计监测报告显示，2010 年全国全面建设小康社会的实现程度达到 80.1%，同期甘肃省全面建设小康社会的进程实现 62.7%，较全国低 17.4 个百分点。从西部地区看，2010 年甘肃全面建设小康社会的实现程度比西部地区的 71.4% 低 8.7 个百分点，在西部十二省区中位居第 8 位，仅高于西藏、贵州、青海和新疆。尽管与 2000 年和 2009 年的水平相比，位次有所提高，但与四省区的实现程度相差在 0.5 个百分点之内。

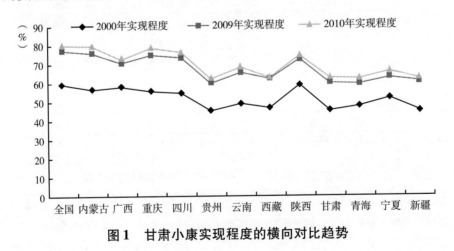

图 1 甘肃小康实现程度的横向对比趋势

二 甘肃与全国同步建成小康社会面临的挑战

甘肃经济总量小、人均水平低、贫困程度深、自然条件差、生态环境脆弱的基本省情尚未得到根本性改变，要与全国一道进入全面小康，仍存在不少困难，面临诸多挑战，这些困难和挑战体现在以下几方面。

（一）扶贫开发面临的形势依然严峻

从当前状况看，甘肃扶贫开发面临的严峻形势之一是贫困程度深的现状未根本改变。按照新的扶贫标准，截至 2012 年底，甘肃农民人均纯收入在 2300 元以下的贫困人口高达 692 万人，其中 200 万人生活在自然条件恶劣、基础设施落后、缺乏基本生存条件的深山区、林缘区和地质灾害频发区，就地扶贫成本高，脱贫难度大。现有贫困县区大多集中在生态环境脆弱、自然灾害频发的地区，每年 80% 以上的自然灾害均集中在片区扶贫县，这些地区农村正常年景返贫率为 15% ~ 20%，灾年高达 30% ~ 40%，遭特大灾年则基本全返贫①。另据全面摸底调查，全省目前还有 23.7 万户 111.9 万人急需实施易地扶贫搬迁②。面临的严峻形势之二是农村基础设施建设严重滞后，全省仍有一半的建制村不通沥青路或水泥路，仍有 526 万农村人口生活安全饮水问题没有得到有效解决。面临的严峻形势之三是制约致富产业发展的因素多，支撑特色产业发展的投入少，农民生产经营的组织化程度低，种养业结构调整不到位，土地综合产出率低，农村二三产业发展滞后。面临的严峻形势之四是劳动力素质低，58 个连片贫困县人均受教育年限仅为 7.28 年，农业实用技术培训与生产需求对接不紧密，劳务培训与市场用工需求不对称。面临的严峻形势之五是资金严重不足，财政投入十分有

---

① 吕宝林：《扶贫攻坚，甘肃仍需努力》，《甘肃日报》2013 年 3 月 14 日。
② 王博：《甘肃计划 5 年为 111.9 万人实施易地搬迁》，新华网，2013 年 6 月 5 日。

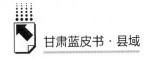

限，贫困群众缺少发展产业的起步资金。上述五方面的严峻形势成为甘肃农村实现全面小康的"拦路虎"。

（二）经济发展水平低的现状未得到根本性改观

经济发展水平不高将直接影响到甘肃农村全面建设小康社会的总体进程。监测数据显示，2000 年，甘肃小康社会建设中"经济发展"指标的实现程度仅为 41.5%，到 2010 年，这一指标的实现程度也只有 55.4%，10 年间仅提高了 13.9 个百分点。即便到 2011 年，甘肃人均 CDP 按 2000 年的不变价计算也仅为 13089 元，只完成了全面小康目标值的 41.7%，影响全面建成小康社会实现程度 7 个百分点。要实现全面建成小康社会要求的经济发展目标，在未来十年（2011～2020 年）中，需要提高 44.6 个百分点。其中，人均 GDP、第三产业增加值占 GDP 比重以及 R&D 经费支出占 GDP 比重在 23 项指标中权重占到 20%，这三项指标的实现程度偏低直接影响着全省全面小康的总体进程。

另据测算，到 2020 年要实现经济发展的相关预期目标，就意味着 2011～2020 年甘肃人均 GDP 年均增速需要达到 11%；2011～2020 年 GDP 年均增速需达到 11.5%；第三产业增速需要达到 17% 以上，R&D 经费支出增速需要达到 28% 以上；单位 GDP 能耗要从 2010 年的 1.99 吨标准煤/万元（2000 年不变价）下降到 0.84 吨标准煤/万元（2000 年不变价），2011～2020 年单位 GDP 能耗需年均下降 8.26%；地区经济发展差异系数要从 2010 年的 94.7% 缩小到 60% 以内。实现这些目标，难度之大，不言而喻。

（三）城镇化水平依然非常滞后

城镇化被视为经济社会发展和现代化建设的"火车头"，是十八大后我国经济社会发展的重大战略之一。但甘肃省的城镇化发展水平依然滞后，2011 年仅为 37.15%，远低于同期全国水平值的 51.27%，在西北 5 省区中也处于末位。要达到 2020 年城镇化率 60% 的目标，就需要在 2010 年 36.12% 的基础上再提高 23.88 个百分点。据此推算，今后全省每年城镇化率需要提高 2.388 个百分点，城镇人口年增加 60 万人（城镇每年出生约 10 万人，需转移农村人口约 50 万人），而 2000～2010 年的十年中，全省城镇化率年均实际只提高了 1.2 个百分点，每年增加的城镇人口约 30 万人（城镇每年出生了 10 万人，转移了农村人口 20 万人）。可见，实现这一目标的难度之大。而且，已进入城市的流动人口，一定程度上并未真正享受到相应的市民待遇，只能称为"半城镇化"或不彻底的城镇化。去除这部分人，甘肃的城镇化率将更低。

（四）发展差距过大的现象依然严重

当前甘肃居民收入水平低，城乡之间、地区之间发展差距拉大的现象依然很明显，严重影响了全面建设小康社会的进程。按照 2000 年不变价，2010 年甘肃城乡居民人均可支配收入为 5242 元（2000 年不变价），比全国平均水平 10046 元低 4804 元，实现程度仅为 34.9%，比全国低 32.1 个百分点。2010 年城镇居民人均可支配收入为 13189 元（现价），农村居民人均纯收入为 3425 元（现价），城乡居民收入低而且差距大，收入比达到 3.85∶1，实现程度仅为 23.3%。2011 年全省城乡居民人均可支配收入的实现程度也只完成了全面小康目标的 38.1%，影响全面小康实现程度 3.7 个百分点。

而且，2011 年全省城乡居民收入比依然高达 3.83∶1，这与 2.8∶1 的小康目标差距很大，实现程度为 25.8%，影响全面建设小康社会实现程度 1.5 个百分点。此外，全省地区经济发展差异也很大。2011 年甘肃地区经济发展的差异系数为 93.88%，离小于等于 60% 的目标相距甚远，实现程度为 0，这说明全省各地经济发展极不平衡，影响全面建设小康实现程度 2.0 个百分点。到 2020 年，城乡居民收入要实现 15000 元（2000 年不变价）、城乡居民收入比差距要缩小到 2.8∶1 以内的目标，据此测算，就必须要使城乡居民收入增速达到 11% 以上（可比价）；要使城镇居民可支配收入年均增速实际达到 9.8% 以上；要使农村居民人均纯收入达到 13.3% 以上；要使基尼系数下降到 0.4 以内；要不断改善人均居住条件与人居环境，使人均砖混住房面积由 2010 年的 14.1 平方米提高到 2020 年的 27 平方米，这都将是一个不小的挑战。

（五）文化产业发展总量依然偏小

文化是民族的血脉和人们的精神家园，能为经济社会发展提供思想保证、精神动力和智力支持，更能提升一个国家或地区的综合实力和核心竞争力。文化产业被公认为是一个国家或地区的朝阳产业，它对转变发展方式、促进产业升级和更好地满足人民群众日益增长的文化和精神需求具有极其重要的意义。甘肃虽为文化大省，但文化产业总量少、规模小、特色不显著的现状较为明显，对经济发展的贡献率不高。

据监测数据显示，2010 年，甘肃文化教育全面小康的实现程度为 51.9%，是六大领域指标中实现程度最低的。其中文化产业增加值占 GDP 比重仅为 1.26%，尚不及全国平均水平（2.75%）的一半，比全面小康 5% 的目标值低 3.74 个百分点，其实现程度仅为 25.4%。按照 2020 年文化产业增加值占 GDP 比重要达到 5% 以上的目标，同时按照甘肃 2012～2020 年 GDP 现价平均增速

16.7%的目标，全省文化产业增加值年均增速需达到36.9%以上；居民文教娱乐服务支出占家庭消费支出比重要由2010年的9.32%提高到2020年的16%。这相对于甘肃文化产业总量小的实际而言，仍是不小的挑战。

（六）改善生态环境的任务仍然艰巨

走绿色和低碳发展之路，建设环境优美、可持续发展的家园，已成为全社会的共识。在全面建设小康社会统计监测指标中，资源环境类包括单位GDP能耗、耕地面积指数和环境质量指数三项内容，以此来反映资源利用状况和环境保护成果。其中环境质量是包括水环境、大气环境、土壤环境、生态环境、地质环境、噪声等环境要素优劣的一个综合概念。甘肃生态环境十分脆弱，水土流失日趋严重，水资源日渐枯竭，天然草地退化严重，草地涵养水分功能降低的现象日益显著，保护和改善生态环境的任务十分繁重。因此，甘肃被视为国家生态战略的屏障。但作为生态脆弱区，要发展就可能面临着被破坏的风险，于是发展与保护也成为长期以来一直困扰甘肃发展的一大难题，也因此在发展过程中高耗能、高污染的现象极为严重，致使单位GDP能耗居高不下、环境质量治理效果甚微的现象难以在短期内根除。要实现2020年全面建成小康社会目标，需要在不断改善空气与水环境质量并达标的前提下，使甘肃森林覆盖率由目前的13.42%提高到2020年的23%，这依然是个不小的挑战。

三　甘肃实现全面小康的对策建议

甘肃全省要实现与全国同步建成全面小康社会的宏伟目标，难

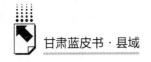

度之大、任务之艰巨不言而喻，其关键在于如何修复制约发展的"短板"，破解制约发展的瓶颈，进而实现跨越式发展的目标，为此，需从下述几方面入手。

（一）全方位谋划扶贫开发工作

甘肃是全国扶贫攻坚的主战场和决战区，加快扶贫开发是甘肃全面建成小康社会的最大难题。因此，必须基于全省"一盘棋"的视角，全方位谋划甘肃的扶贫开发工作，应将这一工作置于全省当前最大的政治、经济和民生高度来审视，更应将思想和行动统一到扶贫工作是甘肃全面建成小康社会的重中之重、是检验和考核各级干部政绩的重中之重的层面上来审视。

鉴于此，在全面贯彻省委、省政府"1236"扶贫攻坚行动的同时，还应重视从以下几方面着手扶贫开发工作。

一是进一步加大对甘肃特色优势产业开发的支持力度。国家和省级层面应安排扶贫专项资金，建立扶贫开发和脱贫致富的长效机制，对甘肃贫困地区的马铃薯、中药材、蔬菜、果品、制种、酿酒等特色优势产业予以重点扶持，促进贫困地区农民增收。同时，国家和省上还应增列专项，加大对生存条件恶劣地区易地扶贫搬迁的投入力度。

二是加大对甘肃农村公路改造的支持。结合集中连片特殊困难区域发展与扶贫攻坚规划，进一步争取国家提高对甘肃农村公路改造工程的补助标准，以解决建设资金缺口。

三是增加对农村社会保障的投入。中央财政应进一步提高对甘肃农村低保补助的标准，以使全省财政扶贫与社会保障综合配套，有效衔接。

四是尽快构建绩效考评机制。一方面，要建立"逢提必下"的干部选拔任用机制，对一定年龄段和一定级别需提拔使用的干部，必须应有在连片特困县扶贫攻坚工作的经历。另一方面，应建立对口援助机制，引导省内条件好的县区及企业加大对贫困县、乡、村的对口帮扶力度。同时，按照原定扶持政策不变、扶持力度不减、并给予相应奖励的政策，鼓励提前脱贫"摘帽"，以建立鼓励"摘帽"机制。

（二）积极构建金融扶贫新格局

金融扶贫被视为贫困地区农民脱贫致富的"金钥匙"。农村向来被认为是扩大内需的主战场，但实现这一目标的核心在于要通过各种途径支持和促进农业生产和农村经济持续、稳定地发展，这关键在于金融的支持。而以家庭为代表的农户则是农村金融需求占比最大的群体，但因这一群体的信贷需求具有多样性、分散化、季节性和规模小的特点，大型正规金融机构出现了慎贷、惜贷和只从农村"抽血"的现象。因此，时下贫困地区农村金融最缺的是能够直接深入农户的多元化金融机构的"毛细血管"，故金融扶贫新格局的构建最重要的就是要构造这一很好的"毛细血管系统"。

为此，一是大力支持和促进贫困村互助资金的健康发展。这一金融扶贫模式的最大特点在于，它是基于地缘、亲缘的优势解决了信息不对称的难题，专门针对贫困地区贫困农户提供的一种解决其临时性、季节性、分散性资金需求的"救急式"小额信贷服务，是面向正规金融机构不愿覆盖的偏远贫困地区所形成的"金融盲区"进行的一种有益补充，应进一步壮大资金规模和完善借款期限，以便更好地为贫困地区的特困户进行金融服务。二是大力推广"中和农信"信贷业务的发展。它采用地方政府、商业银行和专业机构三方合作的运作模式，具有"上门放贷、高效便捷、科技服务"的优势，进一步解决无法从传统金融机构获得贷款的农村中低收入和弱势农户的金融信贷问题。三是进一步完善小额信贷的发展。据银监会的最新规定，小额信贷额度在发达地区可提高至10万元~30万元，在欠发达地区可提高至1万元~5万元，但对一些生产规模大、信用记录好的农户和农村中小企业可适度提高这一标准。这就解决了农户、农村工商户及农村小企业发展的资金短缺问题。四是壮大和提高财政扶贫资金的规模和效率。这一资金的聚焦点在于改善贫困地区生产生活条件、提高贫困人口生活质量以及支持贫困地区发展经济与社会事业，以此来解决农村生产生活建设的金融信贷问题。

上述四个方面将构建起不同层次的金融扶贫新格局。当然，可仿照国家助学贷款财政贴息的办法，对农业贷款也实行财政贴息政策，逐步构建起风险管理和补偿机制，分散、减少支农贷款风险和损失。

（三）优化产业结构，大力发展第三产业

甘肃省经济发展面临的突出矛盾和问题集中体现产业链条短，特色优势产业和区域首位产业不够突出，战略新兴产业与富民多元产业比较薄弱，农业产业化程度不高，第三产业发展水平低下，整体经济发展滞后，调结构、转方式的任务十分艰巨。

因此，一要加快产业结构调整，推动产业结构由现状的"二三一"向"三二一"型转变。同时，还应结合甘肃实际，大力发展现代物流、金融、信息、服务外包、养生保健等生产和生活性现代服务业，促进形成现代服务业与先进制造业融合发展的格局。而且，应进一步推动甘肃向旅游产业强省的转变，将甘肃打造成西部重要的旅游重镇。二要加快推进农业现代化进程，提高经济发展水平。需做精甘肃省的特色优势产业，加大农业科技创新和应用的力

度，加快农业科技成果的转化，最终实现打造一批全国重要的特色农产品生产和加工基地、加强农村职业教育和劳动力培训、提高农村劳动力的职业素养和技术水平的目标。三是大幅度加大研发投入，使经济增长更多地依靠科技进步，并不断降低全省单位 GDP 能耗。进一步加快全省欠发达地区发展，缩小省内地区、县域之间的发展差距，以此打造甘肃经济的升级版。

（四）深入推动新型城镇化发展

城镇化是十八大后我国经济社会发展的重大战略之一，能有效缓解人口增长对资源环境的胁迫。甘肃在"自然条件差、经济总量小、人均水平低、贫困程度深"的省情尚未得到根本改变的背景下，要与全国同步进入全面小康，大力推进新型城镇化是当前的应有之义和必要之策。但鉴于甘肃区域差异化显著的实际，其城镇化总体发展的关键在于应遵循"分区推进、东聚西散、南部扶持、齐头并进"的原则加以推进①。

"分区推进"就是基于甘肃东西差异较大的实际，将全省划分为黄土高原区、陇南山区、甘南高原区和河西荒漠绿洲区 4 个不同的发展区域，针对这些不同的发展区域，采取不同的发展重点小城镇的策略；"东聚西散"就是基于陇东地区大农村、小城市的特点，大力发展小城镇；河西地区则应以发展县域及以上城市为主，把发展小城镇作为城市与乡村联系的补充；"南部扶持"即在陇南、甘南等山大沟深、交通不便的地区，重点发展小城镇，使其成为连接城市与乡村的纽带；"齐头并进"就是在中部大中城市，坚

---

① 曲玮、刘七军：《区域差异视角下的建制镇发展路径研究——基于甘肃省实证分析》，《甘肃社会科学》2013 年第 5 期。

持城市建设与小城镇同步推进的原则，同时大力发展周边的卫星镇。从微观层面看，要破除制度障碍，进一步解决好农民进城务工的落户、子女入学、保障住房等方面存在的问题，引导更多的农村人口向城镇转移，不断推进城镇化进程。

（五）大力发展文化产业

针对当前甘肃文化产业产值在全面建设小康社会评价指标体系中指标值偏低的现状，唯有多措并举，才能弥补这一短板。鉴于此，要加大对文化产业的投入力度，着力发展和培育现代传媒等新兴文化产业；同时要进一步放宽民营文化企业的市场准入条件，大力扶持和促进民营文化企业的发展，鼓励和引导各类社会资本有效地进入文化产业领域；此外，要大力加强文化产业领军人物和各类专业人才的培养和引进，为文化产业发展提供人力资源保障。要精心打造具有甘肃特色的文化产品，不断树立文化产业的品牌意识。还要加强对民俗文化的宣传和发展，举办有地域特色的节日文化活动，扩大本地文化的影响力。应积极参与国内外的文化交流活动，加大宣传和推广营销力度，提升其文化附加值，多方挖掘和发扬自身丰富的文化历史资源，同时要借鉴和吸收国内外优秀文化思想，形成具有甘肃本地特色的文化品牌。最终使甘肃文化资源的优势变为经济优势，提升文化产业的整体综合竞争力。

（六）加强生态建设，破除水资源制约瓶颈

甘肃是生态环境脆弱的敏感地带，因此，在全面建设小康社会的进程中要加大生态环境的保护力度。一方面，要建立和完善生态补偿制度。主要是要建立和完善生态补偿机制，进一步提高对草原生态和森林的补偿标准；更好地开展湿地和沙化耕地的退耕生态建

设补偿。以此推动甘肃国家生态安全屏障综合试验区的建设。另一方面，需长远谋划，突破水资源的制约瓶颈。在甘肃86个县（区）中，有63个县（区）存在不同程度的缺水，这也是导致目前甘肃农业低效、工业化失序、城市化受阻、人均收入水平低，整个经济社会生态环境发展日益滞后和全面建设小康社会进程明显滞后的最重要的深层次原因。因此，省上应高度关注，呼吁从国家层面加以重视，及早论证实施大西线工程或类似的调水工程，以从根本上缓解水资源对甘肃经济社会发展和生态环境建设的制约。届时，甘肃将能够再开发出1亿亩~2亿亩的平原国土，可以根据水资源的状况，重新从顶层规划甘肃生产力和城市化的布局，以实现全省经济重心与城市布局向河西走廊的战略性转移。同时，充分发挥欧亚大陆桥的有利条件，改变目前的区位劣势，形成重点向西开放的格局，以促进甘肃工业化、城市化、生态环境、经济社会的长远持续发展。

甘肃城镇化进程中小城镇发展研究

徐吉宏*

摘 要：

本文以地理空间为视角，尝试利用地理信息技术（GIS）空间统计分析方法，对甘肃省城镇化进程中小城镇的人口规模和农民纯收入进行地理空间统计分析，从而考量小城镇发展的空间趋势。研究结果表明：从东西方向看，甘肃省人口分布和农民人均纯收入呈明显反向分布特征，即人口分布由西向东增加，而农民人均纯收入则西高东低，二者叠加可以看出，小城镇发展的重点和难点在东部区域；从南北方向看，无论人口还是农民人均纯收入都呈倒"U"形分布，其中以后者分布特征更为明显，表明小城镇发展和农民增收的难点在南部。叠加两个方向的情况看，甘肃省小城镇发展的空间聚集趋势较为显著，特征分布明显，发展的难点和重点集中在东部和南部。

关键词：

城镇化 小城镇 空间聚集 地理信息系统（GIS）

---

* 徐吉宏，甘肃省社会科学院助理研究员，主要研究农村发展及地理信息技术。

一 小城镇相关概念内涵

（一）城镇化

城镇化是当今世界重要的经济和社会现象，尽管对此研究多年，但各学科、学者对其理解仍然不一致。从外延看，城镇化①是指城镇在人类历史的发展长河中社会、经济、政治、文化和社会意识等形态的相互促进、相互转化的关系和状态；从内涵看，城镇化是人类生产和生活方式由农村型向城镇型转化的历史过程，以及城镇不断发展和完善的过程；从多样性看，城镇化是指城市功能向小城镇和农村不断延伸、健全的过程，以及农村居民聚居、生活方式城镇化、生产方式渐变多样化的过程。综合起来看，城镇化就是指人口向城镇集中的过程，其中包括社会、人口、空间、经济转移等多方面，概括起来是三方面的演变过程：一是城镇对农村社会经济发展影响的过程；二是城镇人口集中和增加的过程；三是城镇文化发展和传播的过程。

（二）小城镇

小城镇，顾名思义即为规模较小的城镇，是介于城乡之间的一种状态。由于与乡村、城市之间的边缘模糊性和发展的不确定性等特征，业界对小城镇概念理解产生分歧。最具代表性的是费

---

① 石春芳：《对甘肃省城镇化特色问题的思考》，甘肃省住房和城乡建设网，2011年2月23日。

孝通先生对小城镇概念的界定，他通过小城镇与农村的关系，从地域、人口、经济和环境等方面比较，认为小城镇是相对于农村社区较高层次的社会实体，以一批非农业生产劳动的人口为主体组成的社区。小城镇既同乡村保持着密切的联系，又与乡村有着明显的区别。①

不同部门，站在不同角度，对小城镇的界定有所不同（见表1）。综合来看，大体可分为四类观点：第一，小城镇包括小城市、建制镇和集镇，它们分属于城与乡，是中国城市发展的重点部分；第二，小城镇包括小城市和建制镇，都属于城市范畴；第三，小城镇仅包括建制镇，属于城市范畴；第四，小城镇包括县城关镇，县级以下的建制镇以及集镇。

为方便研究，本文依据相关理论和实践研究基础，对小城镇做如下定义：小城镇是指经济相对比较发达、且具有一定设施（市政、服务等）的政治、经济、文化、科技和生活服务中心的区域，是农村向城市发展的过渡阶段，是连接城市与农村的重要纽带。小城镇是城镇体系的最基本单元，同大、中、小城市存在着人员、物质、信息、资本的关联，受制于城镇体系的演变规律，又是周围乡村地域的中心，受制于乡村发展水平和结构的影响，并同时对乡村起着组织和领导作用。② 从生态学能流物流转移理论角度看，小城镇是城市与农村进行能流、物流转移、转换的中间载体，通过一定的通信、交通设施等渠道，实现物流、能流的合理流动周转，使整个生态系统实现和谐统一。

---

① 费孝通：《费孝通论小城镇建设》，中国社会科学出版社，2000。
② 靳南：《地域环境与小城镇特色关系初探》，硕士学位论文，长安大学，2007。

表1　不同部门或学科对小城镇的界定

部门或学科	小城镇界定
行政管理部门	小城镇通常仅包括建制镇这一地域行政范围，而且建制镇与非建制镇在经济统计、财政税收、户籍管理等诸多方面都有明确的区别①
社会学界	建制镇的经济结构和社区生活与城市比较相去甚远，而更接近于农村社区，因此小城镇应包括建制镇、集镇和村镇
地理学界	城市地理学者将小城镇作为一个区域城镇体系的基础层次，我国大量的建制镇是从农村自然集镇发展演化而来，具有相当程度的农村聚落特征。这里的小城镇包括建制镇和自然集镇，通常以"集镇"统称②
《中华人民共和国城市规划法》	城市是指国家按行政区建制设立的直辖市、镇，即包括直辖市、建制市、建制镇。在国务院1993年发布的《村庄和集镇规划建设管理条例》中对集镇也有明确的界定：集镇是指乡、民族乡人民政府所在地和经县级人民政府确认由集市发展而成的作为农村一定区域经济、文化和生活服务中心的非建制镇③

注：① 中国城市规划设计研究：《小城镇规划及相关技术标准研究》，中国建筑工业出版社，2009。

② 姚辉波：《鲁西南小城镇居民体育意识与体育行为的调查研究》，硕士学位论文，广西师范大学，2009。

③ 姚辉波：《鲁西南小城镇居民体育意识与体育行为的调查研究》，硕士学位论文，广西师范大学，2009。

资料来源：靳南：《地域环境与小城镇特色关系初探》，硕士学位论文，长安大学，2007。

二　小城镇在甘肃城镇化发展中的作用和意义

小城镇处于"乡村之首"、"城市之尾"，又是城镇体系的最基本的单元，起着城乡的纽带和桥梁作用。小城镇发展的作用和意义概括有三个方面：第一，小城镇是中国社会主义城市化的必由之路，其战略地位不可动摇；第二，小城镇发展对解决"三农"问题，缓解城市的内需不足与市场制约，转移农村剩余劳动力，避免"农村病"和"城市病"等方面具有不可估量的作用和意义；第三，小城镇是城镇带、城镇群体系的基本单元，与大、中、小城市相互补充、协调发展。

甘肃省是西部欠发达地区，小城镇在甘肃城镇化进程中无疑将发挥重要的作用，小城镇发展对促进农村经济发展、调整农村产业结构、缩小城乡差别、缓解人口压力等方面具有重要的作用。

（一）小城镇是农村发展"增长极"，可以极大地促进甘肃的城镇化整体发展

小城镇是农村发展的"增长极"，具有聚集和扩散效应，能够将一定区域的各种生产要素聚集起来，促进农业产业经营和集约化经营，提高土地生产率和劳动生产率，带动第二、第三产业连片发展。同时，小城镇"增长极"的辐射和带动作用，使城乡在政治、经济、文化、观念等方面相互交流、渗透，不断融合，从而起到以城带乡、以乡促城的作用，最终破解城乡"二元结构"，促进城乡一体化，进而推动甘肃的城镇化发展。

（二）小城镇是转移农村剩余劳动力的有效平台，为甘肃的城镇化提供必要条件

劳动力就业问题关系到国民经济持续、稳定、健康发展和社会稳定，而解决此问题的突破点在农村。只有真正解决农村剩余劳动力转移问题，才能避免劳动力资源的浪费，同时也避免其引发其他社会问题。甘肃是农业大省，农村劳动力达788.9万人，农村剩余劳动力数占农村劳动力总人数的46%。如此庞大的劳动力剩余，如何解决、如何转移的问题，是摆在省委、省政府面前的一个巨大挑战。发展经济学家刘易斯指出，"一个城市在其规模达到 30 万人以后，就会失去其规模经济效益。相当经济的办法应该是发展大批的农村小城镇，每一个小城镇都拥有一些工厂、电站、中等学校、医院以及其他一些能够吸引居民的设施。"[①] 小城镇发展为乡镇企业的发展提供空间和环境，有效地转移农村剩余劳动力，避免向大、中城市盲目流动，减轻城市压力，但同时为城镇化提供必要的人力资源。

（三）小城镇是解决"三农"瓶颈、全面推进甘肃城镇化进程的现实途径

"三农"问题即农业、农村、农民问题，始终是困扰甘肃发展和建设的根本性问题，农业能否大幅度提高，能否实现现代化，农村能否实现全面小康，也是全面推进甘肃的城镇化进程和实现全面小康社会的重大"瓶颈"。小城镇发展有利于统筹城乡经济社会发展、提高农民收入、推动农村各项社会事业的发展、促进农村社会主义精神文明建设和社会进步。同时，也是全面推进甘肃的城镇化进程和全面实现小康社会目标的现实途径。

（四）小城镇是城镇带健康稳定发展和甘肃城镇化进程的"助推器"

一般意义上的城镇带（不包括大城市带）是以县域经济为依托在乡镇企业基础上发展起来的，以特色化的产业链条为纽带联结区域内若干中心城镇所形成的中小型城镇体系。小城镇是这个系统上的一个重要基础环节，然而在城镇带的发展中，许多政策主要倾

---

① 江西省委讲师团：《小城镇 大战略 通往现代化之路——以新一轮农村改革为契机，推进江西小城镇建设》，2009 年 9 月，http：//www.jxjst.org.cn/lldb/200909/t20090928_ 163262.htm。

斜于城市,造成城市发展相对繁荣、小城镇发展滞后的格局。从长期来看,城镇化的滞后必然要拖大城市发展的后腿,同时也表明城镇带的健康稳定的发展,很大程度上有赖于城镇带中小城镇经济的良好发展(见图1和图2)。

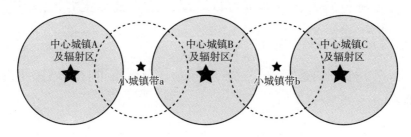

图1　中心城镇与小城镇的关系(一)

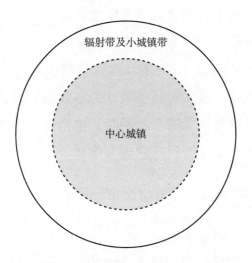

图2　中心城镇与小城镇的关系(二)

三　甘肃省城镇化进程中小城镇发展分析

目前,国内外关于城镇化进程中小城镇发展的研究主要从小城镇发展的作用和地位、规划与建设、经济建设、发展方向以及与其相关的制度政策等方面分析，并已形成相应的理论成果。同时也存在着一定分歧，主要由于地域、发展水平等差异，研究成果不能真实客观地反映小城镇状况。此外，从研究角度来看，大多数研究主要从经济学和社会学角度出发，忽视了地理空间对小城镇的影响。我国著名经济学家陆铭教授指出，"如果说有一个因素在经济发展政策中被严重忽视了，这个因素就是'空间'（地理因素）。理解空间的力量直接关系到城市化和区域经济发展的战略。"①

地理信息技术（GIS）是以地理空间数据库为核心，将地理空间要素和统计数据有机结合在一起，进行空间相关分析。因此，本文基于甘肃省小城镇发展的地理空间视角，尝试利用 GIS（ArcGIS软件）地理空间统计分析方法，对 2011 年甘肃省小城镇发展统计数据②（人口、人均纯收入③）进行空间分析，反映甘肃省城镇化进程中小城镇发展空间趋势。

（一）甘肃省小城镇④发展分布特征

单纯从空间分布角度来看，甘肃省小城镇呈现"疏密不均、局部连绵"的特征，主要沿甘肃主轴陇海—兰新、宝兰—兰青铁路和国道 312、国道 109 等公路交通沿线分布比较集中（见图 3），这与甘肃区域形状、地理环境、人口和资源分布有很大关系。

---

① 陆铭：《地理空间：城市化不可忽视的因素》，《光明日报（理论周刊）》2013年 7 月 21 日，第 19 版。
② 根据 2011 年甘肃省统计局乡卡及城市、县城和村镇建设统计年报整理。
③ 本文人均收入指农民人均纯收入。
④ 本文小城镇仅指除中心镇以外的建制镇。

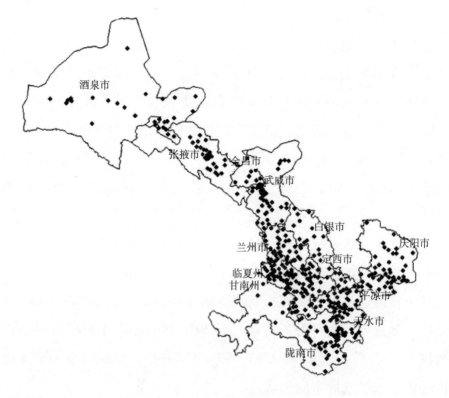

图3 甘肃省小城镇空间分布

在甘肃中部地区，以兰州市为中心形成了一个明显的核心小城镇聚集区，与并武威、定西、临夏等地区的小城镇在空间上趋向连绵，初步形成环兰城镇连绵区。

甘肃省东部尤其是天水地区形成了一个较为密集的城镇空间群体，基本形成以陇南、平凉和庆阳等地区为主的绵延分布格局。

甘肃西部和南部地区的小城镇数量则明显较少，且空间距离大，城镇分布呈稀疏状态。

（二）甘肃省小城镇发展空间趋势分析

空间趋势分析就是要找出数据点中存在的一般空间趋势规

律，而空间趋势是反映空间物体在空间区域上变化的主体特征，从而揭示空间物体的一般规律，忽略其局部变异。本研究对甘肃小城镇发展空间趋势分析，首先，将 ArcGIS 地理要素与 2011 年甘肃省小城镇发展的统计数据（人口、人均收入）融合，检验数据服从正态分布，对其简要趋势分析；其次，依据空间自相关特性，进一步检验数据空间聚集或离散特征；最后，利用 ArcGIS 叠加分析工具，制作甘肃城镇化进程中小城镇聚集（离散）趋势分布图。

1. 数据分析

GIS 地理空间统计学分析中，假设样本需服从正态分布，因此必须检验样本数据是否符合正态分布。Normal QQPlot 图是有效度量数据符合正态分布的方法之一，Normal QQPlot 图可以将空间数据点分布与标准正态分布相比较，如果数据点分布越近似于一条直线，则表明越近似服从正态分布。如果数据点偏离直线的点太多，则需对其 Log 或 Box-Cox 变换检验。

在 ArcGIS 软件下，将 ArcGIS 的地理要素与 2011 年甘肃省小城镇发展的统计数据（人口密度、人均收入）融合，利用 Geostatistical Analyst 空间分析模块工具对人口密度、人均收入数据进行检验，Normal QQPlot 图需近似成一条直线，否则，需要进行 Log 或 Box-Cox 变换。

从图 4 和图 5 可以看出，甘肃省小城镇人口密度与人均收入的融合数据分布不符合正态分布，从其分布看，在小值区域和大值区域中存在个别离群点值。但通过 Log 变换处理后，Normal QQPlot 图的数据分布近似一条直线，说明变换后数据近似符合正态分布，可对其进行空间趋势分析。

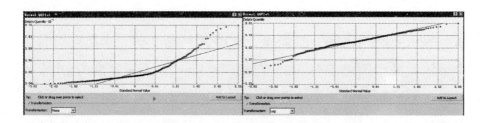

图4 人口密度 Normal QQPlot 图（融合数据分布见左图，变换后见右图）

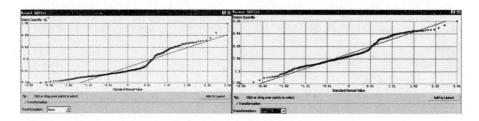

图5 人均收入 NormalQQPlot 图（融合数据分布见左图，变换后见右图）

2. 空间趋势分析

ArcGIS 空间趋势分析工具可将数据点转化成以某一属性值为高度的三维透视图中，将数据点按东西、南北两个方向投影到与地图平面正交的平面上，每个方向投影点的拟合线可用于模拟其方向存在的趋势。趋势分析图中每个数据点的值（高度）和位置用竖棒替代，其投影点形成的最佳拟合线若是平直的，说明没有趋势存在。在 ArcGIS 软件下，以甘肃省小城镇（X，Y，人口密度/人均收入）为空间坐标，将所有小城镇（X，Y，人口密度/人均收入）数据点投影到东西（X 轴）和南北（Y 轴）两个方向的正交平面上，将投影点形成的最佳拟合线制作成三维透视图（图6 表示 X、Y 轴在甘肃省地图中的方向）。

从甘肃省小城镇人口密度三维透视图中可以看出（见图7），东西和南北两个方向的最佳拟合线并不是一条直线，说明了甘肃小城镇人口密度在东西和南北两个方向上存在着一定的空间趋势。同时，在东西方向上，基本拟合呈"东高西低"，反映出人口密度由西向东方向呈逐渐增加态势；在南北方向上，近似拟合呈倒"U"形，反映出其空间分布呈中部高、南北低的态势。

图6 甘肃省地图中的 X 轴、Y 轴

从甘肃省小城镇人均收入三维透视图可以看出（见图8），东西、南北两个方向的最佳拟合线也并不是一条直线，说明甘肃小城镇人均收入在东西和南北两个方向上同样存在着一定的空间趋势。从东西方向看，基本拟合呈"西高东低"分布，反映出由东向西人均收入有增加趋势；在南北方向上，拟合线呈"U"形形态，说明小城镇人均收入空间分布南北低、中部高。此外，依据 GIS 叠加

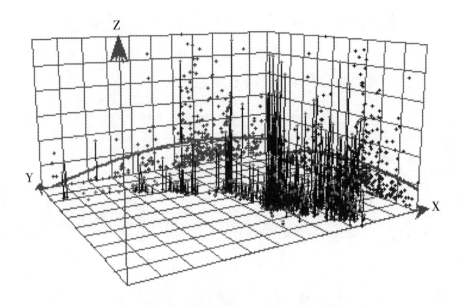

图7 甘肃省小城镇人口密度三维透视

分析①的思想可以看出，从东西方向看，甘肃省人口分布和农民人均纯收入呈明显反向分布特征，即人口分布稠密的东部区域其人均收入相对较低，而人口分布稀疏的西部地区，其人均收入却相对较高。甘肃东部区域是黄土高原文化的发祥地，历史、文化沿袭等原因使这里的人口较为密集，这就意味着甘肃小城镇发展的重点和难点在东部区域。

东部区域城镇化建设具有如下特征：一是东部区域汇集了三大中型市（地级市），但缺少中小城市，城市的建成区面积小、容纳能力低，公共产品供给、产业覆盖范围和承载能力都不高，具有典型的"小马拉大车"特征；二是黄土高原区沟壑纵横，梁峁连绵，交通不便。城市与县城、县城与小城镇、小城镇与村庄之间被一个

---

① 叠加分析指在统一空间参考系统下，通过对两个或多个数据层面进行的集合运算，分析在空间位置上有一定关联的空间对象的空间特征和专属属性之间的相互关系。

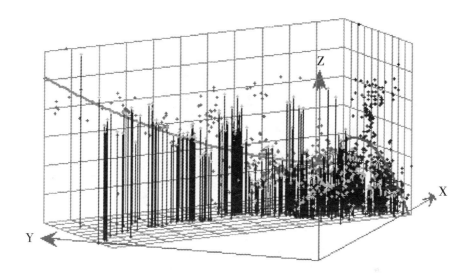

图8　甘肃省小城镇人均收入三维透视

个山梁和沟壑所阻隔，直线距离虽然不远但交通不便，大中城市对县域和小城镇辐射带动能力弱，中小城市对农村区域的带动作用更弱；三是区域内贫困面较大，农村基础设施差，公共产品供给水平低下，中小城市与小城镇发展滞缓，缺乏对较大规模村庄整治和建设的经济支撑；四是区域内部分地区资源较为丰富，但生态环境问题突出。同时，居民建筑特色突出，文化内涵丰富，为小城镇建设和发展奠定了物质、文化、人口基础。

因此，这一地区应加大以建制镇为重点的小城镇建设力度，从数量和质量两方面提升小城镇品质；应围绕能源、旅游和农牧产品资源的开发与生态环境治理，以非农化推动城镇化，以城镇化促进生态环境治理，使小城镇的发展与区域资源开发利用和生态环境治理相协调。

从南北方向看，无论人口还是农民人均纯收入都呈倒"U"形分布，其中以后者分布特征更为明显，二者叠加看，南北方向上有两个重点：一是中部区域，人口密度相对大，人均收入较高，城镇化的发展需求较高；二是南部区域，人口密度稍小，但人均收入更低。但结合甘肃现有的大、中、小城市布局和收入水平看，就发展小城镇来说，重点和难点在南部区域。

从南北方向投影看，甘肃大、中型城市基本上都集中在中部，而南部区域主要涵盖了陇南和甘南两个区域，其中，因陇南地区人口密度（100人/平方公里）大而人均收入低，是小城镇发展的重点和难点。一方面因地理区域偏僻，贫困面大，市、县两级城市经济规模和实力十分有限，辐射带动能力较弱；另一方面由于区域自然地理环境所限，大山阻隔，城市－县城之间、县城－乡镇之间联系不畅，现有的国道和省道不足，没有形成交通网络，区域交通不便致使不能形成连片集约效应。鉴于此，围绕发展以建制镇为重点的小城镇建设，一方面可以将分散在山区的农村剩余劳动力有效地集中起来，解决因山大沟深、交通不便、土地资源短缺等造成的发展滞缓和贫困问题；另一方面，也可以使建制镇成为为农村提供公共服务的一个有效载体。

3. 空间自相关分析

大部分的地理现象都具有空间相关特性，即距离越近的两事物越相似。空间自相关[18]是检验某要素空间属性值与其相邻空间属性值是否存在显著相关性的重要指标，其结果可用来解释和寻找存在的空间聚集（离散）性。正相关反映某要素空间属性值与其相邻空间属性值具有相同变化聚集趋势，负相关则相反（离散）。本研究选择 Moran's I[①]（莫然指数）检验其自相关性，公式：

---

① 蒲英霞、葛莹等：《基于 ESDA 的区域经济空间差异分析》，《地理研究》2005年第 6 期。

$$I = \frac{N \sum_i \sum_j W_{ij}(X_i - \bar{X})(X_j - \bar{X})}{(\sum_i \sum_j W_{ij}) \sum_i (X_i - \bar{X})^2}$$

N 为样本数；变量 X 在 i 位置的值；变量 X 在 j 位置的值；是变量 X 的平均值；W_{ij} 表示空间权重，可以通过空间数据的拓扑属性如邻接性来构造，如果 i 与 j 之间的距离小于指定距离，则 $W(i, j) = 1$，其他情况为 0。

$$Z(I) = \frac{I - E(I)}{S_{E(I)}} E(I) = -\frac{1}{N-1}$$

$$S_{E(I)} = SQRT\left[\frac{N^2 \sum_{ij} w_{ij}^2 + 3(\sum_{ij} w_{ij})^2 - N \sum_i (\sum_j w_{ij})^2}{(N^2 - 1)(\sum_{ij} w_{ij})^2}\right]$$

$E(I)$ 表示 I 的数学期望值；$SE(I)$ 表示 $E(I)$ 的理论标准差；$Z(I)$ 表示正态统计量值。

Moran's I 的取值范围为 [−1, 1]，当 Moran's I 的观察值小于数学期望值 $E(I)$，表明存在负空间自相关；Moran's I 的观察值大于数学期望值 $E(I)$ 时，存在正空间自相关；等于 $E(I)$，无空间自相关。

在 ArcGIS 软件下，通过 ArcToolbox 工具箱中的 Spatial Statistic Analysis 空间分析功能模块对甘肃省小城镇人口密度、人口密度数据分布状况进行空间自相关检验。

由表 2 和图 9 可知，Moran's I 观察值大于数学期望值 $E(I)$，说明人口密度和人均收入符合正态分布，且正态统计量 Z 值远远大于正态分布函数在 0.01 水平下的临界值 (2.58)，表明空间分布正自相关显著，其空间聚集态势凸显（如图 9 的粗色方框标记）。

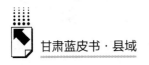
表2　甘肃省小城镇人口密度和人均收入的 Moran 指数及其 Z 值

项目	Moran's I	$S_{E(I)}$	$E(I)$	$Z(I)$
人口密度	0.129736	− 0.002481	0.000078	14.970129
人均收入	0.335992	− 0.002481	0.000084	36.913585

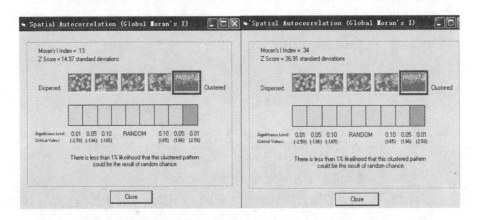

图9　甘肃省小城镇人口密度（左）、人均收入（右）空间自相关分析

4. 聚集趋势分布图

基于以上分析，利用 ArcGIS 叠加分析工具，制作甘肃省城镇化进程中小城镇发展的空间聚集趋势图。从图10可以看出，甘肃省小城镇聚集化发展呈"向心聚集"，最集中"中心"属甘肃省省会城市兰州，是全省的金融、商贸、科技、文化、信息和通信、人才密集等中心，还是国家大型石油化工基地，基础设施完善，交通便利，经济实力雄厚，工业化和城市化水平高；其次"中心"如：天水、平凉、武威、张掖、嘉峪关等中心城市附近聚集。而这几个中心城市正是甘肃省比较有活力的地区，其经济社会水平发展、城镇化水平相对比较高，且其周围小城镇发展水平也相对比较高。同时，从侧面反映了甘肃省中心城市对周边小城镇发展的辐射和带动作用相对比较明显，这些周边的小城镇受到中心城市的辐射、带动以及交通、基础设施、文化传播等作用影响，其发展速度相对比较快。

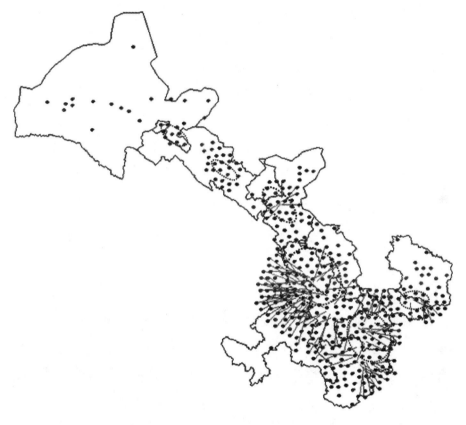

图 10 甘肃省小城镇空间聚集趋势

四 结论与讨论

目前，从小城镇发展理论与实证研究可以看出，传统的研究思路只从时间维度出发，忽视地理空间维度的相关性和异质性，在理论上存在不足或缺失，造成研究成果与社会经济发展现实不符。因此，我们需要将地理空间数据和属性数据糅合成新的数据表现形式，进而科学地解释小城镇发展在时空趋势的机制和规律。地域空间差异，在很大程度上引起了空间不均衡，空间集聚使得在小城镇发展过程中地理区位（距离）产生的空间成本降低，弱化了原来的空间差异对其产生的影响。

从东西方向看，甘肃省人口分布和农民人均纯收入呈明显反向分布特征，即人口分布由西向东增加，而农民人均纯收入则西高东低，二者叠加可以看出，小城镇发展的重点和难点在东部区域；从南北方向看，无论人口还是农民人均纯收入都呈倒"U"形分布，其中，以后者分布特征更为明显，表明小城镇发展和农民增收的难点在南部。叠加两个方向的情况看，甘肃省小城镇发展的空间聚集趋势较为显著，特征分布明显，发展的难点和重点集中在东部和南部。

此外，有关地理信息（GIS）与社会科学相结合的研究分析目前还处在探索阶段，因此本研究也存在以下几点问题。第一，本文只限于研究2011年的小城镇空间趋势分析，不能反映多年来甘肃省进程中小城镇发展变化状况，无法更客观地分析小城镇发展的空间聚集和异质的变化情况。第二，由于本人对经济学与地理信息学相结合的理论学习与实践经验有限，以及时间和资料等原因，本研究仅限于对人口密度和人均收入进行相关空间分析，有偏颇和不足之处，有待于后续探索研究，以求更加完善、更加严谨。

参考文献

傅崇兰：《小城镇论》，山西经济出版社，2003。

叶堂林：《小城镇建设的规划与管理》，新华出版社，2004。

王雨村、王炜：《小城镇总体规划》，东南大学出版社，2002。

孙自铎：《国外小城镇建设和研究情况简介》，《赣江经济》1984年第6期。

周琳琅：《统筹城乡发展——理论与实践》，中国经济出版社，2005。

费孝通：《全面总结"小城镇大战略"：接轨城市化　复兴小城镇》，《领导决策信息》2004年第4期。

许经勇：《对中国特色城镇化道路的深层思考》，《经济经纬》2006年第1期。

张军：《小城镇规划的区域观点与动态观点》，《城市发展研究》1998年第1期。

李树琮：《中国城市化与小城镇发展》，中国财政经济出版社，2002。

崔功豪：《中国城镇发展研究》，中国建筑工业出版社，1992。

冯健：《1980年以来我国小城镇研究的新进展》，《城市规划汇刊》2001年第3期。

蔡秀玲著《论小城镇建设：要素聚集与制度创新》，人民出版社，2002。

马传栋：《论区域生态经济发展和小城镇体系规划》，《开发研究》1989年第3期。

辜胜阻主编《当代中国人口流动与城镇化》，武汉大学出版社，1994。

邹兵：《小城镇的制度变迁与政策分析》，中国建筑工业出版社，2003。

韩俊：《跨世纪的难题：中国农业劳动力转移》，山西经济出版社，1994。

汤国安：《地理信息系统》，科学出版社，2000。

秦昆主编《GIS空间分析理论与方法（第二版）》，武汉大学出版社，2010。

B.8
甘肃加快发展现代农业的路径探索

李振东*

摘　要：

本文通过对甘肃现代农业发展基础和现状分析，发现甘肃现代农业发展基础薄弱，农业集约化、产业化水平较低，是制约甘肃发展现代农业的瓶颈。但是，甘肃农业结构调整空间大，特色农业区位优势明显，并且具有良好的政策环境。因此，加快发展甘肃现代农业需要大力发展畜牧业，调整农业结构；强化基础设施和公共服务体系建设，降低农业成本和风险；强化农业科技和人才支撑；突出农业发展方式创新；着力打造特色农产品生产和加工基地；建立和完善甘肃现代农业制度。

关键词：

现代农业　农业产业化　集约　路径

2013 年中央一号文件对农业农村工作的总体要求是要落实"四化同步"的战略部署，这就是要围绕现代农业建设，加大农村改革力度、政策扶持力度、科技驱动力度，着力构建集约化、

---

* 李振东，甘肃省社会科学院农村发展研究所副研究员，主要从事生态经济方面的研究。

专业化、组织化、社会化相结合的新型农业经营体系。对于现代农业，目前学术界尚未达成统一认识，综合国内外相关研究，较为普遍的定义如下：现代农业是相对于传统农业而言，即用现代工业装备、用现代科学技术武装、用现代组织管理方法经营的专业化、社会化、商品化农业，其生产是实现了机械化、电气化、化学化、水利化、生物化和信息化的过程。与传统农业相比，现代农业将逐步脱掉弱势产业的帽子，成为国民经济中具有一定竞争力的现代产业。

甘肃作为我国西部经济欠发达省份，农业在国民经济中的基础地位更为明显。2012 年农业增加值 780.4 亿元，增长 6.8%，占国民生产总值的 13.8%，与上年相比上升 0.3 个百分点①。因此，加速甘肃现代农业发展对提升甘肃经济有重要意义。本文通过分析甘肃现代农业的发展基础和现状，总结甘肃现代农业发展的特征②，探索甘肃加快发展现代农业的路径。

一 甘肃现代农业的发展基础和现状

（一）现代农业的发展基础

1. 农业装备条件和信息服务

甘肃农业机械化水平显著提高，2011 年甘肃省农机总动力达

---

① 《2012 年甘肃省国民经济和社会发展统计公报》，甘肃统计信息网，http://www.gstj.gov.cn/doc/ShowArticle.asp? ArticleID = 14967。

② 本文所用数据除特别注释外均源自《中国统计年鉴 2012》、《中国农业年鉴 2012》、《中国农村年鉴 2012》、《甘肃农村年鉴 2012》、《甘肃发展年鉴 2012》和《中国农产品加工业年鉴 2012》。

到2150万千瓦，比上年增长8.7%；农机拥有量138万台/件，增长8%；配套农机具达到116.6万台/件，增长2.4%。全省机耕、机播、机收水平分别达到54%、34%、17%，分别比上年提高2.7个、2.9个和2个百分点；耕种收综合机械化水平达到37%，比上年提高2.3个百分点。甘肃农业农村信息化建设取得了一定成效，农业综合信息服务体系建设正逐步开展。2011年完成17个县级服务平台和900个村级信息服务点的建设，全省村级信息点达到4500个，服务农民100万户，2011年全年受理"12316""三农"服务热线电话10万个。

2. 农业科技服务

甘肃农业科技人才队伍逐步壮大，农业实用技术推广成效显著，公共服务能力逐步提升。2011年甘肃农业科技人员已达到25675人，农业科技人员的相对数达到35.89人/万人。2011年甘肃省积极推广农业科技，完成全膜双垄沟播推广面积1070.9万亩，高效农田节水技术推广面积382.5万亩，农机化技术推广面积2771万亩。创建万亩示范片137个，建成粮棉油高产田154.9万亩，完成农业科技培训5533场（次）、受训农民98.7万人次，发放科技图书41.7万册，赠送科技光盘3.2万张，发放宣传资料和科技明白纸108.8万份。

3. 农业产业化和规模化经营

甘肃农业产业化、农民专业合作经济组织发展较快。2011年甘肃省省级产业化重点龙头企业达到319家，农民专业合作社达到7559个，其中合作示范社达到1590个，建成农民专业合作社网站1271家。与超市、流通企业等建立产销对接关系的农民专业合作社达500多个，产品涉及马铃薯、蔬菜、苹果、小杂粮、蜜瓜等50种产品。

4. 特色农业

2011年马铃薯、蔬菜、苹果、中药材和草畜等特色产业发展初具规模，全省脱毒马铃薯推广面积超过1000万亩，全省蔬菜面积620万亩、产量1300万吨，全省水果面积700万亩、产量360万吨，其中苹果面积450万亩、产量240万吨，中药材面积255万亩、产量53万吨；规模养殖场（小区）总数达到5582个，畜禽养殖数量占全省的30%，全省秸秆饲料化利用量达到1160万吨，占秸秆总量的54%。全省草食畜牧业产值超过95亿元，占畜牧业总产值的52%以上，成为带动畜牧业增长的重要力量。

（二）甘肃现代农业发展现状

根据现代农业的定义和相关文献及数据的可得性，从农业产业结构、农业生产力水平、农业科技水平、农业产出水平和农业产业化水平几个方面，对甘肃现代农业与全国现代农业发展平均水平及其他省市现代农业发展水平进行比较，反映甘肃现代农业发展现状。

1. 农业产业结构

2011年甘肃农业增加值占地区生产总值比重、农业从业人员占乡村从业人员比重和种植业产值占农业总产值的比重均高于全国平均水平，分别列全国第8、第9和第2位；林业、牧业和渔业产值占农业总产值的比重均低于全国平均水平，分别列全国第28、第30和第30位（见表1）。说明甘肃经济中农业所占比重较高，其中种植业比重很高，全国排名第二，而牧业比重很低，全国排名倒数第二，作为全国六大牧区之一，甘肃畜牧业在农业经济结构中的作用远未发挥，其发展潜力亟待挖掘。

表1 2011年甘肃与全国农业产业结构对比

单位：%

项目	甘肃	排名	与全国平均水平的差距	与排名第一的省（市、区）的差距
农业增加值占地区生产总值的比重	13.60	8	3.60	12.90
农业从业人员占乡村从业人员的比重	63.88	9	12.92	46.70
种植业产值占农业总产值的比重	71.43	2	19.79	35.46
林业产值占农业总产值的比重	1.45	28	−2.39*	−14.65
牧业产值占农业总产值的比重	17.73	30	−13.97	−33.97
渔业产值占农业总产值的比重	0.13	30	−9.17	−28.52

注："−"表示甘肃低于对应水平，下同。

2. 农业生产力水平

运用机械化、化学化、电气化和水利化四方面的10项指标分析甘肃与全国农业生产力水平，比较发现，2011年甘肃农业生产力水平的10项指标均低于全国平均水平，其中甘肃农业机耕、机种、机收、综合机械化率分别为54%、34%、17%和37%，比全国平均水平分别低18.29个、10.93个、24.41个和17.82个百分点。运用农用机械动力、农用大中型拖拉机等6项指标与全国其他30个省（市、区）作横向比较发现，只有每千公顷农用小型拖拉机拥有量排名靠前，列全国第13位；其余5项指标排名均在第21位之后，特别是化学化指标每千公顷化肥使用量和水利化指标耕地有效灌溉率的排名均为第29位，电气化指标每千公顷用电量是全国平均水平的16.49%，仅为全国排名第一上海市（8373.56万千瓦/千公顷）的1.15%，位列第26（见表2）。总体而言，甘肃现代农业生产力水平在全国范围内属于低水平集团。

表 2　2011 年甘肃与全国农业生产力水平对比

项目	农用机械动力(千瓦/千公顷)	农用大中型拖拉机(台/千公顷)	农用小型拖拉机(台/千公顷)	化肥使用量(吨/千公顷)	用电量(万千瓦/千公顷)	耕地有效灌溉率(%)
甘肃	4585.93	19.94	105.33	187.26	96.71	27.73
排名	24	22	13	29	26	29
与平均水平的差距	-3443.80	-16.26	-43.48	-281.39	-489.87	-22.95
与最优水平的差距	-11796.37	-80.89	-403.01	-721.93	-8276.85	-66.45
占平均水平的比重	57.11	55.08	70.78	39.96	16.49	——
占最优水平的比重	27.99	19.78	20.72	20.6	1.15	——

3. 农业科技水平

2011 年甘肃农业科技人员相对数为 35.89 人/万人，高于全国平均水平，列全国第 12 位。甘肃农业从业人员中高中及以上文化程度人员所占比重与全国平均水平相当，列全国第 17 位；小学及以下文化程度人员所占比重为 39.20%，高出全国平均水平 7.2 个百分点，列全国第 7 位，比排名末位的北京市（7.6%）高出 31.6 个百分点（见表 3）。甘肃现代农业科技服务力量相对丰富，但农业从业人员文化程度[①]较低。

4. 农业产出水平

2011 年甘肃农业的单位播种面积粮食产量、单位耕地面积农业

---

① 由于统计年鉴中没有农业从业人员文化程度这一指标，本文用农村居民家庭劳动力文化程度代替。

表3　2011年甘肃与全国农业科技水平对比

项目	农业技术人员 相对数(人/万人)	高中及以上程度 (%)	初中程度 (%)	小学及以下程度 (%)
甘肃	35.89	15.8	45	39.2
排名	12	17	25	7
与平均水平的差距	9.77	0.7	-8	7.2
与最优水平的差距	-81.09	-27.1	-21.5	31.6
占平均水平的比重	137.41	—	—	—
占最优水平的比重	30.6	8	—	—

产值和农业劳动生产率三项指标均低于全国平均水平，分别是全国平均水平的69.31%、52.79%和53.87%，分别列全国第30、第27和第28位；农业投入产出率和其中的种植业、林业、农业服务业的投入产出率均低于全国平均水平，分别列全国第21、第24、第27和第30位；牧业和渔业的投入产出率均高于全国平均水平，分别列全国第3和第4位（见表4）。总体而言，甘肃现代农业产出水平很低，但其中牧业和渔业的投入产出率已达到全国先进水平。

表4　2011年甘肃与全国农业产出水平对比

项目	单位播种面积粮食 产量(千克/公顷)	单位耕地面积农业 产值(元/公顷)	农业劳动 生产率(元/人)	农业投入 产出率(%)
甘肃	3580.54	18211.98	9088.62	133.34
排名	30	27	28	21
与平均水平的差距	-1585.35	-16285.27	-7783.15	-7.08
与最优水平的差距	-3396.29	-67208.12	-27228.74	-79.23
占平均水平的比重	69.31	52.79	53.87	—
占最优水平的比重	51.32	21.32	25.03	—

续表

项目	种植业投入产出率(%)	林业投入产出率(%)	牧业投入产出率(%)	渔业投入产出率(%)	农业服务业投入产出率(%)
甘肃	142.12	78.35	213.86	220	35.06
排名	24	27	34	30	—
与平均水平的差距	-38.82	-124.2	120.67	65.87	-52.44
与最优水平的差距	-152.3	-266.8	-71.3	-134.6	-285.9
占平均水平的比重	—	—	—	—	—
占最优水平的比重	—	—	—	—	—

5. 农业产业化水平

从规模农产品加工企业平均从业人数、产值、利润和农产品加工机械4个方面7个指标分析甘肃农业产业化发展现状。2011年甘肃现代农业产业化水平的7个指标，均低于全国平均水平，规模农产品加工企业从业平均人数为全国平均水平的78.01%，列全国第26位，规模农产品加工企业平均产值和平均利润只有全国平均水平的53.87%和54.40%，列全国第27和第26位；在农产品加工机械方面，只有畜牧养殖机械拥有量相对较高，达到全国平均水平的90.90%，列全国第13位，农产品初加工作业机械、渔业机械和林果机械拥有量与全国平均水平差距很大（见表5）。说明甘肃农业产业化水平总体很低，牧业相对较好，接近全国平均水平。

表5　2011年甘肃与全国农业产业化水平对比

项目	规模农产品加工企业平均人数(人)	规模农产品加工企业平均产值(万元)	规模农产品加工企业平均利润(万元)
甘肃	146.7	5165.54	314.54
排名	26	27	26
与平均水平的差距	-41.35	-4424.06	-263.64
与最优水平的差距	-185.76	-17257.51	-2341.15
占平均水平的比重	78.01	53.87	54.40
占最优水平的比重	44.13	23.04	11.84

续表

项目	农产品初加工 作业机械(万台)	畜牧养殖 机械(万台)	渔业机械 (万台)	林果机械 (万台)
甘肃	14.3	18.7	0.1	0.01
排名	20	13	29	29
与平均水平的差距	-27.2	-1.87	-9.63	-0.67
与最优水平的差距	-155	-116.2	-87.3	-2.19
占平均水平的比重	34.46	90.90	1.03	1.46
占最优水平的比重	8.45	13.86	0.11	0.45

二 甘肃现代农业发展的特征

(一)特色农业区位优势明显

甘肃地处西北内陆，地貌复杂，气候多样，物种丰富，造就了发展特色农业的独特区位比较优势。经过多年持续发展，目前，甘肃特色农业发展已初具规模，形成了以定西为主的马铃薯种薯及商品薯生产基地，陇东和陇南为主的苹果生产基地，陇南、定西为主的中药材生产基地，河西杂交玉米、瓜菜、花卉制种基地，河西及沿黄灌区、渭河流域、泾河流域、"两江一水"流域五大蔬菜优势产区；以50个肉牛、肉羊产业大县为重点的草畜产业，农业产业化程度大幅提高。

(二)农业结构调整空间大

从2000~2011年甘肃农业产值来看，农业总产值逐年增长，其中种植业产值增长最快，牧业产值增长次之，林业产值增长较慢，而渔业产值基本没有增长。从各分项产值占农业总产值的比重看，种植业产值所占比重2000年为74.65%，2003年下降到最低为64.47%，之后逐年增加，到2010年增长到71.67%，2011年为71.43%，又开始下降；牧业产值所占比重2000~2009年一直在20%上下徘徊，到2010年下降到17.20%，2011年为17.73%，略有上升。林业产值所占比重从3.48%下降到1.45%，渔业产值所占比重从0.37%下降到0.13%（见图1）。甘肃畜牧业的投入产出率为213.86%，列全国第3位，仅次于青海（285.16%）和西藏（242.41%），拥有18.7万台畜牧养殖机械，列全国第13位，说明甘肃牧业发展势头良好。但是，牧业产值占农业总产值的比重全国排名却是倒数第二，这与甘肃作为全国六大牧区之一的"身份"极为不符。因此，甘肃农业结构具有较大的调整空间，应充分发挥"六大牧区之一"的区位优势和较高的投入产出率优势大力发展草食畜牧业，增加牧业产值的比重。

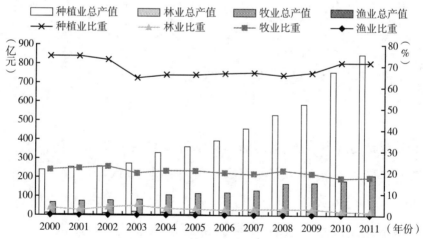

图1　"十五"和"十一五"期间甘肃省农林牧渔业总产值及其比重

资料来源：《甘肃年鉴》（2001~2009）和《甘肃发展年鉴》（2010~2012）。

（三）农业集约化、产业化水平较低

在实施家庭联产承包责任制时，耕地承包数量按家庭大小均分，承包质量上地力肥瘦搭配、距家远近兼顾的原则，以及后来的兄弟分家时耕地再次细分，最终形成当前甘肃农业生产的主要特点，土地零散、条块分割、个体经营、分散作业，农户在选种育种、田间管理等方面存在很大随意性，农户个体专业化水平低，农户间合作度低。这些不利于大型农业机械的使用和现代农业科技的推广应用，也严重制约着甘肃农业规模集约经营。

以耕地细碎化为基础的农户小规模生产经营，物质技术基础脆弱，仅靠经验组织生产，组织化程度低，势单力薄，面对变幻莫测的市场经济，难以准确预测市场情况，对现代农业发展的趋势、国内国际市场的走向缺乏了解和把握，制约了甘肃农业产业化发展。甘肃规模农产品加工企业从业平均人数、平均产值和平均利润在全国排名均在第25位以后，甘肃农产品加工企业的发展现状是规模小，辐射带动力还不够强，农业产业化经营水平还比较低。

（四）农业发展基础条件仍然薄弱

1. 自然基础条件

甘肃地处干旱的西北内陆，降水稀少且时空分布不均，水资源短缺，自然灾害频发，成灾率高。成灾率由2005年的64.10%下降到2010年的50.90%，但2011年又上升到56.19%，列全国首位。农田基本建设滞后，全省70%的耕地是山旱地，生产水平低且不稳。农业面源污染日趋加重，草原生态退化、荒漠化和水土流失等尚未得到有效遏制，农业生态保护任务艰巨。

2. 农业科技和劳动力素质

农业科技服务力量相对丰富，但农业从业人员的素质不断下滑，农业科技贡献率徘徊不前。甘肃农业科技人员的绝对数量从

"十五"末到 2011 年持续增长，到 2011 年底已达到 25675 人，相对数量也在不断增长，增长速度高于全国平均增速，并且相对数量始终高于全国平均水平，到 2011 年底达到 35.89 人/万人，是全国平均水平（26.12 人/万人）的 1.37 倍（见图 2）。

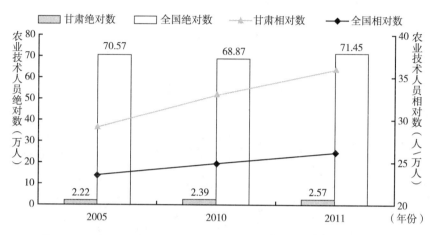

图 2　"十五"和"十一五"期间甘肃省农业科技人员和农业从业人员变化

资料来源：《中国统计年鉴》（2006、2011、2012），《中国农村年鉴》（2006、2011、2012）。

甘肃劳务输出人数由 2005 年的 273.22 万人，增加到 2010 年的 516.89 万人①。劳务输出提高农民收入的同时带给农业发展的却是劳动力老弱化。2005 年高中以上文化程度的劳务输出人员占高中以上文化程度的农村从业人员的 38.35%；留守劳动力中具有高中以上文化程度的劳动力只占 10.44%，小学及以下文化程度的劳动力占 65.35%。到 2010 年高中以上文化程度劳务输出人员占高中以上文化程度的农村从业人员的 75.48%，留守劳动力中具有高中以上文化程度的劳动力只占 8.04%，小学及以下文化程度的劳

---

①　甘肃发展年鉴编委会：《甘肃发展年鉴 2011》，中国统计出版社，2011，第 188 页。

动力占61.78%（见表6）。因此，甘肃农业发展虽然拥有相对丰富的农业科技服务力量，但是，面对不断老弱化的留守劳动力，农业新科技新方法的推广难度大。农业科技应用率低，农业科技贡献率也就很难提高。农业科技贡献率2005年为47%，低于全国平均水平1.0个百分点，2010年为48%，比全国平均水平低4.0个百分点，仅是5年前的全国平均水平①。

表6　农村转移劳动力和留守劳动力构成情况*

单位：%

项目	农村劳动力转移构成		留守劳动力构成		转移劳动力占农村从业人员比重	
	2005年	2010年	2005年	2010年	2005年	2010年
不识字或识字很少	3.89	2.73	17.43	23.15	6.99	9.25
小学程度	20.86	15.64	47.92	38.63	12.79	25.92
初中程度	55.97	53.00	24.21	30.18	43.78	60.27
高中以上程度	19.28	28.63	10.44	8.04	38.35	75.48

*《甘肃发展年鉴2012》中缺农村劳动力转移构成数据。

资料来源：《甘肃年鉴2006》，《甘肃发展年鉴2011》，《甘肃农村年鉴》（2006、2011）。

（五）具有良好的政策环境

党的十八大强调"加快发展现代农业，增强农业综合生产能力"。2013年中央一号文件也以"加快发展现代农业"为中心。2013年的国家支农惠农政策针对农业发展的新形势和新特点进行

---

① 《全国农业和农村经济发展第十一个五年规划（2006～2010年）》、《全国现代农业发展规划（2011～2015年）》、《甘肃省"十一五"农业发展规划》、《甘肃省"十二五"农业发展规划》。

了调整，与2012年相比，新增了对专业大户、家庭农场和农民合作社等新型经营主体的扶持，对畜牧标准化规模养殖的支持，对土壤有机质提升的补助，对农作物病虫害防控的补助，对农产品产地初加工的扶持，生鲜农产品流通环节税费减免，"菜篮子"产品生产扶持，培育新型职业农民，农村改革试验区政策等6条政策措施。

甘肃省为了加快现代农业发展专门成立了甘肃省现代农业发展协调推进领导小组，制定出台了《关于加快现代农业发展的意见》。为切实推进现代农业的发展，甘肃省制定下发了《甘肃省加快推进现代农业发展提质增效五年行动计划》、《甘肃省农民收入倍增计划（2012～2016年)》、《关于支持农业产业化龙头企业发展的实施意见》、《关于进一步加大农户生产性贷款支持力度的若干意见》、《甘肃省草食畜牧业和设施蔬菜产业发展贷款贴息管理办法》、《关于加快推进农村金融创新发展的意见》。2013年甘肃省农村工作会议提出要在全省大力实施"365"现代农业发展行动计划，即着力打造三个国家级示范区，壮大和提升六大特色优势产业，强化五大支撑，促进农业稳定发展，农村长期繁荣，农民持续增收。这些政策的实施有利于提高甘肃农业综合生产能力，加快甘肃现代农业的发展。

三 加快发展甘肃现代农业的路径选择

（一）大力发展畜牧业，调整农业结构

甘肃发展草食畜牧业有畜牧业投入产出率全国第3位、畜牧养殖机械拥有量全国第13位的基础优势，也有农业科技服务力量丰富的人才优势。当前甘肃省已经推出"把草食畜牧业作为战略主

导产业来培育"的战略部署,以50个肉牛、肉羊产业大县为重点,建设饲草储备大省和草食畜牧业强省等一系列促进畜牧业发展的政策。发展甘肃现代农业应当充分结合基础优势、人才优势和政策优势,调整农业产业结构,提高畜牧业的比重。

(二)强化基础设施和公共服务体系建设,降低农业成本和风险

加强农业基础设施建设,改造中低产田,加快高标准农田建设,改善养殖业生产条件,加快标准化养殖场(区)建设。强化政府主导型的农业技术服务体系。加快农村金融改革的步伐,破解农村融资难题。大力发展农业保险,扩大政策性保险补贴范围,有效降低农业生产成本和风险。完善现代农业服务体系,提高农业服务业的投入产出率。

(三)强化农业科技和人才支撑

加强农业科技创新。发挥农业科技服务力量相对丰富的优势,研究开发先进适用种养技术、农产品精深加工技术和资源高效利用技术等,同时强化基层农业技术推广体系服务能力建设,加大农业先进适用技术推广力度,充分发挥农业科技的支撑作用。农业农村人才队伍建设不仅要抓好农业科技创新人才队伍,还要抓好新型农民和农业适用人才队伍建设。以实施农村劳动力培训阳光工程为抓手,大力发展农业职业教育和职业培训,培育一批科技带头人、农机作业能手、种养业能手等技术型农民。

(四)着力打造特色农产品生产和加工基地

发挥区域比较优势,以基地建设为核心,调整产业布局,引导

特色产业向优势产区集中；推动特色农产品的规模化生产，推进现代农业示范区建设，做大做强马铃薯、中药材、现代制种、苹果、蔬菜和草食畜六大特色产业，做精做优特色产品。

（五）创新农业发展方式，提高农民组织化程度

依托农业发展特殊区域比较优势和良好的政策条件，大力推进农业标准化，加快农业生产方式转变；通过"绿色经济区"建设，加快发展绿色食品、有机农产品、无公害农产品和地理标志农产品。加快农业经营机制创新，逐步提升农户集约经营水平，扶持联户经营、种养大户、家庭农场等现代农业经营主体，积极发展新型农民合作组织，鼓励农民兴办专业合作和股份合作等多元化、多类型合作；创新农业保险产品和服务，降低合作社生产经营风险。培育壮大农业产业化龙头企业。支持龙头企业通过控股、收购、重组、兼并等方式组建大型企业集团，创建农业产业化示范基地，促进龙头企业集群发展；增加扶持农业产业化资金，支持龙头企业建设原料基地，节能减排，培育品牌。完善龙头企业与农户的利益联结机制，让农户更多地分享加工销售收益。通过延伸产业链条，加快农产品市场化、规模化、专业化、标准化步伐，有效地提高农产品附加值，最大限度地消弭地理区位造成的农业生产成本负担，达到农产品生产的高效增收效果。

（六）完善甘肃促进现代农业发展的制度建设

发展现代农业，要求建立促进现代农业发展的制度。现代农业的发展不仅需要物质技术装备的支撑，还需要现代农业制度的保障。现代农业制度建设是转变农业发展方式的需要，加快完善甘肃现代农业制度建设，破除发展现代农业的制度障碍，稳定并完善以

家庭承包经营为基础、统分结合的双层经营体制，完善土地制度，健全农村社会保障制度，充分尊重农民意愿，创新土地流转。建立和完善农业投入、经营、流通、风险防范、技术研发与推广和农民培训等制度。

参考文献

李红霞、刘润萍、汤瑛芳、王恒炜：《基于 SWOT 的甘肃省新农村建设重点产业发展探析》，《甘肃农业科技》2012 年第 12 期。

《甘肃省"十二五"农业发展规划》。

王三运：《科学发展转型跨越民族团结富民兴陇　为与全国同步进入全面小康社会而努力奋斗》，《甘肃日报》2012 年 5 月 2 日。

《中共中央国务院关于加快发展现代农业进一步增强农村发展活力的若干意见》。

曲玮：《甘肃特色的农业现代化道路》，《甘肃日报》2012 年 5 月 29 日。

B.9

甘肃省农村居民消费结构的影响因素分析[*]

贾 琼[**]

摘 要:

本文采用 ELES 模型和结构变动度计量分析方法,从静态和动态两个层面,对甘肃省农村居民消费结构的变化和呈现的新特点进行了全面分析。从分析结果看,居民收入低、农村基础设施与金融信贷发展滞后、惠农政策投入水平低及配套措施不完善、城镇化发展缓慢等因素是影响农村居民消费结构的主要原因,由此提出增加农民收入,建立健全农村新型社会保障制度,加快农村公共服务基础设施建设,不断完善财政支农方式和金融支持农村消费机制等政策建议。

关键词:

农村居民 消费结构 影响因素

居民消费结构及其变化是衡量居民生活水平的重要标志之一,

---

  * 本文资料来源:《中国统计年鉴》(1994~2012)、《甘肃统计年鉴》(1994~2005)、《甘肃年鉴》(2006、2007、2008、2009)、《甘肃发展年鉴》(2010、2011、2012)。

 ** 贾琼,甘肃省社会科学院农村发展研究所助理研究员,主要从事农村经济研究。

它反映居民的消费特征及消费趋势，也反映居民生活水平提高程度及社会经济发展状况。甘肃省是西部欠发达地区之一，2011年，全省农村人口1611.59万人，占总人口的62.85%，具有较大的农村消费群体。对甘肃省农村居民消费结构进行研究，分析欠发达地区农村居民的消费特点和消费趋势，调整产业经济结构，不断提高农村居民生活质量，是全面建成小康社会的一个重要方面。

一 甘肃省农村居民消费结构现状

农村居民消费主要指生活消费支出，包括物质生活和精神生活方面的消费支出，按照国家统计局的分类方法，将居民生活消费具体划分为：食品、衣着、居住、家庭设备用品及服务、交通和通信、医疗保健、文化教育娱乐用品及服务、其他商品和服务等八大类消费支出项。

（一）与全国农村居民的消费结构比较

1. 消费支出构成比较

从图1可以看出，甘肃省农村居民生活消费支出构成排序依次为：食品、居住、交通通信、医疗保健、文教娱乐用品及服务、衣着、家庭设备用品及服务和其他支出。其中，食品、衣着、文教娱及医疗保健四项的消费支出高于全国农村居民消费水平，食品支出比重较全国平均水平高1.84个百分点，其次是医疗保健消费支出比重高出0.86个百分点，文教娱乐和衣着消费支出比重分别高出0.39个和0.23个百分点。可见，甘肃省农村居民消费还属于基本生活性消费，但文教娱乐及医疗保健支出项较高，一方面说明，随着农民收入水平的不断提高，甘肃省农村居民生活消费更加注重发展型消费，而另一方面也说明，甘肃省农村地区文化教育与医疗保健费用的较高支出，会造成一些中、低收入农村居民家庭因学、因病而返贫。

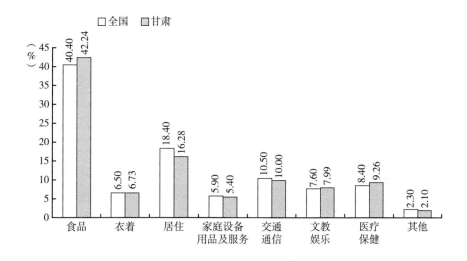

图1 2011年甘肃省与全国农村居民消费支出构成对比

另外，居住、家庭设备用品及服务、交通通信和其他的消费支出项低于全国农村居民消费水平，其中居住消费较全国平均水平低2.12个百分点，家庭设备用品及服务、交通通信消费支出均低0.5个百分点，其他消费支出低0.2个百分点。甘肃省农村居民生活水平总体上享受型消费不足，这主要受限于农村居民的收入水平（2011年甘肃省农民纯收入3909.37元，约是全国农民纯收入的1/2），同时，道路、通信、水电等基础设施发展不足，限制了农村居民家庭对家电、外出交通及其他服务消费的支出。

2. 边际消费倾向比较

根据凯恩斯提出的消费函数理论，随着可支配收入的增加，消费性支出也会增加。使用ELES模型（即扩张线性支出系统模型），选取2012年《中国统计年鉴》、《甘肃发展年鉴》农村居民收入与各项生活消费支出截面数据进行参数估算。从相关系数 R、判定系数 R2、F 检验值来看，人均纯收入与各项消费支出之间具有较强的相关性，ELES 模型拟合效果较好。

2011 年甘肃省农村居民的边际消费倾向（MPC）为 0.523，说明农村居民新增收入中的 52.3% 用于生活消费支出，47.7% 用于增加储蓄。而同期全国农村居民的 MPC 平均水平为 0.402，说明全国农村居民新增收入中的 40.2% 用于生活消费支出，59.8% 用于增加储蓄。每增加 100 元收入，甘肃省农村居民用于增加生活消费的费用要比全国平均水平多 12.3 元。另外，2011 年甘肃省农村居民的平均消费倾向（APC）为 0.9375，全国农村居民的 APC 为 0.7483。甘肃省农村居民 MPC 与 APC 都高于全国水平。甘肃省农村居民对改善生活条件愿望较强，对开发地区农村消费市场，拉动内需具有潜力。

从八大项消费支出类别看（见图 2），甘肃省农村居民每增加 100 元收入，用于各类生活消费支出依次排序为：食品消费 15.3 元、居住和文教娱消费 7.9 元、交通通信消费 7.5 元、医疗保健消费 4.9 元、衣着支出 3.6 元以及家庭设备用品及服务支出 3.2 元。全国农村居民每增加 100 元收入，其中用于食品支出的最多（12.2 元），其后依次是居住支出（9 元）、交通通信支出（5.9 元）、文教娱支出（4.2 元）、衣着支出（2.8 元）、家庭设备用品及服务支出（2.7 元）、医疗保健支出（2.2 元）等。与全国农村居民平均水平相比，除居住消费外，其余七类的 MPC 都高于全国。随着农村居民收入的增加，甘肃农村居民食品支出较高，娱乐教育文化和交通通信支出列在第 3 位和第 4 位，说明在甘肃，农村居民对信息和教育更加关注，其重视程度高于全国平均水平；在农村地区，修建住房是农民改善和展示生活质量的重要方式，但甘肃省农村居民的居住 MPC 低于全国平均水平，说明甘肃农村居民受收入水平的制约，一些农民对生活消费中的大额消费还是有心无力。

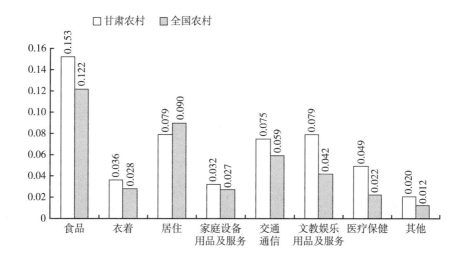

图2 甘肃省农村居民边际消费倾向与全国农村居民边际消费倾向对比

（二）与城镇居民的消费结构比较

1. 消费支出构成比较

从图3可以看出，甘肃省农村居民生活消费支出构成排序依次为：食品、居住、交通通信、医疗保健、文教娱乐用品及服务、衣着、家庭设备用品及服务和其他支出。而城镇居民生活消费支出按比重排序为：食品、衣着、文教娱乐用品及服务、医疗保健、居住、交通通信、家庭设备用品及服务和其他支出。其中，食品、居住、交通通信3项消费支出，农村居民消费水平要高于城镇居民，最高的是居住支出较城镇居民消费水平高6.09个百分点，其次是食品消费支出高出4.86个百分点，交通通信高2.19个百分点。另外5项消费支出低于城镇居民消费水平，其中衣着支出较城镇居民消费水平低 6.41 个百分点，其次是娱乐文化教育消费支出低 3.54 个百分点，其他消费支出低 1.59 个百分点，医疗保健消费低 1.09 个百分点，家庭设备用品及服务消费低 0.5 个百分点。

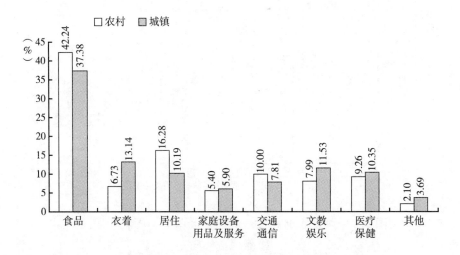

图3　2011 年甘肃省农村与城镇居民消费支出构成对比

收入的巨大差距是造成消费差异的首要原因，加之城乡消费观念和习惯的不同，形成了城镇居民更加注重膳食的营养搭配与衣着消费，而农村居民对饮食、住房的消费需求较强。城乡消费环境的差异以及甘肃农村普遍存在交通、通信等公共服务设施不健全等问题，也使农村居民的交通通信消费支出高于城镇。相比城镇居民，农村居民消费对发展型和享受型消费不足，但 2011 年，城乡居民对家庭设备用品及服务的消费支出差距不大，说明国家实施的"家电下乡"等惠农政策，对改善居民生活质量，拉动居民消费起到了积极作用。

2. 边际消费倾向比较

使用 ELES 模型，选取《甘肃发展年鉴》（2012）城镇、农村居民收入与各项生活消费支出截面数据进行参数估算。统计检验结果显示，ELES 模型的拟和效果较好。

2011 年甘肃省农村居民的 MPC 值为 0.523（见图 2），城镇居民的 MPC 值为 0.516，即城镇居民每增加 100 元收入，其中有 51.6 元用于增加生活消费、48.4 元用于增加储蓄，农村居民边际消费倾向高于城镇居民。从平均消费倾向看，2011 年甘肃省农村居民的 APC 为 0.9375，城镇居民的 APC 为 0.746。甘肃省农村居民 MPC 与 APC 均高于城镇居民，农村消费市场活力高于城镇。

从八大项消费支出类别看（见图 4），甘肃省农村居民各项消费的 MPC 值依次排序是：食品、居住和文教娱、交通通信、医疗保健、衣着、家庭设备用品及服务、其他支出。城镇居民各项消费的 MPC 值依次排序是：食品、衣着、交通通信、居住、文教娱乐用品及服务、家庭设备用品及服务、医疗保健，最少的是其他支出。食品、居住在农村居民消费意愿中排名一二，而城镇居民食品、衣着消费排前两名，每增加 100 元收入，农村居民食品消费支出 15.3 元，低于城镇居民（15.8 元），说明农村居民对饮食质量注重不够。居住在农村居民的 MPC 值与衣着在城镇居民的 MPC 值相当，可见住房和衣着是城乡居民展现生活水平的重要方式。农村居民的文教娱乐及医疗保健消费项排名较城镇居民靠前，说明教育与医疗是影响农村居民消费支出的两个重要方面。农村地区基础设施建设的不断发展，促进了农村居民对信息消费的需求，使得交通通信消费的意愿较强，MPC 值较其他消费支出项排名靠前。另外，虽然城乡居民家庭设备用品及服务实际消费比重相当，但城镇居民的 MPC 高于农村居民，说明农村居民的家电设备消费水平不高，家电产品还需换代升级。

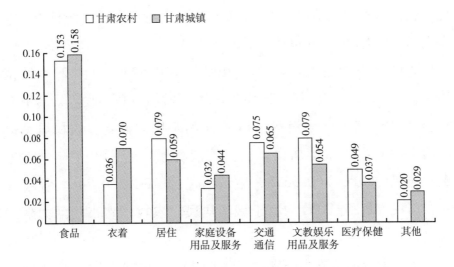

图4　甘肃省农村与城镇居民边际消费倾向对比

二　甘肃省农村居民消费结构变化分析

（一）八大项消费支出变化分析

1993～2011年，随着农村居民收入的增加，甘肃省农村居民八大项消费支出额也不断增长，消费趋势呈现新的结构特点（见图5）。

食品是农村居民消费结构中比重最大的消费项目（2011年为42.24%），食品消费支出额不断增加，恩格尔系数先增加后逐渐走低，1993～2011年恩格尔系数降低了13.12个百分点，食品消费朝合理化方向发展。

衣着消费支出比重变化不大（2011年为6.73%），整体呈现下降趋势。虽然衣着消费支出额近些年来不断增加，但衣着消费支出比重在1993年排名第二，到2011年排名第六，下降了0.62个

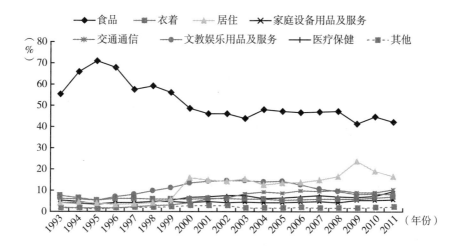

图 5　1993～2011 年甘肃省农村居民八大项消费支出比重变化

百分点。说明甘肃省农村居民消费支出多元化，衣着消费支出增速较其他消费支出增长缓慢，但农村居民对衣着美观、舒适度的要求不断提升。

居住消费支出比重变化较为显著，1993 年为 4.03%，在各项生活消费中排名第五，2011 年为 16.28%，在各项生活消费中排名第二，增加了 12.25 个百分点，表现了农村居民对居住消费越来越强的需求，追求住房居住环境宽敞、居住条件的舒适化。

家庭设备用品及服务消费支出比重变化不大，整体呈现上升趋势。2011 年占比为 6.73%，比 1993 年增加了 0.27 个百分点。消费支出比重在 1993～1995 年呈现下降，1996～2008 年不断徘徊，2009～2011 年比重不断增加。

交通通信消费支出比重不断增加，1993 年仅为 1.6%，在各项生活消费支出中排名第七，2011 年达到 10%，排名第三，比重增加了 8.4 个百分点，排名仅次于食品和居住。近些年，随着城镇化的发展，农村居民对交通和通信的消费需求不断增加，这将引起信

息消费热点的形成。

文教娱乐用品及服务消费比重经历了三个阶段的变化，1993～2000 年消费比重从 6.01% 增加到 13.27%，增加了 7.26 个百分点，2001～2005 年变化比较平稳，消费支出比重增加了 0.9 个百分点，2006～2011 年逐渐降低，消费支出比重下降了 6.18 个百分点，文教娱消费比重排名从前两个阶段的第二名和第三名下降到 2011 年的第五名。1993～2000 年，消费比重快速增加与教育负担加大有关，特别是教育产业化，导致农户教育成本逐年上升。2006 年以后新《中华人民共和国义务教育法》施行，一定程度上减轻了农户在这方面的投入负担。但从比重看，教育消费仍然是甘肃农村居民消费的一项重要支出。

医疗保健消费比重逐年走高，到 2011 年为 9.26%，比 1993 年的 4.01% 增加了 5.25 个百分点。随着收入的提高，农村居民对身心健康的注重程度越来越高，体现了农村居民生活质量的改善，但医疗保健费用的不断增加也是值得关注的问题。

其他消费比重变化不大，但总体呈上升趋势，2011 年占比为 2.1%，比 1993 年增加了 0.82 个百分点。这些消费比重的增加，体现了农村居民生活水平的不断改善，也更加注重对享受型消费的支出。

（二）消费结构变动度分析

结构变动度是用来反映平均每年消费结构变动程度的一个统计指标①。选取 1994～2011 年甘肃省统计指标数据，计算分析结果如表 1 所示。

---

① 范剑平、刘国艳：《我国农村消费结构和需求热点变动趋势研究》，《农业经济问题》2001 年第 1 期。

表1　1993～2011年甘肃省农村居民消费结构变动度及各项消费的贡献率

单位：%

项目＼年份	1993～1996	1996～2000	2000～2004	2004～2008	2008～2011
结构变动值	17.24	44.93	11.17	11.57	12.21
年均结构变动度	5.75	11.23	2.79	2.89	4.07
食品	72.53	43.21	3.67	7.52	40.38
衣着	8.97	0.50	0.36	0.09	9.17
居住	4.88	28.04	31.42	33.45	1.06
家庭设备用品及服务	7.66	0.20	1.07	0.35	11.63
交通通信	0.59	5.62	43.42	7.61	1.88
文教娱乐用品及服务	4.54	14.4	5.10	40.45	9.58
医疗保健	0.17	5.63	6.09	8.9	19.66
其他	0.68	2.39	8.86	1.64	6.63

从表1可以看出，1993～1996年，农村居民消费结构变动值为17.24%，平均每年的结构变动度为5.75%。这一时期消费结构变动的主要贡献因素是食品，对消费结构变动的影响高达72.53%。

1996～2000年，农村居民消费结构变动值提高到44.93%，平均每年的结构变动度上升为11.23%，与前一阶段相比结构变动度上升了95%。食品对消费结构变动的影响虽较上一阶段减少，但仍达到43.21%；居住对消费结构变动的影响由上一阶段的4.88%上升到28.04%，食品和居住成为这一时期消费结构变动的主要贡献因素；文教娱乐用品及服务对消费结构变动的影响也迅速上升，成为促进结构变动的重要因素。

2000～2004年，农村消费结构变动值减少到11.17%，平均每年的结构变动度下降为2.79%。这一时期消费结构变动的主要贡献因素是居住、交通通信，居住对消费结构变动的影响继续

上升，达到 31.42%；交通通信对消费结构变动的影响达到 43.42%。

2004～2008 年，农村消费结构变动值为 11.57%，平均每年的结构变动度为 2.89%。这一时期消费结构变动的主要贡献因素是居住和文教娱消费，居住对消费结构变动的影响持续上升，达到 33.45%；文教娱支出对消费结构变动的影响达到 40.45%。

2008～2011 年，农村消费结构变动值为 12.21%，平均每年的结构变动度为 4.07%。这一时期消费结构变动的主要贡献因素是食品，对消费结构变动的影响为 40.38%，其次是医疗保健，消费贡献率为 19.66%，接着是家庭设备用品及服务、文教娱乐用品及服务、衣着等。

总之，这段时期的年均结构变动度先增加再减少，后逐渐上升，对消费结构变动的影响因素由单一的食品类到居住、交通通信类，再到文教娱乐用品及服务、医疗保健、家庭设备用品及服务类，影响因素多元化，表明甘肃省农村居民消费热点的变化：除了传统的食品、居住和交通，近些年，文教娱、医疗保健和衣着也逐渐成为消费热点，农村居民生活消费需求呈现多元化发展。

三　影响农村居民消费结构的原因分析

农村居民消费结构的变动受到来自多个层面因素的综合影响，虽然其本质上属于农民个体的消费行为，但本文从以上分析得出农村居民收入水平低、农村基础设施和金融信贷发展不足、惠农政策投入水平低和城镇化发展缓慢是影响全省农村居民消费结构的主要原因。

（一）收入水平低，制约农村居民消费结构升级

收入水平较低约束着甘肃省农村居民的消费。2011 年甘肃省农村居民人均纯收入 3909.4 元，是全省城镇居民人均可支配收入的 26.1%，是全国农村居民人均纯收入的 56%。1993～2011 年，甘肃省城镇居民人均可支配收入年均递增 11.84%，农村居民人均纯收入年均递增 11.51%，而同期全国农村居民人均纯收入年均递增 11.91%。可以看出，无论是人均纯收入的绝对值还是增长速度，甘肃省农村居民收入都低于全国平均水平，过低的收入和增速导致甘肃城乡之间、地区之间差距也越来越大，导致消费结构差异显著。

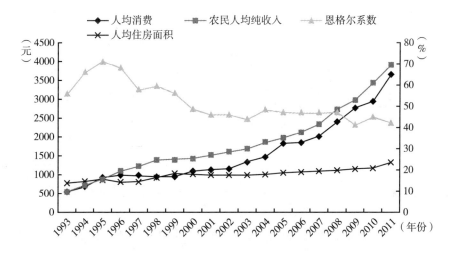

图 6　1993～2011 年甘肃省农村居民消费与收入变动趋势

从图 6 可以看出，甘肃省农村居民收入与消费两者之间存在明显的正相关关系，即随着农民人均纯收入的增加，消费支出水平也在不断地增加。1993～2011 年，全省农村居民人均消费从 537.76 元增加到 3664.91 元，年均递增 11.26%，低于农民人均纯收入增

幅为 0.25 个百分点。细分来看，甘肃省农民人均纯收入、消费水平及恩格尔系数三者之间关系又可划分为三个阶段。第一阶段（1993～1996 年）：农村居民收入与消费基本重合，说明收入仅用于消费支出，所剩无几，相应地，恩格尔系数较高；第二阶段为（1996～2005 年）：农村居民收入用于满足消费后略有剩余，收入除用于食品支出外逐步兼顾到其他消费支出，相应地，恩格尔系数呈快速下降趋势；第三阶段（2005～2011 年）：农村居民收入与消费之间的差距趋于稳定，恩格尔系数持续缓慢下降。

以食品、居住消费为例，甘肃省农村居民对食品、居住的消费意愿排名第一位和第二位，1993～2011 年，全省农村居民恩格尔系数下降了 13.12 个百分点，但 2011 年食品支出比重仍较全国平均水平高 1.84 个百分点；居住支出消费比重增加了 12.25 个百分点，但 2011 年全省农村居民居住消费较全国平均水平低 2.12 个百分点，边际消费倾向低于全国 1.1 个百分点。近年来，尽管国家实施了“建材下乡”等惠农政策，但受到收入水平较低的约束，甘肃省农民对于居住等大额消费类支出仍显信心不足。

（二）农村基础设施与金融信贷发展滞后，制约农民潜在购买力的实现

第二次农业普查资料显示，甘肃省通电自然村所占比重和通电话自然村所占比重都低于全国平均水平。全省农村基础设施建设发展滞后，影响了农村居民对现代消费品的需求。如农村道路建设供给不足，造成工业品下乡以及农副产品进城困难，农村电网老旧、电压不稳，自来水供排设施不足，抑制了农村居民家庭对洗衣机和热水器等电器产品的消费需求。2011 年，甘肃省农村居民家庭设备用品及服务消费支出低于全国农村居民消费水平 0.5 个百分点。

由于城乡消费环境的差异，许多购物网点，如连锁店、超市大多集中在县城，同时也增加了农村居民的消费成本，2011 年全省农村居民交通和通信消费支出高于城镇居民消费水平 2.19 个百分点。

农村居民消费观念落后，金融意识淡薄，农村居民家庭的大额支出多依靠长年积蓄及亲友间相互借贷。同时，金融机构对农村消费市场的支持力度不够，国家的惠农金融政策尤其是非生产性的政策几乎没有，消费信贷支持领域金融主体单一，业务规模偏小，种类单一，主要有农村建房贷款、助学贷款、农机贷款、农户小额贷款等，缺乏区别于城市的农村消费信贷具体政策。农村消费需求增长与农村消费信贷供给不足，制约了农村耐用消费品市场的拓展。

（三）惠农政策投入水平低，配套措施不完善，农村消费热点难以持续

近年来，我国提出了许多如农村合作医疗、农村义务教育免费等支农惠农政策，这些政策在一定程度上减轻了农民负担，增加了农民的实际收入。但目前，像甘肃这样的欠发达地区农村社会保障体系还不健全，存在投入水平低、覆盖范围小、社会化程度低等缺陷，农村居民教育、医疗保健等消费支出仍然较高。2011 年，全省农村居民文教娱乐用品及服务、医疗保健的边际消费倾向均高于城镇居民和全国农村居民平均水平。在农村合作医疗制度现行模式下，相对于不断上涨的医疗费用，农民看病难、看病贵的问题依然存在。方栓喜、匡贤明（2009）[1] 研究指出，2005 年我国城乡居民

---

① 方栓喜、匡贤明：《以基本公共服务拉动消费需求》，《经济研究参考》2009 年第 6 期。

用于教育和医疗的额外支出对其他商品和服务消费产生的挤出效应达到5810.7亿元，如果政府在教育、医疗等公共服务领域的投入到位，消费率至少可以提高4~5个百分点。

另外，国家出台的直接拉动消费需求的"家电下乡"、"建材下乡试点"等各项措施，促进农村居民消费结构升级，有些已取得显著成效，但购买家电产品给予价格13%的补贴力度，对于欠发达地区的农村居民消费拉动有限。而且，惠农政策配套措施不完善，如家电产品下乡的售后服务缺少政策支持等，使得一些惠农政策大打折扣，影响消费热点形成，也很难形成普遍的、大量的市场需求。

（四）城镇化发展缓慢，形成农村区域消费差距

林秀清（2011）① 认为城镇化是启动农村消费的现实选择，城镇化对农村消费的作用主要表现为：一是城镇化可以提高农民收入，增强城乡居民消费能力；二是城镇化能够优化消费结构并改变消费模式，推动需求结构升级；三是城镇化可以改善农村消费环境，拓展农村市场；四是城镇化可以刺激投资需求，扩大民间投资。因此，城镇化过程对农村消费结构会产生较大的影响。从图7可以看出，甘肃和全国城镇化率与农村人均消费存在正相关关系，随着城镇化发展，城镇化率不断提高，农村人均消费也不断增加。1993~2011年，全国城镇化率从27.99%上升到51.27%，上升了23.28个百分点，甘肃省城镇化率从22.8%上升到37.15%，上升了14.35个百分点，上升幅度较全国平均水平低9.13个百分点。甘肃省城镇化发展缓慢，与全国大部分地区以及东部发达省份形成

---

① 林秀清：《城镇化水平与农村居民消费关系研究》，《商业时代》2011年第3期。

较大差距。从农村人均消费上看，"剪刀差"趋势也显而易见，1993～2011 年，甘肃省农村居民人均消费支出从 537.76 元增加到 3664.91 元，增加了 3127.15 元，扣除全省农村居民物价上涨因素，年均递增 6.09%；而全国农村居民人均消费支出增加了 4451.48 元，扣除物价上涨因素，年均递增 6.96%，甘肃省农村居民消费增长较全国平均水平低 0.87 个百分点。

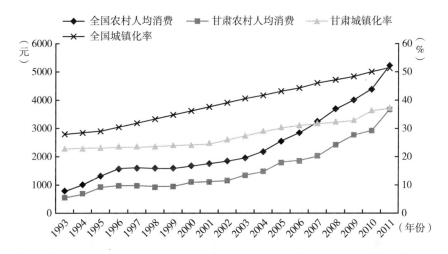

图7 1993～2011 年甘肃省与全国城镇化率与农村人均消费支出比较

四 结论与讨论

通过上述研究分析，甘肃省农村消费市场活力高于城镇和全国平均水平，农村居民对于改善生活条件意愿较强。近些年，随着城乡居民收入水平的不断提高，农村居民的消费结构也不断发生变化，消费趋势更加注重发展型和享受型消费支出。为了不断优化全省农村居民的消费结构，缩小地区及城乡居民的收入和消费差距，本文提出以下几点建议。

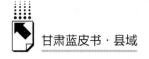

（一）不断增加农民收入

调整农业结构，积极推广农业产业化，增加农民经营性收入；加快农村产权制度改革，提高农民资产性收入；不断推进城镇化建设，促进服务业发展，吸纳农村剩余劳动力，拓宽农民收入渠道。

（二）加快农村公共服务基础设施建设

加大对农村基础设施建设的投资力度，包括教育、卫生、水电、通信、交通等方面，并把城市公共服务业务向农村地区延伸；完善消费品流通体系，加强农村市场建设；加大农村消费市场的监管力度，维护农村消费者权益。

（三）建立健全农村新型社会保障制度

扩大农村医疗保障覆盖面，完善农村医疗保障体系的实施细则；进一步完善农村义务教育的管理体制和经费投入机制，积极探索教育基金、教育银行等教育费用支持途径；完善农村社会福利制度和社会救助制度，建立相应的救助标准和社会监督体系，探索建立农村居民养老保险等制度。

（四）不断完善财政支农方式和金融支持农村消费机制

以各支农项目为依托，整合资源，加大支农财政资金力度；增加农村金融机构网点数量，积极开展农村消费信贷业务，创新信贷产品种类和服务机制；改善农村信用环境，增强农民的金融意识和信用观念，鼓励农户贷款购买生产生活消费品。

（五）积极引导农民形成科学的消费观念，改变传统的生活方式

在消费结构上，逐步改善膳食结构，提高饮食营养水平；提倡农民改造居住环境，使居住环境整洁、实用化；拓展消费领域，鼓励农民消费需求多样化，积极丰富精神生活。

B.10

甘肃连片特困地区扶贫开发面临的
挑战与路径选择

胡 苗*

摘 要:

国家新一轮扶贫开发为甘肃省扶贫带来了新的机遇，也提出了新的挑战。课题通过深入分析甘肃连片特困地区扶贫开发现状，寻找不同片区扶贫开发面临的共性与个性问题，从而有针对性地提出区域扶贫开发路径，以实现区域减贫目标。第一，六盘片区以发展水利、旱作农业和城镇化建设为切入点，依托特色产业，发展优质、高效、生态现代旱作节水农业；第二，秦巴片区从基础设施建设和城镇化建设着手，依托特色农产品、生态旅游特色产业，以规模化、集约化为切入点，打造甘肃有机农业示范区；第三，四省藏区充分发挥独特的自然地理和气候、少数民族文化等优势，从生态建设着手，大力发展高原绿色产业和旅游业。

关键词:

连片特困地区 扶贫开发 "1236" 扶贫攻坚行动

---

* 胡苗，甘肃省社会科学院农村发展研究所助理研究员，主要研究方向为农村经济学。

甘肃自然条件差，经济总量小，人均水平低，贫困面大，贫困程度深，处于全国最为贫困的省份行列，特别是连片特困地区的贫困问题更为突出。2011 年国家划定的 11 个连片特困地区中，甘肃涉及六盘山区、秦巴山区和四省藏区等 3 个区域，涵盖了全省 10 个市（州）、58 个县、969 个乡（镇）、13331 个建制村。贫困区域总面积 18.97 万平方公里，占全省总面积的 41.75%；贫困人口（2300 元以下）837.52 万人，占全省农村人口的 40.12%。因此，研究和探讨在新一轮扶贫攻坚背景下，甘肃扶贫开发面临的挑战和路径选择，不仅对扶贫攻坚，而且对甘肃省经济社会发展有着重要作用。

一　甘肃省连片特困地区发展现状

（一）甘肃农村贫困地区贫困面广，贫困人口比重大，贫困度较深

1. 甘肃贫困地区分布面广

全省共有 4 个县级市、59 个县、21 个民族县、16 个市辖区，在 86 个县（市、区）中有 58 个县纳入国家新一轮集中连片特困地区，占全国贫困县（市、区）的 8.52%（全国共有 680 个县纳入国家集中连片特困地区），占甘肃 86 个县（市、区）的 67.44%。甘肃境内 58 个贫困县中有 18 个民族县，占民族县的 85%，占贫困县的 31%。贫困县大部分分布在六盘山区，占贫困县的 68.97%，占所在地区县（市、区）总数量的比重达 74%（见表 1）。

甘肃纳入六盘山区、秦巴山区及四省藏区 3 个片区的贫困县大都处在最偏远、最困难的地方，扶贫开发成本高、难度大。最贫困的是甘南藏族自治州、临夏回族自治州和定西市、陇南市，这"两

表1 甘肃连片特困地区分布情况

单位：个，%

特困区域	地区范围	县数量	贫困县数量	贫困县区占所在地区的比重
六盘山区	兰州市、白银市、武威市、天水市、平凉市、庆阳市、定西市、临夏回族自治州	54	40	74
秦巴山区	陇南市	9	9	100
四省藏区	甘南藏族自治州和天祝藏族自治县	12	9	75
合计		75	58	77.33

资料来源：《甘肃发展年鉴2013》和《中国农村扶贫开发纲要（2011~2020)》。

州两市"分别是少数民族地区和特殊困难地区，地处甘肃省中部和南部，自然条件恶劣，交通不便，经济社会发展长期滞后，贫困程度深（见表2）。

表2 甘肃连片特困地区分布情况（以县为单位）

地区范围	县名
兰州市	永登县、皋兰县、榆中县
白银市	靖远县、会宁县、景泰县
天水市	麦积区、清水县、秦安县、甘谷县、武山县、张家川回族自治县
武威市	古浪县、天祝藏族自治县
平凉市	崆峒区、泾川县、灵台县、庄浪县、静宁县
庆阳市	正宁县、庆城县、华池县、合水县、宁县、镇原县、环县
定西市	安定区、通渭县、陇西县、漳县、渭源县、岷县、临洮县
临夏回族自治州	临夏市、临夏县、康乐县、广河县、永靖县、和政县、东乡族自治县、积石山保安族东乡族撒拉族自治县
陇南市	成县、徽县、武都区、两当县、西和县、礼县、康县、文县、宕昌县
甘南藏族自治州	合作市、舟曲县、卓尼县、临潭县、夏河县、迭部县、碌曲县、玛曲县

资料来源：《甘肃发展年鉴2013》和《中国农村扶贫开发纲要（2011~2020)》。

2. 贫困人口比重大

经过 30 多年反贫困攻坚，甘肃的贫困特征从"面上"贫困逐步转向由特殊区域环境、生产条件以及人口素质等约束条件导致的"点状"或"带状"贫困，农村贫困人口地区分布呈现"大分散小集中"特征①。农村贫困人口的分布逐步向南部、东部、中部和边远地区集中；向少数民族聚居区集中；向高山区集中。这种集中不仅表现为数量上所占的绝对比重，也表现在贫困深度比其他地区严重，贫困特征更加复杂化和多样化。六盘山区、秦巴山区和四省藏区甘肃片区分别集中了全省 79.4%、15.58% 和 5.02% 的贫困人口，其中，秦巴山区甘肃片区的贫困发生率高达 53.03%，是甘肃省扶贫攻坚的重点和难点区域，如表 3 所示。

表 3　2012 年甘肃省连片特困地区贫困人口分布情况

单位：万人，%

项目	六盘山区	秦巴山区	四省藏区
总人口	1521.9	284.94	92.76
贫困人口数	665.07	130.47	41.98
贫困发生率	43.7	53.03	45.25

资料来源：根据 2012 年甘肃县域统计数据，按照相关区域划分整理计算。

3. 贫困程度深

受到自然地理条件等多重因素限制，长期以来甘肃省连片特困地区经济发展处于较低的水平，自我发展起点和能力低，发展基础差。从经济总量方面看，2012 年，58 个贫困县实现国内生产总值 2005.43 亿元，占全省县域的 37.14%；全社会固定资产投资额 2961.69 亿元，

---

① 曲玮等：《自然地理环境的贫困效应检验：自然地理条件对农村贫困影响的实证分析》，《中国农村经济》2012 年第 2 期。

占全省县域的 49.28%；地方财政收入 181.89 亿元，占全省县域的 31.96%；地方财政一般预算支出 909.38 亿元，占全省县域的 69.89%。

从数量分布方面看，2012 年，甘肃 86 个县（市、区）平均生产总值为 62.78 亿元，58 个贫困县中，有 7 个县的生产总值高于平均值，分别为榆中县、武都区、庆城县、华池县、永登县、崆峒区、麦积区；30 亿~60 亿元的县有 22 个；10 亿~30 亿元的县 26 个；10 亿元以下的县有 3 个，分别是两当县、碌曲县、迭部县，分布在陇南市和甘南藏族自治州两个地区（见表 4）。

表4　2012 年甘肃连片特困地区国内生产总值

		县名
国内生产总值	小于 10 亿元	两当县、碌曲县、迭部县
	10 亿~30 亿元	积石山保安族东乡族撒拉族自治县、和政县、卓尼县、舟曲县、东乡族自治县、夏河县、临潭县、玛曲县、广河县、康县、康乐县、漳县、宕昌县、文县、渭源县、张家川回族自治县、正宁县、西和县、临夏县、礼县、合作市、岷县、通渭县、庄浪县、灵台县、清水县
	30 亿~60 亿元	静宁县、永靖县、徽县、古浪县、合水县、皋兰县、临夏市、成县、武山县、天祝藏族自治县、秦安县、甘谷县、泾川县、临洮县、镇原县、会宁县、安定区、宁县、景泰县、陇西县、靖远县、环县
	60 亿元以上	榆中县、武都区、庆城县、华池县、永登县、崆峒区、麦积区
人均 GDP	小于 20000 元	东乡族自治县、积石山保安族东乡族撒拉族自治县、宕昌县、岷县、礼县、和政县、康乐县、西和县、广河县、渭源县、庄浪县、漳县、临夏县、静宁县、康县、张家川回族自治县、文县、通渭县、甘谷县、秦安县、舟曲县、古浪县、临洮县、会宁县、临潭县、武山县、两当县、镇原县、卓尼县、清水县、陇西县、宁县、安定区、正宁县、环县、武都区、靖远县、迭部县、灵台县、临夏市、夏河县、泾川县、徽县、榆中县、成县、永靖县、天祝藏族自治县、崆峒区、麦积区、永登县
	20000~50000 元	碌曲县、景泰县、皋兰县、合水县、玛曲县、合作市、庆城县
	大于 50000 元	华池县

资料来源：《甘肃发展年鉴 2013》。

从人均经济水平方面看，2012 年，甘肃 86 个县（市、区）人均生产总值为 19809 元，58 个贫困县人均 GDP 超过 50000 元的县只有华池县（59478 元），人均 GDP 20000～50000 元的县 7 个，分别为碌曲县（20263 元）、景泰县（20434 元）、皋兰县（20607 元）、合水县（21519 元）、玛曲县（23457 元）、合作市（25549 元）、庆城县（26992 元）；而人均 GDP 20000 元以下的 50 个，占到 58 个贫困县的 86.21%。

（二）传统农业仍是经济发展的支柱产业，商品经济和专业化生产水平低

2012 年，58 个贫困县的三次产业结构为 22.34∶39.53∶38.13，经济结构已经调整为 Ⅱ、Ⅲ、Ⅰ 型，其中第一产业生产总值为 377.51 亿元，占全部县域的 60.71%；第二产业生产总值为 668 亿元，占全部县域的 30.31%，其中工业总产值 518.66 亿元；第三产业生产总值为 644.38 亿元，占全部县域的 36.74%。非农产业比重较低。贫困地区的非农产业主要以初级农副产品的加工和采矿业为主，不仅规模小、起步低，而且整体的技术水平落后，其投入产出比也很低。

（三）贫困地区农民收入水平低

2012 年，甘肃省农民人均年纯收入为 4495 元，58 个贫困县的农民人均年纯收入为 3773 元，低于全省的平均水平。农民人均年纯收入超过全省平均水平的只有 8 个县，3800 元以下的有 32 个县，占 55.17%。其中，人均纯收入最高的临夏市为 6376 元，最低的是东乡族自治县为 2413 元（见表 5）。甘肃统计年鉴显示，贫困农民人均收入构成中，家庭经营性收入占 54.7%，工资性收入占

32.74%，转移支付收入占 7.4%。从数据可以看出，贫困地区农民收入有 2/3 来源于家庭经营第一产业，其次靠外出打工收入。但由于农业产业化程度低，农产品深加工的面窄量小，与此同时贫困地区农民自身素质比较低，就业机会减少，农业收入和打工收入增长缓慢。

表5　2012 年甘肃连片特困地区农民人均纯收入（以县为单位）

项目	县名
小于 3800 元	东乡族自治县、两当县、宕昌县、文县、积石山保安族东乡族撒拉族自治县、西和县、康县、武都区、和政县、礼县、永靖县、临夏县、康乐县、临潭县、卓尼县、张家川回族自治县、通渭县、岷县、广河县、漳县、会宁县、渭源县、古浪县、庄浪县、舟曲县、静宁县、环县、安定区、迭部县、合作市、夏河县、清水县
3800～4500 元	麦积区、武山县、临洮县、天祝藏族自治县、秦安县、镇原县、陇西县、甘谷县、合水县、华池县、榆中县、灵台县、成县、庆城县、宁县、泾川县、徽县、碌曲县
大于 4500 元	正宁县、玛曲县、靖远县、永登县、皋兰县、景泰县、崆峒区、临夏市

资料来源：《甘肃发展年鉴 2013》。

二　甘肃连片特困地区扶贫开发面临的挑战

（一）贫困人口规模依然庞大[①]

早在清朝，甘肃就曾有"陇中苦瘠甲于天下"之说。改革开放初期，甘肃贫困人口高达 1254 万，贫困面积达 75%；30 年后，这个数据已经有了巨大改观。按照国家 1196 元的扶贫标准，到

---

① 《甘肃省扶贫开发工作情况综述》，2012 年 10 月 30 日，http://mp. gscn. com. cn。

2010 年全省贫困人口下降到 310 万人，贫困面下降到了 14.8%。2011 年，中央扶贫工作开发会议新确定了扶贫标准为 2300 元，比 2010 年的国家贫困线提高了 92%。因此，甘肃的重点贫困县由 51 个增加到 58 个、贫困人口由 300 多万增加到 837.52 万①，规模居全国第 7 位，贫困发生率居全国第 2 位。此外，按照国家统计局甘肃调查总队初步测算，甘肃有近 140 万人游离于国家扶贫三大片区之外，占全省贫困人口总数的 10.3%，扶贫对象规模依然庞大，扶贫攻坚任务依然艰巨。

（二）返贫问题不容乐观

贫困地区自然灾害发生率高、防灾抗灾能力弱、灾后重建任务重。一遇灾害，往往多年的扶贫成果毁于一旦。返贫问题难以得到有效遏制。区域内由于脱贫基础太脆弱，抗御自然灾害的能力比较差，无法从根本上改变靠天吃饭的局面。不少贫困县多年来一直存在着一种"扶贫、脱贫、再返贫"的发展现象。在因病、因灾等传统致贫因素尚未消减的情况下，市场变化、工程移民、生态保护和资源开发等新的致贫因素日益增加。根据有关统计数据显示，国家扶贫开发重点县遭受严重自然灾害的比例，是全国平均的 5 倍。以区域内庆阳市环县为例，年均返贫人口 3.5 万人以上，占贫困人口的 19%。《甘肃省"十二五"农村扶贫开发规划》提出返贫率控制在 15% 以内。现行的扶贫政策由于没能很好地解决因突发病灾导致的贫困问题，使部分刚脱贫的农户又重新陷入贫困。这种"返贫现象"成为区域内贫困状况难以改变的原因之一，成为甘肃扶贫工作新阶段中的一个突出难题。

---

① 《甘肃贫困人口过半 藏民冀联村脱贫》，中国新闻网，2012 年 8 月 21 日。

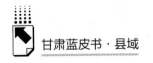

（三）基本公共服务和基础设施建设滞后

甘肃贫困地区之所以长期贫困，一个重要的原因就是基础设施滞后，缺乏生存发展的基本条件。长期以来，虽然贫困地区的面貌有了很大的改善，但总体上来说，贫困地区农村教育整体发展水平落后，职业教育仍处于薄弱环节，劳动力素质普遍较低；农村医疗卫生条件差，地方病、流行病、常见病发病率高；贫困地区农村基础设施滞后，部分贫困村组不通车，人畜饮水困难，危旧房、土坯房（窑洞）比例高，村容村貌差，贫困面貌仍没有改变。目前，全省仍有54%的通村道路没有硬化，还有500多万的农村人口安全饮水没有保障。

定西是全国最贫困的地方之一，自然环境严酷，生态条件脆弱，有91万农村人口饮水不安全，1982年被联合国认为不具备人类生存的基本条件。1983年，国家把定西确定为"三西"建设重点地区，从此拉开了扶贫序幕，2012年，全市经济总量仅占全省的3.97%，人均生产总值为全省平均水平的35.24%，人均纯收入为3612元，仅占全省、全国平均水平的80.36%、45.62%。2011年12月，"扶贫线"上调至2300元后，全市贫困人口236.67万人，贫困发生率高达78.78%。

（四）农民收入水平依然很低

甘肃贫困地区农业生产综合发展能力不足，农民增收渠道狭窄。2001年甘肃省农民人均纯收入与全国的差距是857元，而2012年差距已经扩大到3422元。农民人均纯收入与城镇居民人均可支配收入差距达到1.2万元，相对差略有缩小，但绝对差仍有扩大。按农村居民收入五等分看，最高收入家庭的人均纯收入是最低收入家庭的 7.5 倍。虽然这些年国扶贫困县农民人均纯收入增幅超过全省平均水平，但区域、城乡和农村内部的收入差距仍在继续拉大。甘肃 58 个贫困县农民人均纯收入仅为全省和全国平均水平的 83.94% 和 42.6%。城乡居民收入比高达 3.32∶1，相对贫困问题日益凸显。

三 甘肃连片特困地区扶贫开发的路径选择

（一）六盘山片区

六盘山片区涉及甘、陕、宁、青四省区共 61 个县，其中仅甘肃省就 40 个县，是六盘山片区的重点区域。甘肃区域地处黄土高原西部，集革命老区、民族地区和贫困地区于一体，该区域生态极其脆弱，各种自然灾害频繁发生，特别是十年九旱，使农民生产生活极不稳定，丰年温饱、灾年返贫的现象相当普遍，是贫困人口分布最广的地方。2011 年，区域内总人口 1521.9 万人，其中，城镇人口 204.5 万人，农村人口 1317.4 万人，贫困人口 665.07 万人，贫困发生率高达 43.7%；人均地区生产总值只有 9783 元，仅分别为全省平均水平的 50% 和全国平均水平的 28%；人均地方财政一般预算收入 368.88 元，仅相当于全省平均水平的 21%；农民人均纯收入 3326 元，仅相当于全国平均水平的 53.7%。

这些地区扶贫要以发展水利建设、旱作农业、城镇化建设为切入点，坚持扶贫开发和水利建设、生态建设、人力资源开发相结合，走出一条旱作农业区脱贫致富的新路子。一是因地制宜，突出这些县在种植马铃薯、中药材、高原夏菜、林果业等作物的比较优势，推进规模化发展和精深加工，延伸产业链条，实现效益最大化。进一步提高畜牧业增加值比重。贫困县大多都处在旱作农业区，随着全膜双垄沟播玉米的播种面积进一步增加，为草食畜牧业的发展提供了丰富的饲料，适合大力发展畜牧业。二是要坚持以"引洮供水工程"和乡村渠系配套为重点，实施农田灌溉、安全饮水、农户沼气、危房改造和农村道路等基础设施建设项目，继续实施退耕还林还草、小流域综合治理，努力改善贫困乡村和贫困群众的生产条件和人居环境。① 三是加快小城镇建设。区域内各县的城镇化水平低于全省、甚至远远滞后于全国平均城镇化水平，加快城镇化建设、发挥小城镇辐射带动功能是贫困县域扶贫攻坚的迫切任务。要努力把小城镇培育成贫困地区新的经济增长点，吸引农民梯度向城镇集中，起到以点带面的作用，使小城镇成为县域经济的支撑点和商品的集散地，发挥小城镇应有的经济辐射功能②。

（二）秦巴山区

秦巴山集中连片特困地区，跨河南、湖北、重庆、四川、陕西、甘肃六省市的 80 个县。片区西起青藏高原东缘，东至华北平原西南部，跨秦岭、大巴山，地跨长江、黄河、淮海三大流域，是国家重要的生物多样性和水源涵养生态功能区。甘肃陇南 9 县区全部被纳入秦巴山集中片区开发范围，截至 2012 年，区域贫困人口130.47 万人，占全省贫困人口的 15.6%，贫困发生率 53.03%，居全省第一。其中居住在高寒阴湿区的贫困人口占 23%、半山干旱

---

① 《甘肃省人民政府办公厅关于印发甘肃省"十二五"农村扶贫开发规划的通知》，中国国情－中国网，2012 年 7 月 19 日。
② 《六盘山区甘肃区域贫困现状与因地制宜脱贫政策研究》，2013 年 3 月 5 日，甘肃省统计信息网。

区占41%、深山林缘区占22%、河谷川坝区占14%。2012年，片区生产总值226.0亿元，仅占全省的3.99%，城镇居民人均可支配收入和农民人均纯收入分别为14076.7元和3088元，低于全省平均水平17156.89元和4495元。农村人口占到总人口的82.17%，二、三产业吸纳就业人口十分有限，农村富余人口较多，受山区自然环境等客观因素的影响，城镇建设相对滞后，辐射带动效应不强，城镇化率位于全省倒数第一。区域内资源特色较为明显，但规模不足，需要根据自身特色，予以强化。

第一类是铅锌采选业及传统酒业驱动的徽县和成县。矿产资源极为丰富，矿产加工工业集群不断壮大，旅游资源开发潜力巨大。2012年，两县人均GDP达14835元，地方财政收入为25871万元，农民人均纯收入为4340元。这一类地区在发展中应突出资源优势，在促进矿产资源的开发与深加工的同时，应高度重视矿产加工工业对河流的污染防治工作；逐渐扩大旅游业规模，大力推进产业结构的调整。

第二类是第二、第三产业并进型的武都区，是陇南市政府所在地，是政治文化中心，依托生态旅游开发、天然无公害农产品等产业得到迅速发展，初步形成以花椒、核桃、油橄榄为主的农业主导产业。2012年人均GDP 11641元，地方财政收入28800万元，农民人均纯收入2958元。武都区在经济发展中应壮大花椒、核桃、油橄榄等优势产业基地，增强支撑产业链延长、附加值提高的相关技术研发能力和集成示范能力，形成产业带动能力；依托种植、生态、旅游等生态产业，壮大畜产品和蔬菜基地，生产各具特色的无公害农产品，确保农产品质量安全，加大品牌创建力度。

第三类是传统农业主导型的其余6个县，贫困人口最为集中的是宕昌县、文县，贫困人口比重分别为 64.47% 和 51.18%，其余各县贫困人口均在 30%~43%。产业结构极不合理，非农产业比重偏低，自然灾害频繁，社会公共服务和产业发展明显滞后。主要原因是受交通、投资等条件制约，资源未得到合理开发与利用。这类贫困县 2012 年人均 GDP 为 5413 元，地方财政收入仅为 10478 万元，农村居民人均纯收入为 2730 元。在经济发展中应实施农业产业化战略，加快农业市场化建设。结合各县的特色农（林）产品，促进林果等天然无公害农产品的发展，做大深加工产业，带动储藏、包装、流通、餐饮、旅游、新兴商贸业等二、三产业的发展；依托自然风光，打造融入自然、休闲度假的生态旅游业，实现非农产业与农业协调发展。[1]

（三）四省藏区

我国藏区自然条件差，贫困程度深，制约因素多，发展难度大，扶贫成本高，是最贫困的连片特困地区。甘肃省涉及甘南藏族自治州和天祝藏族自治县，自然条件严酷，经济总量小，贫困人口 41.98 万，扶贫任务十分艰巨。2012 年，片区实现地区生产总值 136.47 亿元，仅占全省的 2.42%，人均生产总值 14335 元，城镇居民人均可支配收入 14497 元，农牧民人均纯收入达 3419 元。

这些地区扶贫一是要从少数民族独特的自然、地理、气候特点出发，充分发挥比较优势，大力发展高原绿色畜牧产业，支持高原牦牛、藏绵羊品种改良，提高牦牛、藏羊个体产值及效益，扩大出栏周转量，为市场提供更多需求产品。同时，着力培育"一江三

---

[1] 《秦巴山区甘肃片区贫困现状与因地制宜脱贫政策研究》，2013 年 7 月 3 日，甘肃统计信息网。

河"四大流域区（白龙江流域、黄河流域、洮河流域、大夏河流域）扶贫特色产业带，推动民族地区经济跨越发展；二是维护藏区稳定，全面把握和着力解决影响社会和谐稳定的各种矛盾和问题，充分发挥统一战线的优势作用，做好理顺情绪、化解矛盾的工作，加大宗教界代表人士培养力度，做好基层基础工作，全面贯彻党的宗教工作基本方针，制定和落实紧急突发性事件处置预案，改进和创新社会管理，最大限度地增加和谐因素，最大限度地减少不和谐因素。

四　甘肃连片特困地区扶贫开发的对策建议

（一）加快基础设施建设，突出连片扶贫民生优先

连片扶贫开发应突出民生优先，加大财政对贫困地区基础设施和公共服务设施建设的投入。一是从贫困群众最关切的生产生活基础条件建设入手，优先实施深度贫困农户的危旧房改造，着力推进抗震安居工程。二是加强农田水利和安全饮水工程建设，全面解决农村用水和饮水安全问题。三是抓住"通达工程"、"通畅工程"实施的机遇，着力推进贫困地区乡村道路建设，着力提升贫困地区人员流动、物资流动的通达通畅水平。四是加强县级医院、乡镇卫生院和村级卫生室配套建设，完善医疗卫生服务体系。五是合理布局教育资源，加大对贫困地区教育的投入，不断提高人口素质。六是着力加强贫困地区生态环境建设，在生态脆弱、环境恶劣的乡村继续支持退耕还林、退牧还草、水土保持、天然林保护、小流域综合治理等生态修复工程和生态移民，加快生产结构调整，推进产业转移升级。

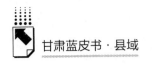
（二）培育特色优势产业，增强连片扶贫"造血"功能

培育和发展区域特色优势产业，增强贫困地区"造血"功能，是连片扶贫开发的重要举措，也是扶贫方式转变的关键所在。充分发挥贫困乡村资源优势，按照优质、高产、高效、生态、安全的要求，培育和壮大草食畜牧、马铃薯、林果、瓜菜、中药材等优势产业和油橄榄、核桃、花椒等特色产业，大力发展现代农业，进一步支持区域性主导产业，支持龙头企业和种养业大户向贫困地区延伸发展，着力构建特色支柱产业发展及支撑体系，提高产品品质和产业层次，扩大规模效益，促进群众增收。积极支持贫困乡村兴办"农家乐"、"牧家乐"、"林家乐"，开展"红色旅游"、"生态旅游"、"文化旅游"，培育贫困地区新的收入增长点。通过多措并举，实现连片特困地区农民人均纯收入增幅高于全省平均水平，提升经济实力，推进可持续发展。

（三）强化金融支持　助推扶贫开发

甘肃省扶贫攻坚，仅靠目前有限的财政扶贫资金，难以满足扶贫攻坚资金的需要，必须将财政资金和金融资金有机地结合，在利用财政扶贫资金支持农民、农户脱贫致富的同时，更主要的是引导和支持农民、农户和扶贫产业积极主动通过贷款等利用金融工具进行自主性脱贫致富。一是发展金融扶贫机构。积极联系争取金融机构在支持甘肃省扶贫攻坚中的政策和资金，解决农民、农户、涉农企业发展中的资金短缺问题。二是引进、培养和使用金融人才。应针对金融扶贫，研究提出引进、服务金融扶贫人才的政策建议；加强对金融扶贫人才的公共服务，为各类金融机构在甘发展提供更为完善的服务平台、服务措施。三是推进金融资金支撑上实现突破，加快创新金融产品，有效防控潜在风险，积极构建多元化金融扶贫资金供给保障体系。

（四）大力推进劳动力技能培训，促进贫困片区劳动力转移

以开发贫困地区人力资源、提高贫困群众自我发展能力为重点，要针对劳务输出市场技能化的要求和企业发展的需求，按照不同行业、不同工种对从业人员基本技能的要求，有针对性地开展多种劳务技能培训；对贫困家庭子女高中阶段、大专以上职业技术教育实行政府资助，培养能够改变个人和家庭命运的具备较高素质的劳动力，力争1户转移1名劳动力或1户培养1名掌握1~2门实用技术的科技致富明白人。

（五）坚持差异化扶贫政策，不断健全社会帮扶体系

连片特困地区发展不平衡矛盾非常比较突出，宜采取先行试点方式，选择贫困发生率最高、扶贫工作难度、具有片区扶贫示范意义的地区先行试点，然后逐步推广片区扶贫工作。建议尽快建立新标准下贫困户信息系统，对贫困人口实施精细化管理。因村施策，因户施法，制定到村扶持政策，探索到户扶贫办法，确保贫困户得到全面有效扶持。应做好扶贫政策与农村社会保障的有效衔接，把贫困农村"老、弱、病、残"以及"失能"人员尽快纳入农村低保范畴，最大限度地发挥社会保障功能，着力提高扶贫攻坚及农民脱贫致富的针对性、现实性，增强实效性。

B.11

"联村联户、为民富民"行动
实施模式研究*

潘从银**

摘 要:

本文针对平凉、庆阳、陇南、甘南等地区村干部进行问卷和访谈调查,分析"双联"行动行政村、农户的帮扶需求,通过对口帮扶单位的帮扶措施、行政村和农户对帮扶需求及其满意度评价等资料进行分析,归纳出目前甘肃省"双联"行动大致可分为资金支持型、项目支持型、智力支持型、物质文化型等四大类实施模式。针对上述四类模式的实施效果,提出以下几点建议:打造联动机制,促进横向联合;不断扩大帮扶对象,更多吸纳社会力量参与;建立健全"双联"行动与现行扶贫政策的联动机制;加大"双联"行动的科学研究工作;不断创新"双联"行动实施模式;加大扶贫的力度和深度,实施全面扶贫攻坚。

关键词:

"联村联户、为民富民"行动 扶贫 实施模式

---

* 除特别标明外,本文图表数据均来源于国家博士后特别资助项目"中国农村多维度贫困研究:基于地理环境视角"(项目编号:2012T50053)。

** 潘从银,甘肃省社会科学院助理研究员,主要研究方向为农村区域经济发展。

甘肃省自 2012 年初实施"双联"行动近两年来，取得了显著成效，得到了上上下下的好评和肯定，而对于"双联"行动的进一步深化研究也成为省内学术界的一大热点话题和重大研究课题。本文通过对贫困村的深入调查和访谈，旨在总结甘肃省"双联"行动近两年来的实施模式，为"双联"行动进一步推动提供有效的示范和借鉴模式，以促进"双联"行动进一步向纵深发展，与全国同步建设小康社会。

一　"联村联户、为民富民"行动

（一）"双联"行动的背景、主要任务及目的

　　2012 年，甘肃省委为深入贯彻落实胡锦涛总书记等中央领导同志对甘肃工作的重要指示精神，在全省开展"联村联户、为民富民"行动。

　　为深入有效实施"双联"行动，甘肃省委提出了"双联"行动实施的八项主要任务：政策宣传、教育群众、反映民意、促进发展、疏导情绪、强基固本、锻炼干部、推广典型。

　　"双联"行动的实施，其目的主要是为了进一步加强新形势下群众工作，加快脱贫致富步伐，推进全面建设小康社会进程。

（二）"双联"行动的实施成效及意义

　　截至 2013 年 8 月，甘肃 14411 个联村单位的 408454 名干部，共联系了 15558 个村、670656 户贫困户。由 58 个贫困县拓展到全省 86 个县（市、区），由农村贫困户延伸到城市贫困户，由干部拓展到了离退休人员、农村致富能人、民营企业家、社会各界爱心人士等，帮扶群体不断壮大。

双联行动实施近两年以来，在联系群众、脱贫致富、转变作风等方面取得了明显成效，受到全省上下的一致好评。省委副书记欧阳坚总结："一年多的实践，已经充分证明了双联行动是新形势下践行群众路线的有效载体，是实现与全国一道建成小康社会的重要途径，是锻炼提高干部、转变机关作风的重大举措。"

从"全面小康"社会的历史进程和中央及甘肃省战略部署来看，2011年起，甘肃省经济社会发展到了一个转型跨越的历史新起点——从扶贫攻坚阶段向全面小康社会建设转变。从2011年开始，甘肃省进入黄金发展期、机遇叠加期和奋力跨越期。为适应新时期发展的需要，2012年2月，甘肃省委提出"联村联户、为民富民"行动，其主要目的也是帮扶58个连片县区及17个插花县区贫困农户，实现收入倍增，从而力争甘肃省到2020年与全国同步实现小康社会。"双联"紧紧围绕中央和地方提出的全面小康社会建设的方针和战略，结合甘肃省省情，抓住制约甘肃发展的重点和难点，从扶贫攻坚着手，促进甘肃社会、经济全面深入地发展。因此，"联村联户、为民富民"行动极具地方特征和时代特色，为甘肃省扶贫攻坚的理论开拓和创新奠定了很好的实践基础。它不仅有利于区域经济发展，更有利于维护地区稳定、改善干群关系、促进党的领导和建设，具有很好的理论指导和借鉴意义。

目前，"双联"行动实施近两年，我们对实施模式进行归纳、总结和凝练，不仅可以有效地推广经验，更有利于进一步发展、创新"双联"行动理论，为欠发达地区反贫困探索出一条有效的路径。2013年9月，甘肃省《关于深入实施"1236"扶贫攻坚行动的意见》又对"双联"行动提出了新的要求："深入推进双联富民行动。强化双联单位的扶贫职责，组织干部轮流驻村，帮助编制扶贫规划、培育富民产业、争取项目支持、协调金融贷款、组织技能培训，尽力帮助贫困群众办实事、解难题。省市（州）组长单位各确定 1 名县处级干部兼任县扶贫领导小组副组长，加强对扶贫工作的统筹协调。"因此，"双联"行动实施模式的研究更显其紧迫性和重要性，其不仅促进"双联"行动的有效实施，也是对甘肃省"1236"扶贫攻坚的有效补充和完善。

二 "联村联户、为民富民"行动实施调查分析

2013 年 5 月，通过随机抽样方式，我们对甘肃省六盘山、秦巴山以及甘南藏区等三大连片特困区的 30 个县 257 个村的村干部（村书记、村主任或村文书）进行了问卷调查，在对比村庄及农户的需求和帮扶单位供给基础上，针对帮扶措施供需平衡、帮扶效果评价等方面进行分析，问卷基本情况如表 1 所示。

表 1　调查问卷基本情况描述

问题设计	选项或回答记录
本村是否"双联"村？	1 是　2 否
与本村对接的帮扶单位：	单位名称＿＿＿＿＿
帮扶户数：	＿＿＿＿＿户
帮扶单位有没有针对本村情况制定帮扶计划？	0 没有　1 有
与本村对接的帮扶单位采取哪些帮扶措施：（可多选）	1 资金帮扶　2 项目支持　3 物质帮助　4 技术指导　5 其他＿＿＿＿＿（请详细注明）
帮扶效果是否明显：（单选）	1. 效果明显　2. 效果一般　3. 有一点效果　4. 没有效果　5. 有负面效果
您作为村干部,对于本村发展希望得到怎样的帮扶？	访谈形式回答记录
本村被帮扶的农户一般需要哪些帮助？	访谈形式回答记录
作为基层组织,促进本村经济发展、农民增收的意见和建议：	访谈形式回答记录

（一）行政村层面对帮扶的需求

问题设计：你希望通过"双联"行动，本村需要怎样的帮扶措施？

该问题共收到有效回答 156 个。通过频度分析，取帮扶措施出现频次≥5%的关键词如下：项目支持 65 次、技术支持 59 次、资金支持 48 次、物质支持 45 次、技能培训 39 次、基础设施建设 36 次、加大扶贫力度 33 次、加大农村信贷 22 次、提高文化生活 8 次（见图 1）。

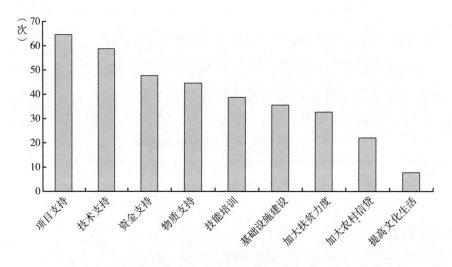

图1 行政村帮扶需求频次

（二）农户层面对帮扶的需求

问题设计：通过"双联"行动，你想得到哪些实际的帮扶？

该问题共收到有效回答 119 份。通过频度分析，出现频次≥5%的与农户帮扶需求相关的关键词依次为：技术支持 67 次、资金支持 53 次、物质帮助 48 次、项目支持 44 次、技能培训 36 次、村基础设施改造20次、改善生活条件19次、发放"双联"贷款16次（见图2）。

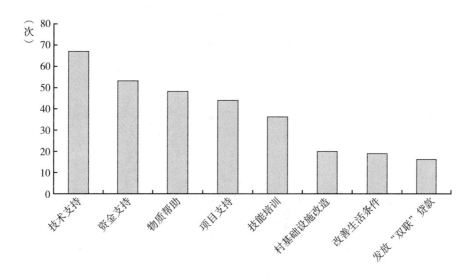

图2 农户帮扶需求频次

（三）对口单位的帮扶措施

问题设计：你们村或农户，在"双联"行动中得到了对口单位的哪些帮扶？

该问题共收到有效回答199份，通过频度分析，取出现频次≥5%的关键词，由高至低依次为：资金支持86次，资金支持的主要渠道可归纳为三个方面，一是帮扶单位或个人直接对农户的现金帮扶，二是帮扶单位结合项目，进行核算后给予村或农户项目资金的帮扶，三是帮扶单位或个人，帮助农户货部分消费款项（如：电话费、学费等）；物质帮助86次，主要集中在农用物资（如：化肥、种子、地膜等）、农村家庭用品、学生用品、村集体办公用品、学校办公用品等；项目支持81次，主要集中在村道路、学校、卫生所等修建及改造、农业种植、养殖、林果等项目支持、农村饮水、住房等问题；技术支持 81 次，主要集中在农业种植、养殖、林果业等技术帮组，以及提供农业和农村发展信息等方面；没有帮扶措施 20 次（见图 3）。其中，受到多项帮扶的村 111 个。

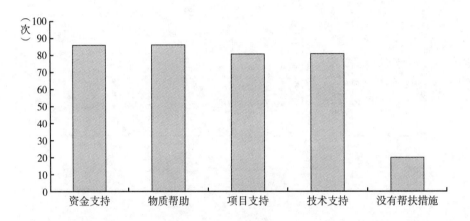

图 3　对口单位帮扶措施频次

（四）"双联"行动的帮扶效果评价分析

1. "双联"行动的帮扶效果农户评价分析

问题设计：你认为"双联"行动中帮扶效果是否明显？

该问题共收到有效问卷 199 份，其中：效果非常明显 90 份、效果一般 72 份、没有效果 20 份、有一点负面影响 5 份、负面影响很大 1 份、未评价 11 份（见图 4）。

调查数据显示，对效果评价为"非常明显"和"一般"两项合计 81%，对于"双联"行动在开始实施的第一年中，能得到如此高的满意度评价，从理论上分析已经取得了巨大的成功。但还有 10% 的农户评价认为没有效果，3% 的农户认为有一点负面影响，6% 的农户未做评价，说明"双联"行动的实施方法还有待改进。

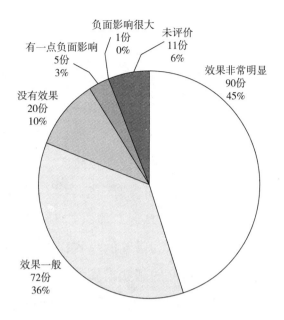

图4 帮扶效果评价

2. "双联"行动帮扶措施的供需分析

从行政村和农户层面看，他们对项目支持、技术支持、资金和物质支持、技能培训、基础设施建设等方面充满期待，对加大扶贫力度、加大农村信贷、改善自身生活条件、提高文化生活等内容需求强烈，涉猎内容基本涵盖了农村社会、经济发展的方方面面，这从一方面也说明了农村对"双联"行动的认可态度，并对其效果充满预期，为"双联"行动的顺利开展和可持续实施奠定了良好的群众基础。

从帮扶单位实施的具体措施看，主要围绕着帮扶单位业务（管理）方向、资金（物质）和技术基础等条件，集中在资金支持、物质支持、技术和智力支持以及项目支持等四个大方面。从调研实施效果看，帮扶单位的绝大多数帮扶措施遵循了"想农户所想、急农户所急"的原则，正在向联系群众和帮助农村（农户）

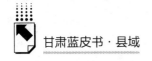

发展方向努力。

对比供需两个层面涵盖的范畴，具有两个特征：一是需求明显大于供给；二是供给方面具有明显的不确定性。究其原因，一方面说明甘肃省农村发展滞后，在与全国同步进入小康社会过程中面临亟待解决的问题较多、较复杂，因此，"双联"是个长期的过程，不可能一蹴而就；另一方面帮扶单位涉及政府、事业、企业等各个领域，业务（管理）范围和方向、对"三农"问题的了解程度和深度、单位自身能力都有很大差别。加之"双联"行动是新兴事物，初始阶段还没有可供参考和借鉴的模式，根据单位基础和实际情况探索有重点的、有针对性的帮扶措施的情况居多，因此，供给方面具有明显的不确定性。同时，"双联"行动开展正在实践摸索期，受各方面因素制约，还需要对经验和教训做进一步梳理和总结，以保证今后的实施效果。

三 "联村联户、为民富民"行动实施模式

研究根据问卷整理出"双联"行动中措施到位、村干部或农户评价满意度较高的帮扶单位，以此为基础对省内同类单位做了进一步调查和访谈，通过总结帮扶计划、帮扶措施及具体实施步骤，可以将"双联"扶助归纳为资金支持型、项目支持型、智力支持型、物质文化支持型等4类实施模式。

（一）资金支持型

"双联"行动资金支持型实施模式，在我们调查论证后值得推广的模式主要分三种形式，一是农村帮扶基金，二是教育扶持基金，三是项目捐助资金。以下主要通过不同案例来分析不同形式的

资金支持型实施模式的方法。

1. "双联"农村帮扶基金

2012 年 9 月,甘肃省白银市成立第一家"双联"农村帮扶基金会——成谋农村帮扶基金会,由甘肃省民政厅批准成立,属公募性基金会,注册资金 400 万元,基金会将重点扶持白银贫困农户发展农业产业项目,帮助落后农村解决改造基本农田、贫困农户危房、道路等基础设施,帮扶贫困家庭子女上学等。其运行模式为:农民选项目,金融机构给贷款,基金会贴息,帮扶农民实现种、养、加、运产业化。

2. "双联"教育扶持基金

甘肃省电力投资集团公司双联教育扶持基金。甘肃电投双联教育扶持基金资金由集团出资和干部捐助形式组成,总额为 50 万元。基金旨在帮扶联系村教育事业发展,提高联系村贫困人口素质,确保家庭困难学生顺利完成学业,从根本上实现省委提出的"拔穷根"的帮扶目标。其中,奖学金主要针对小升初、初中考取高中或中等专科学校及考入大专院校的联系村学生,最高奖学金 1 万元。助学金按初中在校和高中在校,分别给予每年 600 元和 800 元的资助。甘肃电投 2012 年度共为两个联系村的 91 名学生发放奖(助)学金共计 127100 元。

3. "双联"项目捐助资金

中国人民银行兰州中心支行在"双联"帮扶点庄浪县永宁乡举行南梁路改造竣工捐款暨揭牌仪式,现场为永宁乡捐赠"双联"帮扶资金 80 万元。全省"联村联户、为民富民"行动开展之后,2012 年,中国人民银行兰州中心支行为永宁乡 7 村 302 户贫困户发放地膜 6000 多公斤、化肥 600 多袋,捐赠衣物 1200 多件、图书300 余册,投资 80 万元帮助完成了全长 16.1 公里的永宁乡南梁路改造工程、河湾村梅家沟土坝便桥搭建工程和秦洼村多功能村级活动场所，真正解决了一批群众生产生活中的实际困难。南梁路改造工程的顺利达成，极大地改善了群众生产生活条件，彻底解决了永宁乡南梁片区 7 村 8000 多群众的出行难问题。

在我们的调查过程中，一提到资金支持，好多农户的理解就是直接给他们现金，而好多帮扶单位的理解也是觉得要单位直接发放现金给农户，但切实有效的资金支持却可以以多种方式实施。其实施的根本原则就是农户要受益，一定要做到公正、公平、公开，防止不必要的矛盾和误解产生。

（二）项目支持型

"双联"行动项目支持型实施模式，在我们调查论证后值得推广的模式主要分三种形式，一是科技富民项目，二是富农贷项目，三是产业项目。以下主要通过不同案例来分析不同形式的项目支持型实施模式的方法。

1. "双联"科技富民项目

2012 年，甘肃省科技厅把陇南板蓝根规范化种植基地建设项目列为第一批省级民生科技计划项目，通过集成陇南市的成熟种植技术，计划在以康县为主的农村建设板蓝根规范化种植基地，推动板蓝根种植实用技术的推广普及，提升科技服务基层社会建设的能力，使科技成果更好更多地惠及民众，帮助贫困农户脱贫致富。项目将建立板蓝根规范化种植基地 2500 亩，辐射带动全县 6000 亩板蓝根进行规范化、规模化种植，形成"企业＋农户＋基地"的产供销一体化模式，推进中药材从普通农副产品种植向产业化、集约化经济模式的转化，充分发挥出了以科技强力推进甘肃省委"联村联户、为民富民"行动的作用。

2. "双联"富农贷项目

甘肃银行"联村联户、为民富民"富农贷项目，为 359 户村民发放 718 万元的双联富农贷款。甘肃银行启动"双联富农贷"项目，向联系户提供简便易行的低息产业开发贷款，实现了金融产品与产业发展的有效对接，切合省"双联"行动产业助农增收的决策导向，顺应广大贫困农户实现创业致富的强烈愿望，必将对有效解决农户资金缺乏问题，推动富民产业开发，加快脱贫小康进程产生重大而深远的影响。

3. "企业＋基地＋农户"产业项目

甘肃鸿运集团公司在本驮村建设的千亩优质核桃基地。鸿运集团公司从企业转型跨越出发，立足当地非常适宜核桃树栽植的独特气候和土壤条件，与本驮村 74 户群众签订了为期 13 年的土地流转合同，建设千亩优质核桃基地。目前累计完成投资 340 多万元，流转耕地 1200 亩，已栽植了 6.6 万株优质高产核桃苗。在陇西"土生土长"的鸿运公司是一家从汽车修理厂起步，进而发展到出租车客运、汽车维修、汽车贸易、驾驶员培训等多种经营的民营企业。在企业转型发展的道路上，该公司积极响应陇西县大力发展林果产业的倡导，将目光"瞄准"了核桃种植产业。在市、县"双联"领导的牵线搭桥下，公司决定在本驮村建立 4000亩的优质核桃生产加工基地，发展以"公司＋基地＋农户"的循环经济，改善当地生态环境，带动本村和周边群众发展林果产业提高收入。

在我们的调查中，"双联"项目支持的难点一是要切合当地实际，找准项目；二是项目资金来源和项目技术支持；三是项目尽可能实现帮扶单位和农户均能受益，实现双赢。因此，在项目支持选择中，帮扶单位要充分考察论证，切不可盲目行动。

（三）智力支持型

"双联"行动智力支持型实施模式，在我们调查论证后值得推广的模式主要分两种形式，一是科技教育帮扶，二是技能培训帮扶。以下主要通过两个不同案例来分析不同形式的智力支持型实施模式的方法。

1. 科技教育帮扶

西北师范大学通过和礼县、宕昌县签署教育发展战略协议，带动两县的基础教育大发展；深入研究帮扶措施，通过选派得力干部分阶段驻村开展帮扶工作，协助帮扶村制定科学有效的五年发展规划和切实可行的项目规划；充分利用学校的智力资源和科研优势，组织邀请35名"双联"行动联系村村干部来校开展启智培训；充分发挥学校教师教育资源优势，组织附属中学骨干教师分赴联系县学校举办高考备考专题辅导班；邀请联系县的161位学生来校和西北师大附属中小学学生一对一结成对子，深入开展"双联"行动城乡学生"手拉手、心连心"活动；组织联系干部广泛筹资筹物，为联系村建设文化活动室等切合实际需求的有效方式等措施，深入推进了学校"联村联户、为民富民"行动，全面提升了"双联"工作的实际效应，探索总结出了符合高校实际和地方需求的"双联"行动有效模式。

2. 技能培训帮扶

甘肃省农牧厅深入联系点清水县白沙乡桑园村，举行"双联"行动养羊技术培训并投放种养。广大农户积极向技术人员请教，力争全面掌握肉羊饲养和防治技术。县畜牧兽医局和乡村干部积极配合做好技术支持，种羊投放后，落实专人负责日常防疫和疾病治疗，对所有养殖户的日常饲养和管理做到细心指导，定期检查，确保投放的种羊能够及早适应环境、茁壮成长，并早日产生经济效益。

调查发现，智力支持型的帮扶，既有优越性但也存在一定的局限性。其最显著的优越性在于可以通过这类帮扶从根本上达到"治根"的效果，长期有效地解决农民贫困的最根本问题——能力的贫困；其局限性就在于对帮扶单位的自身技术水平要求比较高，不能适用所有单位借鉴或效仿。

（四）物质文化型

"双联"行动物质文化型实施模式，在我们调查论证后值得推广的模式主要分两种形式，一是物质捐助，二是文化支持。以下主要通过两个不同案例来分析不同形式的物质文化型实施模式的方法。

1. 物质捐助

2012年10月，兰州商学院为新寨镇大坪村小学捐赠了10万元建校专项资金，用于帮助该校修建操场围栏、学生食堂等设施，以有效改善农村基础办学条件。学校分别向清源镇3个贫困村捐赠办公桌椅30套、电脑3台、打印机3台、图书2000册、书架10个，向新寨镇5个贫困村捐赠办公桌椅50套、电脑5台、打印机5台、图书2000册、书架10个，帮助农村基层组织进一步改善基础办公条件。

2. 文化支持

2012年以来，甘肃省文化厅组织省直8个专业艺术院团，赴全省34个村镇送文化下乡演出72场次，观众达150万人次。组织省歌剧院、省陇剧院、省曲艺团等演出单位专场演出8场次，观众达1.6万人次。同时，省文化厅党组把文化环境建设作为帮扶的重要内容，从有限的业务经费中，筹集资金 20 万元，帮助 5 个贫困村建成了 5 所村文化活动室，捐献各种科普图书 7000 余册、农业科技知识讲座光盘 1000 余张。如《甘肃日报》报道的一样，甘肃省文化厅在"双联"行动中"解物质之困，送精神之需"，在物质文化帮扶模式实属典范。

调查发现，物质帮扶的形式比较多见，其主要优点在于方便快捷、形式多样；但问题也较多，一方面不能保证完全的公平、公正，农户意见比较大，另一方面滋涨了个别农户"坐等要"的思想，同时存在治标不治本的现象。

（五）典型模式实施的特点

通过对"双联"行动典型实施模式的调查分析，典型实施模式的实施主要具有三个特点：一是典型实施模式单位，对于实施模式的选择与自身单位、帮扶村、户实际情况都比较吻合，说明其做了充分的调查和论证；二是帮扶效果都非常明显，给帮扶对象带来收益的同时，给帮扶单位自身也有一定的收益，实现双赢；三是一般情况下，帮扶单位都是以多种模式结合帮扶，帮扶效果尤为明显。

四 "联村联户、为民富民"行动
实施模式的几点建议

（一）打造联动机制，促进横向联合

通过调查发现，在"双联"行动中，有些农户、村有需求、有问题，但对口帮扶单位或个人却存在无力解决的情况，为了

"双联"行动更好的实施，在这种情况下就需要"自上而下，自下而上"的反映渠道，及时把问题反映到相关部门并得到及时解决，这就需要在"双联"行动中打造"自下而上，自上而下"的联动机制。同时，在调查中我们也发现，有的单位有项目却缺乏资金，有的单位有资金却没技术，帮扶过程中踌躇满志却无力施展，这也要求我们在"双联"行动中不断促进单位与单位之间的横向联合。

（二）不断扩大帮扶对象，更多吸纳社会力量参与

一方面"双联"行动还未能将甘肃省贫困人口全覆盖，仍有贫困人口需要帮扶；另一方面"双联"帮扶单位目前仍仅限于相关企事业单位，甘肃省要跟全国同步实现全面小康社会，必须集中全社会的力量，"双联"行动要尽可能吸纳全省乃至国内外社会力量的大量参与。特别是吸纳国内相对发达地区的企事业单位积极参与到甘肃省"双联"行动中来，将对甘肃省全面扶贫攻坚起到强有力的助推作用。

（三）建立健全"双联"行动与现行政策的联动机制

政策之间的耦合联动效应，将使得政策效果几何倍数的放大，随着"双联"行动的深入贯彻实施，建立健全"双联"行动与现行政策的联动机制，必将带来"双联"行动与现行政策的耦合联动效应，特别是扶贫政策、农业产业化政策、农村土地改革等政策及"1236"扶贫攻坚行动的一系列政策的联动，必将促进"双联"效果的升华。

（四）加大"双联"行动的科学研究工作

政策和理论在实施过程中不断完善，同时更好地指导实践。加

大对"双联"行动的研究工作,例如:"双联"行动与现行政策的联动机制研究、"双联"行动实施模式研究、"双联"行动的理论研究等等,不断完善和充实"双联"行动的内涵,更好地指导"双联"行动的实施。同时将"双联"行动的研究成果及时推广,为各"双联"单位提供一定的理论和实践指导。

(五)不断创新"双联"行动实施模式

一方面,我们通过调查分析,总结和归纳的几种"双联"行动典型实施模式,仅仅是在"双联"行动一年多的时间内的总结归纳,随着"双联"行动的深入开展,经济社会不断发展,帮扶村或农户的经济条件不断改善,新的帮扶需求必然产生,要求"双联"行动实施模式也不断创新;另一方面,各帮扶单位、帮扶对象不同,典型实施模式有一定借鉴作用,但并不能硬搬硬套,针对不同的帮扶单位和帮扶对象,情况不同,实施模式也不同,这也需要"双联"行动实施模式不断创新。

(六)加大扶贫的力度和深度,实施全面扶贫攻坚

"双联"行动的目的是甘肃省实现全面小康,而甘肃省目前的现状是贫困,要彻底改善甘肃省贫困状况,必须加大扶贫的力度和深度。甘肃省到2016年提前实现收入倍增,2020年同步进入全面小康,时间紧、任务重,最有效的措施就是全面的、深入的扶贫攻坚,这需要中央给予甘肃极大的政策和资金支持。2013年9月,甘肃省出台"1236"扶贫攻坚行动的实施意见,意见的实施将使甘肃省的贫困现状得到极大的改善,也将促进"双联"行动进一步深入,同时为甘肃省通过"双联"行动实现全面小康提供了有力保障。

权威报告　热点资讯　海量资源

当代中国与世界发展的高端智库平台

皮书数据库　www.pishu.com.cn

　　皮书数据库是专业的人文社会科学综合学术资源总库，以大型连续性图书——皮书系列为基础，整合国内外相关资讯构建而成。该数据库包含七大子库，涵盖两百多个主题，囊括了近十几年间中国与世界经济社会发展报告，覆盖经济、社会、政治、文化、教育、国际问题等多个领域。

　　皮书数据库以篇章为基本单位，方便用户对皮书内容的阅读需求。用户可进行全文检索，也可对文献题目、内容提要、作者名称、作者单位、关键字等基本信息进行检索，还可对检索到的篇章再作二次筛选，进行在线阅读或下载阅读。智能多维度导航，可使用户根据自己熟知的分类标准进行分类导航筛选，使查找和检索更高效、便捷。

　　权威的研究报告、独特的调研数据、前沿的热点资讯，皮书数据库已发展成为国内最具影响力的关于中国与世界现实问题研究的成果库和资讯库。

皮书俱乐部会员服务指南

1. 谁能成为皮书俱乐部成员？

- 皮书作者自动成为俱乐部会员
- 购买了皮书产品（纸质皮书、电子书）的个人用户

2. 会员可以享受的增值服务

- 加入皮书俱乐部，免费获赠该纸质图书的电子书
- 免费获赠皮书数据库100元充值卡
- 免费定期获赠皮书电子期刊
- 优先参与各类皮书学术活动
- 优先享受皮书产品的最新优惠

社会科学文献出版社　皮书系列
SOCIAL SCIENCES ACADEMIC PRESS (CHINA)
卡号：0622867263742391
密码：

3. 如何享受增值服务？

（1）加入皮书俱乐部，获赠该书的电子书

　　第1步 登录我社官网（www.ssap.com.cn），注册账号；

　　第2步 登录并进入"会员中心"—"皮书俱乐部"，提交加入皮书俱乐部申请；

　　第3步 审核通过后，自动进入俱乐部服务环节，填写相关购书信息即可自动兑换相应电子书。

（2）**免费获赠皮书数据库100元充值卡**

　　100元充值卡只能在皮书数据库中充值和使用

　　第1步 刮开附赠充值的涂层（左下）；

　　第2步 登录皮书数据库网站（www.pishu.com.cn），注册账号；

　　第3步 登录并进入"会员中心"—"在线充值"—"充值卡充值"，充值成功后即可使用。

4. 声明

　　解释权归社会科学文献出版社所有

法 律 声 明

"皮书系列"（含蓝皮书、绿皮书、黄皮书）由社会科学文献出版社最早使用并对外推广，现已成为中国图书市场上流行的品牌，是社会科学文献出版社的品牌图书。社会科学文献出版社拥有该系列图书的专有出版权和网络传播权，其 LOGO（ ）与"经济蓝皮书"、"社会蓝皮书"等皮书名称已在中华人民共和国工商行政管理总局商标局登记注册，社会科学文献出版社合法拥有其商标专用权。

未经社会科学文献出版社的授权和许可，任何复制、模仿或以其他方式侵害"皮书系列"和 LOGO（ ）、"经济蓝皮书"、"社会蓝皮书"等皮书名称商标专用权的行为均属于侵权行为，社会科学文献出版社将采取法律手段追究其法律责任，维护合法权益。

欢迎社会各界人士对侵犯社会科学文献出版社上述权利的违法行为进行举报。电话：010-59367121，电子邮箱：fawubu@ssap.cn。

社会科学文献出版社